JN303336

辻中　豊責任編集
〔現代市民社会叢書　1〕

現代日本の自治会・町内会
第1回全国調査にみる自治力・ネットワーク・ガバナンス

辻中 豊・ロバート・ペッカネン・山本英弘

Neighborhood Associations and Governance in Japan:
Self-governance, Social Capital, Social Networks, and Local Governance based on The First National Survey of Thirty Thousand Associations

木鐸社

まえがき

　自治会，町内会，町会，区会，部落会などとよばれる近隣住民組織[1]（以下，総称して「自治会」と表記）は日本の人々にとって最も身近な社会集団だろう。日本中のほぼすべての市区町村（98％以上，後述）[2]に存在し，総数にしておよそ30万団体にものぼる[3]。そして，人々の認識のうえでは約半数が所属[4]するとし，私たちの行った自治会調査や市区町村の調査では，仮に名目的であったとしても地域住民の大半が加入している[5]。

　しかしながら，一般市民の自治会に対する評価は必ずしも高いとはいえないかもしれない。また審議会や研究会などで研究者から投げかけられる声に

---

(1) 自治会等の名称も多様であり，総務省調査（『地縁による団体の許可事務の状況等に関する調査結果』平成20年，これまでに4回実施）では，自治会41.8％，町内会22.7％，区13.2％，町会6.0％，部落会2.3％，区会1.4％，その他12.6％である。その他に入るものとして，地区，集落，組，自治区，常会，大字，自治公民館，振興会，親交会，公民館，契約会，班，管理組合などがある（第2章参照）。

(2) 協力意向調査時点で対象となった総数1,843の市区町村中，14において自治会等の存否不明，7において0であるとの回答を得た。1980年に行われた自治省の調査においても，3278自治体中，8で0，7で把握なし・不明であった（杉田1981：37）。さらにさかのぼっていえば，占領終了後，1956年の時点で98％の市町村に存在と推定されていた（佐久間1957：30）。

(3) 総務省調査（上記）によれば2008年現在で294,359，この調査での最大値は1992年の298,488であった。第2章参照。

(4) 1972年から選挙ごとに行われる「明るい選挙推進協会」の標本調査（『・・選挙についての意識調査』）によれば，最高値は1986年の69.7％，2003年には58.8％，2007年には40.4％である。第1章図1-3参照。

(5) 第3章参照。

も否定的なものが多い。自治会に対しては，古い社会（特に，戦前に法制化された町内会・部落会，隣組）の名残りではないか，お年寄りだけが頑張っている，市区町村の下請けばかりだ，募金や回覧板をまわすくらいで他は何をやっているのかわからない，関わるのが面倒そう，衰退しつつある，といったあたりが，人々が一般にもつイメージだと想像される（この推定自体，しかし，筆者たちの経験やイメージの投影の側面もある）。確かに，個人主義や私生活中心主義の傾向が進み，生活圏が広域化した今日の社会では，以前と比べ人々の地域社会や自治会等に対する関心は希薄になっているといえるかもしれない。

他方で，現在，自治会に対する期待が高まっているのも事実である。NHK総合テレビの人気番組「ご近所の底力」（2003年4月～）では，介護の悲劇を防ぐ，子どもが外で遊べない，ゴミ出しルールを徹底する，大地震に備える，泥棒に入られないなど，様々な地域問題が取り上げられ，それを解決するうえで自治会を中心とする地域社会の取り組みに焦点があてられている[6]。また，内閣府の『国民生活白書』をみていくと，2004年度版には「人のつながりが変える暮らしと地域－新しい『公共』への道」，2007年度には「つながりが築く豊かな国民生活」と近年，人々のつながりや連帯が注目されていることがわかる[7]。こうした「つながり」によって，個人では解決できない公共問題を解決することができたり，人々が精神的にやすらぎを得たりすることができる。そして，つながりを築くうえで自治会など地域社会による活動が非常に重視されているのである。

このような自治会の活動は，市民社会組織（civil society organization）としての諸側面を表している（辻中編 2002：20－23；Pekkanen 2006＝2008：第4章）[8]。国家，市場，家族とは相対的に独立した市民社会領域では，個々の

（6） http://www.nhk.or.jp/gokinjo/ 参照。このNHKのサイトは極めて有用な地域社会問題（解決）のデータベースになっている。この番組はしばしばその月の視聴率ベスト10（教育・教養・実用番組部門）に登場する。

（7） http://www5.cao.go.jp/seikatsu/whitepaper/index.html 参照。このサイトは国民生活白書をすべて所収している。2000年版『ボランティアが深める好縁』2008年版『消費市民社会への展望』などほとんどの年次が人々のつながりに力点をおいている。消防庁国民保護・防災部防災課（2009）も参照。

（8） 第1章参照。辻中編（2002：20－23），ペッカネン（2006＝2008：第4

市民間の連帯を醸成したり，市民生活に必要な社会サービスを供給したり，政治領域や経済領域と個々の市民や家族を架橋することが期待されている。特に，近年，財政難により行政サービスの供給が困難となっている現状をふまえると，社会サービスを供給する担い手として，市民社会組織に対する期待は一層高まっている。そして，先にみた自治会による地域問題への取り組みや，つながりを築く活動はまさに市民社会組織が果たすべき役割とされるものである。

　以上のように，自治会をめぐっては一般的な認識と寄せられる期待にギャップがみられ，現在も多様な評価がなされている。歴史的に見ても，かつて戦時体制下で法制化された経緯を踏まえて，様々な分野で戦後議論され続けてきた。そして，自治会ほど毀誉褒貶評価の分かれる集団は少ないとも言われてきた（倉沢 2002：31）。

　もっとも，一口に自治会といっても，地域や組織によっておかれている状況も異なるだろうし，その性格もずいぶん異なるものと考えられる。よくいわれるように，マンションなど集合住宅の増加する都市部では地域社会に対する関心が希薄であり，自治会活動に対する人々の協力が十分に得られないかもしれない。一方，村落部では住民の地域社会への関心は高くても，人口流出が相次ぎ，自治会の組織としての活動基盤が損なわれているのかもしれない。その他，一口に社会サービスといっても，地域によって求められているものが大きく異なるだろうし，個々の住民である市民との関係，行政や他団体との関係のあり方にも様々なパターンがあるだろう。

　しかし，戦後，この多様な全国に30万近くある自治会に対して全国調査が試みられたことはない。かつての自治省や総務省でさえ，全国の都道府県と市町村への，つまりは役所への調査を行っているにすぎない。これまでの研究者や評論家の自治会への議論は，一つないし少数の市区町村の事例での経験や検討にもとづくものがほとんどであり，かりに比較研究であったとしてもせいぜい10前後の事例からの推論である。「日本の」自治会について議論するには事例の範囲が極めて限られているのである[9]。

　　章）も参照。
　（9）　私たちの研究は，後述のように各国比較を含んでおり，別の書物を予定

そこで本書は，全国調査データに基づいて，地域や組織による相違を加味しながら，自治会の現状と市民社会組織としての諸側面を捉えることを試みようと思う。私たちの研究集団は，文部科学省科学研究費補助金特別推進研究「日韓米独中における3レベルの市民社会構造とガバナンスに関する総合的実証研究」（平成17～21年度，課題番号：17002001）に基づくプロジェクトを開始し，その一環として日本の自治会の全体像を捉えるべく全国調査を行った。具体的には2006年度を中心に890の市区町村の協力を得て，約3万件の自治会にアンケート調査を依頼し，18,404件から調査票を回収した。こうした自治会に対する47都道府県にまたがる全国規模での量的調査は日本で初めての試みである[10]。

本書の大部分はこの調査結果の報告と分析，それに基づく記述的な考察・議論に費やされる。本書の分析から，今日の日本の多様な自治会組織の像をできるだけ正確に描き出し，先にあげたような人々のもつ自治会に対するステレオタイプ化したイメージの当否をデータによって検証していきたい。また，自治会という組織が高まる期待にどう応えているのか，または応えていないのかを体系的に検討することになる。

本書は，日本の市民社会組織のうち地域の自治会に注目するが，先にあげた特別推進研究は，これ以外にも日本の市民社会の実態調査（質問紙調査）を複数行っている[11]。すなわち，本研究である(1)自治会・町内会・区会などの近隣住民組織，以外に，(2) NPO法人（全数23,403送付，5,118団体から回収），(3)社会団体（NTT職業別電話帳に掲載されている経済団体，労働組合，公益法人，市民団体などあらゆる非営利の社会団体，全数91,101送付，15,768団体回収）に関する調査を，いずれも2006年度に行った。また，2007年度以降も，(4)日本の全市区町村を対象に調査（1,827市区町村の4部署に配布，1,110～1,179の市区町村からの回収）を行うとともに，(5)韓国，(6)ドイツ，(7)アメリカ，(8)中国の各国に対して同様に市民社会組織に関する調査を企画し，これ

している。またRead and Pekkanen eds. (2009) を参照。
(10) 後述，第1章の方法論を参照。コードブックは辻中編（2009a）を参照。
(11) 調査の報告書は複数発行されたし，今後も発行する。辻中・森編（2009），辻中・伊藤編（2009）を参照。

までにドイツ，韓国では完了し，アメリカ，中国では，一部を遂行し，2009年度も継続して実施中である。

　地域で活動する自治会をはじめ多様な組織を対象として，なぜ私たちは執拗に日本の市民社会を多面的な角度から探索し，また各国と比較しようとするのか。本書のもとになった特別推進研究の狙いとして，共著者のひとりはこのように述べている。

　日本は，先進国最小の政府公共部門を持ちながら，一方で世界第二の経済規模を維持しつつ，他方で世界最悪の累積赤字に悩むといった極端な正と負の側面を呈している。また阪神淡路大震災におけるボランティア活動にみられるように活発で自発的な市民（近隣組織）活動が注目される反面，NGO・NPOの組織的基盤は国際的に見て脆弱である。日本はアジアで最初に近代化に成功し民主主義政治体制を定着させた国であるが，他方で極めて長期に亘り保守政権が継続し，政権交代は90年代の一時期を除いて行われていない。このように日本の政治と市民社会の関係はある意味でパズルに満ちている。そのため国際比較によって，実証的に日本の市民社会構造を位置づけ，市民社会と政府，政党やガバナンスとの関係の解明を行うことが日本社会・政治のパズルを解くことになるのではないだろうか（辻中編 2009a「はじめに」）。

　日本の「国家の形」を知るためのひとつの方法，それが国家と対になっている市民社会を描く（記述し比較し特徴づける）ことである，市民社会を描くことはその形に影響を与え，市民社会と相互作用する国家自体を描くことになる，と私たちは考えている。そしてその日本の市民社会の中で，国家との関係が重要な位置を占めるのがこの自治会に他ならない（Pekkanen 2006＝2008; Pekkanen 2009 も参照）。

　本書のもととなる自治会調査および本書の執筆に際して，多くの関係者，研究者，スタッフの助力を得ている。
　まず，プロジェクト自体を可能とした文部科学省の関係者各位（特に審査や毎年の進捗状況評価に当たった審査部会の構成メンバー，担当学術調査官である鈴木基史氏，増山幹高氏，研究振興局学術研究助成課）に感謝したい。

同様に現在の担当である日本学術振興会の関係各位（審査部会の構成メンバー，研究事業部）にも感謝したい。これは資金面ではいうまでもないが，加えて毎年の研究実地審査，進捗状況審査，中間評価などでの厳しい研究コメントは，学術的な面から私たちに，熟考・再考を促し，いくつかの重要な修正や調査や分析の新展開を導いた。心から感謝申し上げたい。

さらに，研究スペースや関連研究への助成を惜しまなかった筑波大学にも心から感謝申し上げたい。関連研究プロジェクトとしての筑波大学「比較市民社会・国家・文化」教育研究特別プロジェクト以来，この特別推進研究に対しても，岩崎洋一（前）学長を始め，多くの関係者から一貫して物心両面での暖かい支援を頂いている。

大規模調査は，それに丁寧に答えてくれる調査対象組織の皆さんなしには成り立たない。本研究には，既に触れたように全国1,843市区町村（調査時点）全体に協力を要請し，1,659市区町村から準備段階での協力を得，質問紙調査自体には890の市区町村の協力を得て，18,404自治会から回答を得ている。つまり，万単位の人々，関係者の方々に参加協力していただいたことがわかる。心から感謝申し上げたい。

特別推進研究の正式メンバー，森裕城，崔宰栄，坂本治也，小嶋華津子，坪郷實，大西裕，波多野澄雄，伊藤修一郎，竹中佳彦，近藤康史，ティムール・ダダバエフの諸氏に感謝する。また各国の協力メンバー，Gesine Foljanty-Jost，廉載鎬，李景鵬，Yuan Ruijun，Chu Songyan，Steven Rathgeb Smith，Joseph Galaskiewicz，Susan J. Pharr，T. J. Pempel，さらに国内の協力研究者，大友貴史，三輪博樹，横山麻季子，平井由貴子，濱本真輔，京俊介，久保慶明の各氏に感謝する。

とりわけ，プロジェクト全体の統括および自治会調査の実施にあたっては，同僚の崔宰栄講師（筑波大学）の力に負うところが大きい。崔氏の優れた調査遂行能力なしにこれほど複雑で大量の調査を成功させることは全く困難であった。彼の自治会調査への貢献は極めて大きい。心から感謝申し上げたい。

調査当時非常勤職員であった近藤汎之氏には調査実施にあたり苦労をかけた。また，本書の完成に直接努力してくれたのは現在の非常勤職員である佐々木誓人氏である。多くの図表や資料は彼の手による成果である。両氏にも心から感謝する。またプロジェクト全体の運営にあたる舘野喜和子，安達香織，（現在の非常勤職員），また東紀慧（元）研究員，原信田清子，栄門琴音

（以上，元非常勤職員）の日々の努力にも心から感謝する。

　さらに，極めて多忙な実務の時間を割いて，最終の草稿を自治行政の専門家の立場から通読し，コメントとともに誤りをご指摘いただいた幸田雅治氏（消防庁国民保護・防災部長，当時）にも感謝したい。

　最後にプロジェクト全体のいわば非公式の顧問として，日々何気ないことばでではあるが的確にご指導いただいている村松岐夫先生に感謝したい。結果的に総務省のご協力はいただけなかったが，調査方法に悩む小生たちと一緒に総務省まで足を運び，またどうせやるなら8箇所とか16箇所（都道府県）ではなく全国でしたら，と背中を強くおして下さった。その変らぬ学恩に心から敬意を表しつつ，本書を捧げたい。

2009年5月末日

《目　次》

まえがき……………………………………………………………………… 3

第 1 章　日本の市民社会における自治会 ……………………………17
1. 自治会とは　（18）
2. 日本の市民社会と自治会　（20）
    2. 1. 市民社会とガバナンス／2. 2. 日本の市民社会
3. 分析の視角　（29）
    3. 1. 注目すべき自治会の諸側面／3. 2. 分析の視角
4. 調査の方法　（32）
5. 本書の構成　（36）

第 2 章　自治会組織のプロフィール …………………………………39
1. はじめに　（39）
2. 近隣住民組織の名称　（40）
3. 自治会の来歴と発足時期　（41）
    3. 1. 自治会の来歴／3. 2. 自治会数の推移／3. 3. 自治会の発足時期
4. 自治会の規模　（48）
5. 財政規模　（53）
6. 自治会の類型化　（55）
7. 本章のまとめ　（61）

第 3 章　自治会の組織運営 ……………………………………………65
1. はじめに　（65）
2. 自治会組織の役割についての自己認識　（65）
3. 組織構造と運営　（66）
    3. 1. 法人格と規約／3. 2. 組織の構成／3. 3. 総会と役員会／
    3. 4. 会長・役員の選出
4. 自治会長と役員のプロフィール　（72）
    4. 1. 自治会長のプロフィール／4. 2. 自治会役員と主な担い手
5. 本章のまとめ　（76）

第 4 章　社会関係資本と自治会活動への参加 ………………………79

1. はじめに　（79）
  2. 自治会への加入率　（82）
  3. 住民のつきあいと自治会活動への参加　（85）
     3. 1. 住民のつきあい／3. 2. 住民による自治会活動への参加／
     3. 3. 社会関係資本指数の作成
  4. 社会関係資本の規定因　（93）
     4. 1. 要因の検討／4. 2. 分析
  5. 本章のまとめ　（99）

第5章　自治会と他団体との連携 ……………………………………101
  1. はじめに　（101）
  2. 地域団体との連携関係　（103）
     2. 1. 様々な地域団体との連携／2. 2. 自治会との連携からみる団体の構造
  3. 地域団体との連携の性質　（110）
     3. 1. 活動の連携／3. 2. 情報の授受をめぐる関係／
     3. 3. 補助金・分担金の授受をめぐる関係／3. 4. 自治会長のネットワーク
  4. 団体との連携関係の規定因　（114）
     4. 1. 要因の検討／4. 2. 分析
  5. NPOとの連携　（118）
  6. 本章のまとめ　（121）

第6章　自治会の社会サービス活動 ……………………………………123
  1. はじめに　（123）
  2. 社会サービス活動の実施状況　（124）
     2. 1. 社会サービス活動の実施率／2. 2. 支出の割合／2. 3. 地域活動の活発さ
  3. 社会サービス活動からみる自治会の類型　（132）
     3. 1. 活動実施からみた自治会の類型／3. 2. 自治会活動類型と地域の環境
  4. 自治会活動類型の規定因　（136）
     4. 1. 要因の検討／4. 2. 分析
  5. 本章のまとめ　（140）

第7章　市町村との協力・連携 …………………………………………143
  1. はじめに　（143）

2. 行政協力の制度　（145）
  3. 行政協力の内容　（148）
    3. 1. 委託の内容（市区町村調査）／3. 2. 自治会における市区町村との連携（自治会調査）／3. 3. 委託業務に対する評価（自治会調査）
  4. 市区町村との協力・連携の規定因　（155）
    4. 1. 要因の検討／4. 2. 分析
  5. 市区町村の自治会支援策　（158）
    5. 1. 自治会支援策の実施状況（市区町村調査）／
    5. 2. 自治会支援策に対する自治会の評価（自治会調査）
  6. 本章のまとめ　（161）

第8章　自治会による政治参加 …………………………………………163
  1. はじめに　（163）
  2. 自治会による要望活動（ロビイング）　（165）
    2. 1. 要望活動のルート／2. 2. 市区町村の対応への評価／
    2. 3. 動員型の活動／2. 4. モニタリング
  3. 要望ルートの規定因　（171）
    3. 1. 要因の検討／3. 2. 分析
  4. 自治会の選挙運動　（178）
    4. 1. 選挙運動の実態／4. 2. 選挙運動の規定因
  5. 自治会の自己影響力　（182）
    5. 1. 要望活動と成功経験・自己影響力／5. 2. 受け入れ経験・影響力の規定因
  6. 本章のまとめ　（187）

第9章　結論：地域ネットワークと行政媒介型市民社会組織 ………189
  1. 自治会類型ごとにみる特徴　（189）
    1. 1. 共通する自治会像／1. 2. 都市部・大規模と非都市部・小規模自治会の相違／
    1. 3. 村落型の自治会
  2. 自治会からみる日本の市民社会　（193）
    2. 1. 地域内外のネットワークの中における自治会／2. 2. 制度遺産としての，行政媒介型市民社会組織／2. 3. 地方自治政策と市民社会組織としての自治会
  3. 今後の課題と展開の可能性　（197）
    3. 1. 市区町村と関係のない地域に存在する自治会との比較／3. 2. 政策パフォー

マンスとの関係／3．3．他の市民社会組織との比較／
　　　3．4．住民自治組織の国際比較

補論　低加入率・小規模自治会のすがた……………………………203
　1．問題の所在　（203）
　2．低加入率・小規模自治会の実態　（204）
　3．まとめ　（209）

引用文献………………………………………………………………211

付録1　調査実施のプロセス…………………………………………223
　1．調査実施に至るまで　（213）
　2．市区町村への協力依頼　（214）
　3．自治会への調査実態　（216）
　4．追加調査　（217）
　5．調査データの処理・結果の報告　（218）

付録2　調査票…………………………………………………………229
アブストラクト………………………………………………………255
索引……………………………………………………………………257

現代日本の自治会・町内会

―第1回全国調査に見る自治力・ネットワーク・ガバナンス―

第1章　日本の市民社会における自治会

　自治会のような近隣住民組織は，地域住民から構成される組織であり，日本全国のほぼすべての地域に存在する。そして，地域住民の親睦，住民生活に必要なサービスの提供，市区町村[1]による政策執行の支援，市区町村に対する地域の要望の伝達など多様な活動を行っている。地域社会で人々が生活するうえで，相互に全くの無関心でいることはできない。自治会の活動は，地域住民の間を取り持ちながら，住民生活を円滑に保つために重要な役割を果たしている。

　このような自治会の働きは，市民社会組織（civil society organization）の果たすべき役割として期待されるものである。市民社会については多様な定義がなされている。しかし，国家（政治領域），企業（経済領域），家族とは異なる領域であり，そこに存在する多様な団体・結社が重要な機能を果たすことについては，多くの論者に共通している（Diamond 1994；辻中 2002a, b；Schwartz 2002, 2003；山口 2004など）。そして，市民社会領域の団体・結社には，個々の市民間の連帯を醸成したり，市民生活に必要な社会サービスを供給したり，政治領域や経済領域と個々の市民や家族を架橋することが期待されている。

　本書では，全国調査データの分析をとおして，自治会が市民社会において上記の機能をどの程度果たしているのかを明らかにする。また，自治会のもつ機能が地域や団体の特徴によって相違があるのかなどを検討する。これら

　（1）「地方自治体」という表現が用いられることが多いが，自治会と混乱を招きやすいため，本書では原則として「市区町村」という表現を用いる。

の分析を通して，日本の市民社会を支える組織としての自治会がもつ意義を明らかにする。

1. 自治会とは

まず，自治会とはどのような組織なのだろうか。本書では，ペッカネンの定義に基づいて調査研究を進めている。

> 自治会とは一定範囲の地域（近隣地域）の居住者からなり，その地域にかかわる多様な活動を行う組織　　　　　　　（Pekkanen 2006=2008：原著 87）

この定義は，これまでの自治会に関する様々な議論とも共通するものである。まず，自治会は一定範囲の地域に存在し，さらにいえばその地域を排他的に独占している（鳥越 1994；倉沢 1990, 2002）。つまり，ある自治会の存在する範囲には他の同種の団体は存在せず，その地域を代表する団体ということができる（中田編 1996）。その範囲に住む住民は同じ地域に居住することによって，その地域にかかわる様々な問題や関心事を共有する。そのため，住民が相互に協力してこれらに対処していく必要が生じる。地域に関わること全般であるために，原則として住民全員の世帯単位での加入が求められる（中村 1965；鳥越 1994；倉沢 1990, 2002）。このような自治会組織の特徴を岩崎（1989）は「住縁アソシエーション」という概念によって端的に表現している（岩崎 1989：8-11）。

自治会はこうした地域住民の参加を得て，地域社会に関わる様々な活動（住環境の整備，住民間の親睦活動，安全や福祉といった地域の抱える問題への対処など）を行っている。この点については，従来から自治会の多機能性や包括性として指摘されてきた（中村 1965；鳥越 1994；倉沢 1990, 2002）。このような自治会の社会サービス供給活動の中には，市区町村と連携して行ったり，受託業務として行われるものもある。また，そうでなくても市区町村の支援を受けて，行政サービスでは手の届かない部分を補完する役割を果たしているものもある。このような社会サービスの供給活動ばかりでなく，自治会では地域の要望をとりまとめて市区町村に対して伝達することも行われている（高木 1960；上田 1989）。

以上のように，自治会は多くの地域住民の加入からなっている。また，地

域住民の生活に必要な社会サービスを供給し、さらに市区町村と密接な相互関係を形成し住民との間を取り持っている。このようにみると、自治会という組織は日本社会にとって不可欠なもののように思われる。

しかし一方で、自治会が衰退しているという指摘もよく聞かれる。現代社会では個人主義化が著しく進んだことにより地域社会への関心が薄れ、自治会への加入率が低下している。また、高齢化が進むことで自治会組織の活動的な担い手が不足しており、実質的には機能を低下させている。こうした指摘は都市部においてよく聞かれるものだが、非都市的な地域にも当てはまりうる問題である。さらに、山村部においては、人口の過疎化と高齢化があいまって、地域社会生活の存続すら危ぶまれる限界集落[2]の存在が指摘されている(大野 2005)。こうしてみると、自治会がもはや十分に機能していないという可能性も考えられる。また、一口に自治会といっても全国各地におよそ30万も存在し、置かれている社会経済的環境も異なれば、組織の性格や活動内容も異なるものと考えられる。

本書では、これらの点をふまえて、現在の自治会がどのような特徴をもつ組織であり、どのような活動を行っているのかという実態を全国調査データに基づいて示していく。自治会を対象とした調査研究は、これまでも様々なかたちで行われてきた[3]。しかし、多くの個別調査の蓄積があるものの、総務省(自治省)など公的機関を含めて全国の自治会を対象とした包括的な実態調査はこれまで行われていない。本書では、日本全国を対象とした自治会に対する質問紙調査データを用いて、現在の自治会の実態を描き、さらに市民社会組織としての機能を析出することを試みる。

---

(2) 大野によれば、限界集落とは、「65歳以上の高齢者が人口の50％を超え、独居老人世帯が増加し、このため集落の共同活動機能が低下し、社会共同生活の維持が困難な状態にある集落」である（大野 2005：23）。
(3) 特定の地域や特定の自治会に対する調査報告については、村松編(1976)による京都、野邊(1991)による岡山、菊池・江上(1998)による全国の活発な自治会、東北都市社会学研究会(2006)および伊藤(2005)による仙台における調査などがある。

2. 日本の市民社会と自治会

2．1．市民社会とガバナンス

　実際の分析に先立って，まずは日本の市民社会について確認し，その中での自治会の位置づけについて検討しよう。

　先にも述べたように市民社会は多義的であり，定義をめぐる論考は枚挙にいとまがない[4]。しかし，本書は市民社会の定義を論じることを目的としていないので，経験的分析への適用のしやすさという点を勘案してSchwartz(2003)の定義を採用することとする。彼は市民社会を「家族と政府の中間的な領域であり，そこでは社会的アクターが市場の中で利益を追求するのではなく，また，政府の中で権力を追求するのでもない領域」と定義する(Schwartz 2003: 23)。

図1－1　市民社会の概念図

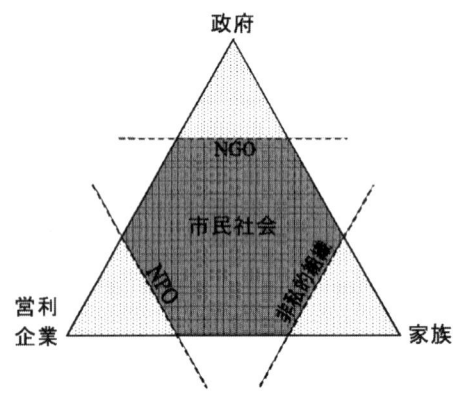

　図1－1は，このような政治や経済と一線を画する市民社会領域の領域を表している[5]。その中でも，政府との相違を明確にするためにN・GO（非政府組織）が位置づけられ，営利企業（市場）との相違を明確にするためにN・PO（非営利組織）が位置づけられる。さらに，家族などの親密圏との相違を明確にするために非私的組織（N・I O, Non Intimate Organization）が位置づけられる。これらの組織か

（4）　特に，日本における市民社会概念の受容と展開を扱ったものとして山口(2004)がある。ただし，辻中(2002)や山本(1998)が指摘するように，日本における「市民社会」という概念の用いられ方は価値的であり，経験的分析に適合させにくい。Tsujinaka (2009)も参照。

（5）　この図式は重富(2002)を参考に作成した。この他，ペストフ（1998＝2000）などでも同様の図が用いられている。

らなる市民社会領域では，公共の利益のために様々な活動が展開される。

前述のように，市民社会領域における組織には次の3つの機能が期待されている。第1に，社会関係資本（social capital）の醸成である。社会関係資本とは信頼，互酬性の規範，ネットワークからなる複合的な概念であり（Putnam 1993, 1995, 2000），社会的パフォーマンスを高める要因として注目されている（Knack 2002；内閣府国民生活局編 2003；山内・伊吹編 2005；坂本 2005；Nishide 2009 など）。そして，このような社会関係資本の形成にとって組織の果たす役割の重要性が幾度も指摘されている（Putnam 1993, 2000; Nishide 2009 など）。市民が様々な組織に積極的に参加することにより，そこでの活動を通して信頼や互酬性の規範意識が形成される。

第2に，社会サービス（広義の公共サービス）の供給である。現代社会の最重要課題の1つとして，誰が社会サービスの担い手になるのかを挙げることができる（辻中ほか 2007）。深刻な財政難により国家や地方政府が公共サービスを十分に供給できず，グローバルな市場競争の激化により企業も福利厚生を充実させることができない。また，家族形態の多様化や個人主義化により，家族のみで生活を支えていくことにも限界がある。そのため，市民の連帯からなる市民社会の組織への期待が高まっている（篠原 2004；山口 2004；神野・澤井 2004 など）。

第3に，アドボカシー（政策提言）である。市民社会における組織は市民の声を代弁して政策提言を行う（Andrew and Edwards 2004）。様々な利害関心をもとに結成された団体が主張や要求を表明することにより，民主的な政治・社会の運営が行われる。そして，こうしたアドボカシー活動は，政治領域と市民社会領域の接点に位置するものである。

このような市民社会の機能は，現代社会において，ますます重視されるようになった。その背景には，福祉国家体制では財政難や新しい社会的リスクへの対処が困難となり，政府の統治能力が低下したことを挙げることができる（Pierre and Peters 2000；神野・澤井 2004；宮本 2005）。そのため，政府の他に，市民社会組織をはじめ政治，経済，家族の各セクターのアクター（ステークホルダー，利害関係者）間の連携，協調，妥協，対立といった相互作用（相互調整 coordination）によって社会を運営していくシステムが求められる。このようなシステムが「ガバナンス」と呼ばれるものである[6]（Rhodes 1997；Pierre ed. 2000；Stoker 2004；神野・澤井編 2004 など）。

ガバナンスといっても，コーポレート・ガバナンス，グローバル・ガバナンスなど様々なレベルのガバナンスがあるが，地域社会におけるガバナンスはローカル・ガバナンスとして論じられている（Stoker 2004；Denters and Rose eds. 2005；山本編 2008；山本 2009など）。さらには，コミュニティ・ガバナンス（Stoker 2004；山本啓 2004）やネイバーフッド・ガバナンス（山本 2009）などという概念も提唱されている。いずれも，地方自治体，地域住民，企業，市民社会組織などの利害関係者とのネットワークや相互関係に基づく地域社会の政策決定や問題解決を表している。

 Stoker (2004) はイギリス社会を念頭に，ローカル・ガバナンスについての体系的な議論を展開している。地方政府が独占的に公共サービスを担っていた時代から，NPM（New Public Management）のように地方政府に顧客主義や成果主義が導入された時代を経て，ネットワーク化されたコミュニティ・ガバナンスの時代に移行しつつあると論じる。そして，第3期のコミュニティ・ガバナンスにおいては，公共サービスの提供にコミュニティが参加し，コミュニティ自身が必要とする諸問題の解決にウェイトがおかれる。また，利害関係者である各種のアクターが意思決定に参加し，合意形成することが重視される。こうした特徴はイギリスに限ったことではなく，ポスト福祉国家社会全般に当てはまるものだと考えられる。

 日本の地域社会においても，地方分権改革の流れと地方自治体の財政逼迫の中で，地方公共団体による団体自治から住民の手による住民自治へという機運が高まっている（斎藤 2007）。その一環として，様々な市民団体などの地域活動，行政と住民との連携や協働とこれらに伴う制度整備が模索されている（武智編 2004；牛山 2007；羽貝編 2007；山本編 2008など）。例えば，行政が業務の一部を委託することにより団体が政策執行の担い手となることや，政策過程に市民の声を反映させるためにパブリックコメントなどの制度を整

（6） ガバナンスについては，この他にも様々な定義がなされている。ローズ（1996）はガバナンスの用法として，コーポレート・ガバナンス（株主，消費者など利害関係者それぞれの立場による規律づけ），NPM，世銀などが提唱するグッド・ガバナンス，国際的相互依存と政府の空洞化，社会サイバネティクス・システム（Socio-Cybernetic System），自己組織的なネットワークの6つを挙げている。この中で本書の立場は，主体間のネットワークとしてガバナンスを用いる立場に位置づけられる。

備することなどが行われている。また，行政運営の効率化のために市町村合併が進められたが，合併市町村の範囲が広くなった分，地域ごとの住民の主体的な運営が求められるようになった。そのため，地域自治区や地域協議会などを設置し，新たな取り組みを行う市町村もみられる（岡田・石崎編 2006；坂口 2008）。こうした背景から，地域社会においては，様々な団体の相互関係からなるローカル・ガバナンスが注目されている。その中の重要なアクターとして，従来から日本の地域社会にあまねく存在し，地域住民の生活の維持・向上のために活動してきた自治会に期待が集まるのである。

2．2．日本の市民社会

ここでさらに，日本の市民社会領域における諸組織，団体・結社について考察し，さらにその中に自治会を位置づけてみよう。図1−2は，日本の主要な市民社会組織の分布を示したものである（初出は辻中・森 1998）。図では，公共・公益的であるか営利的であるか，財団としての性格をもつのか組合としての性格をもつのかによって各組織を配置している。また，太枠は法人の概念，細い点線枠は税制上の概念を表し，太い破線枠は市民社会組織の存在しうる領域である。このうち，学校法人，医療法人，一部の社会福祉事業体を除くものを我々は市民社会組織と考えている（辻中・森 1998；辻中 2002b；Tsujinaka 2003）[7]。このような団体は日本全国で約80万団体（803,519団体）にのぼる。本書が取り上げる自治会など近隣住民組織は，一部に認可地縁団体として法人格を得ている団体（35,564団体）も含め日本全国で294,359団体存在する（総務省自治行政局行政課 2008）。データ・ソースが異

---

(7) 市民社会組織の境界という問題は相当複雑である。国家・政府との境界，企業との境界，家族との境界，それぞれ単純ではない。Pekkanen (2006=2008) では労働組合や経済・業界団体，協同組合など市場関連組織を市民社会組織の対象から外していた。市民社会にはいうまでもなく「公式組織」としては把握しにくいがさかんに活動する市民運動やボランティアなどの柔らかな集団が相当数存在する（町村編 2009）。また地域社会にも，自治会のほかに子ども会（13万）や老人会（15万），婦人会，消防団などがおよそ60万団体存在する（Pekkanen 2006=2008: 53）。このようにどこに組織の基準を置くかで市民社会組織の数には相当の違いが生じる。本書の定義も一種の操作的な作業上のものであり，数値もあくまで主要なものの数である。

図1－2　制度からみた日本の市民社会の団体地図（2004－08年）

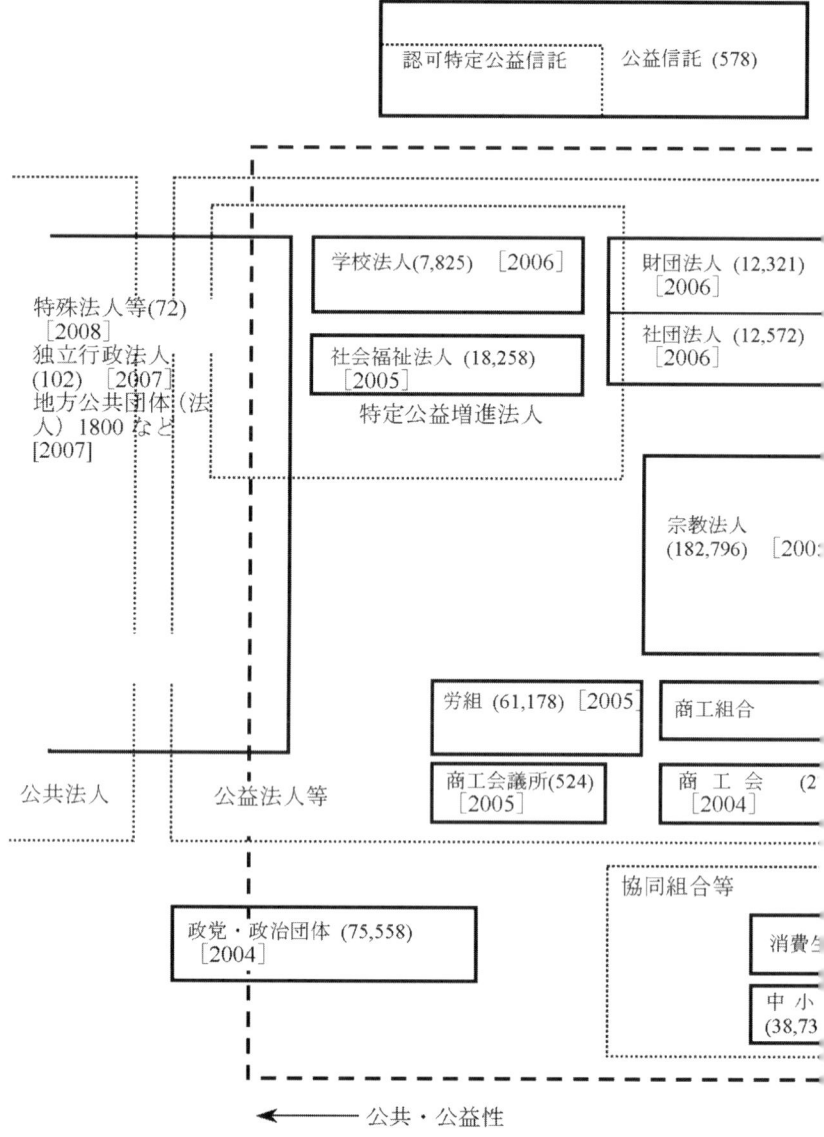

（資料）団体・法人の位置については，総合研究開発機構研究報告書No.930034『市民公益活動基盤整備に関する調査研究』1994年，27頁の図をもとに加筆。団体数については，筆者が政府統計により追加補充した。2006年または最近年の数値。中央右の点線模様部分は，制度化が十分なされていない領域を示す。

第1章　日本の市民社会における自治会　25

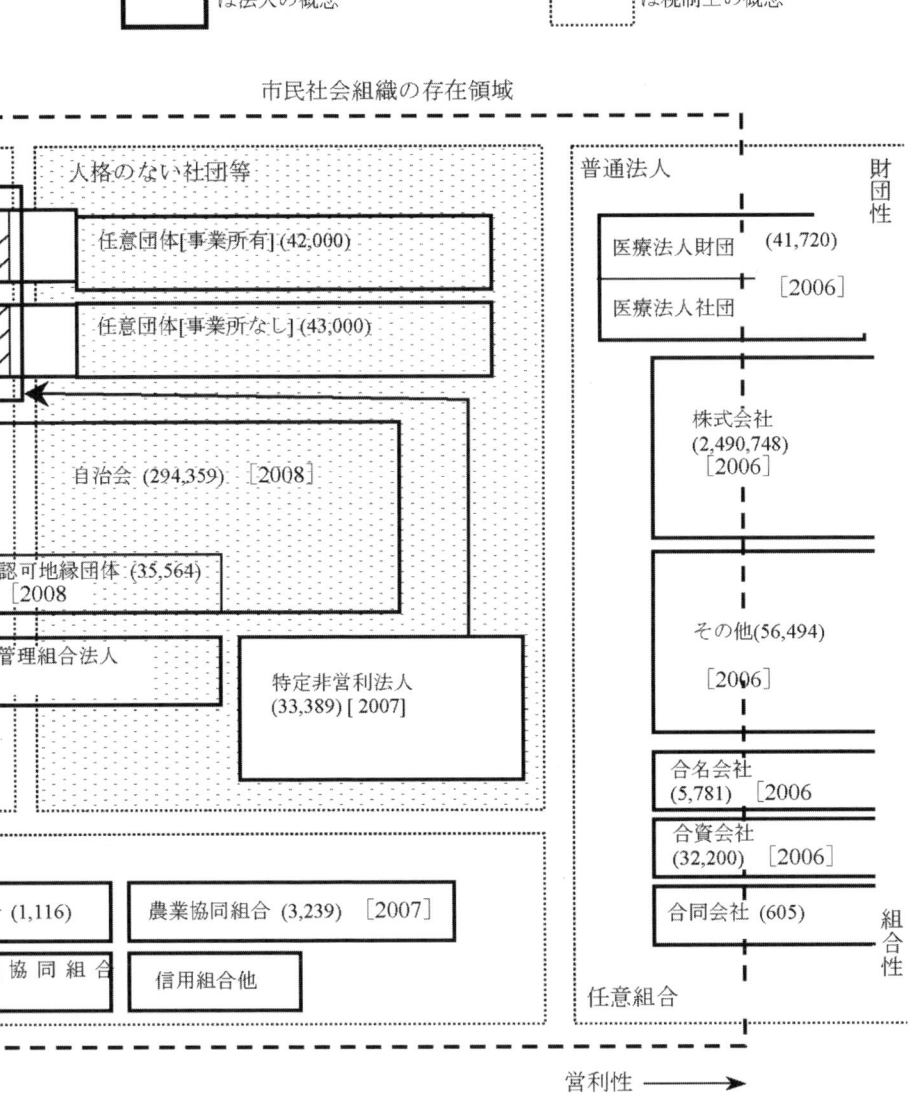

なるために安易な比較はできないが，団体数でいえば自治会は日本の市民社会で最大領域だといえる。

また，日本で市民社会が注目されるようになったのは，1995年の阪神・淡路大震災以降の様々なボランティア活動や市民活動の活発化である。このような市民活動は，1998年の特定非営利活動法人法（NPO法）制定により，法人格というかたちで政府から認証を得ることができるようになった。2009年1月末時点ではNPO法人の数は33,389であり，団体全体からみるとあまり大きなウエイトを占めているわけではない。しかし，NPO法制定以降，その数は増加の一途にあり，市民社会の担い手として確実に成長している[8]。

さらに，市民社会組織への加入率についてみていこう。図1-3は，明るい選挙推進協会の調査に基づいて，1972年から2007年までの様々な市民社会組織への加入率の推移を示したものである[9]。近年になって減少傾向にあるとはいえ[10]，自治会への加入率が群を抜いて高いことがみてとれる。自治会

図1-3　市民社会組織への加入率の推移

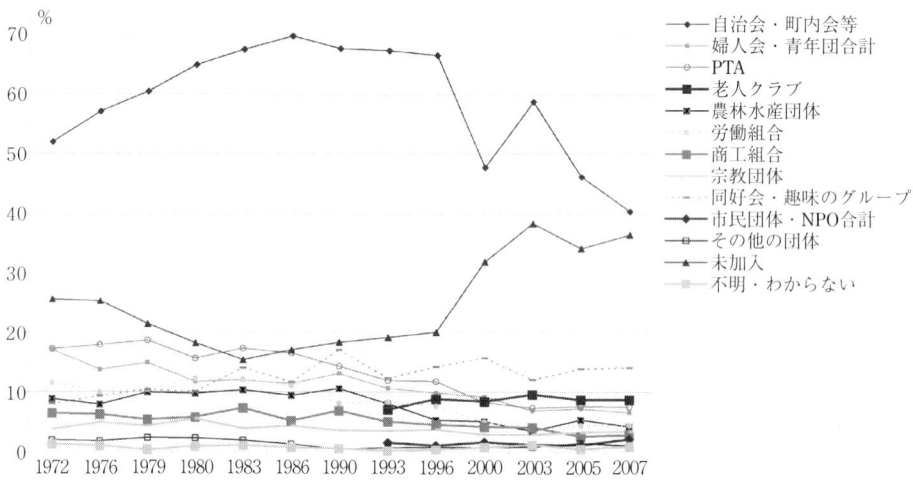

（8）　もっとも，法人格を得ていない市民活動団体も相当数に存在することには注意が必要である。しかし，これらの団体の総体を把握できるデータは現存していない。

は全世帯加入が原則とされてきたことをふまえると，個々人の加入率は必ずしも高いということはできない。しかし，90年代半ばまで6割以上が加入し，現在もなお4割が加入しているというのは世界でも例を見ない高い割合である（Pekkanen 2006=2008: 54-55）。

このように，日本においても数多くの市民社会組織が存在し，公益活動に従事している。その中でも自治会は組織数においても加入率においても最大規模のものであり，日本の市民社会を捉えるうえでは欠くことのできないものである。

ここで，日本の市民社会の特徴について論じた研究を概観しておこう[11]。市民社会領域や非営利セクターの国際比較研究では，日本の市民社会の「弱さ」がつとに指摘されてきた（Curtis, Grabb, and Baer 1992; Salamon et al. 1999; Yamamoto ed. 1999）。

ペッカネンは，日本の市民社会は団体数が多く，個々の市民による団体参加も多いことから，豊富な社会関係資本の存在を指摘する。しかし，全般に地域レベルで活動する小規模な団体が多く，専従スタッフを雇用して政策決定に影響を与える団体も少数にとどまっていることを指摘する（Pekkanen 2003, 2004, 2005, 2006=2008）。そして，このような特徴を指して，「政策提言なきメンバー達（membership without advocacy）」と呼ぶ（Pekkanen 2006=2008: 20）[12]。つまり，日本の市民社会組織は社会関係資本を醸成し，共同体

---

(9) データの出所は，明るい選挙推進協会「選挙の意識調査」ホームページ（http://www.akaruisenkyo.or.jp/066search/index.html）。なお，選挙に関する調査であるため，調査時期は選挙が実施された年となっており，不定期である。

(10) 近年になって加入率が減少していることはやはり見逃せない点である。これについては，自治会組織および市区町村からみた加入率を示しつつ，社会関係資本の問題として4章で検討する。

(11) このほか，儒教の影響など文化的側面から日本の市民社会を特徴づける議論もみられるが（Haddad 2007 など），本書の分析では十分に取り扱えないので考慮の外とする。また，日本の自治会を対象とした海外の研究はそれほど多くはないが，Dore (1958) や Bestor (1989) などの優れた作品がある。

(12) この表現は，Skocpol (1998) がアメリカの市民社会を称した「メンバーなき政策提言（advocacy without membership）」に対して日本の市民社会の特徴を言い表したものである。Skocpol (1998) によれば，アメリカでは専従スタッフを多く抱え，アドボカシー活動に特化し，一般メンバーが活動に参加し

を維持することで民主主義を支えているが，公共領域のあり方や政策決定には影響を及ぼさないのである。そして彼は，日本の市民社会のこのような特徴を，政府による市民社会組織に対する規制の強さによるものだと主張する。日本では法人格の取得が難しいうえに，法人に対する監督が厳しい。さらに，他の先進民主主義国と比べても法人に対して税制面で優遇されていない。このような規制枠組みが大規模な政策提言型の団体の成長を阻害してきたのである。

以上のような日本の市民社会に対する政府の「強さ」は，「最大動員システム」と特徴づけられる日本の行政システムの特徴にも表れている（村松 1994）。ただし，この最大動員は政府の「弱さ」に起因する。最大動員とは行政が利用できる社会的リソースをできるだけ能率的に使用するシステムであり，そのために市民社会組織をも含むネットワークを形成して行政の諸事業を遂行するのである。これにより，日本の行政は公務員数，財政規模，権限といった点で国際的にみてきわめて小さいと位置づけられながら，事業範囲を狭めることなくその業務を遂行することができた。ただし，市民社会組織が行政を補完するために，政府と市民社会組織の間の境界が不明確である（伊藤 1980；武智 1996）。また，政府優位で不平等な権力関係にあるとの指摘もなされてきた（武智 1996）。このように，小さな政府において市民社会組織と密接な関係を構築して効率的に行政事業を遂行してきたために，日本の市民社会は政府の影響が強いとされるのである。

しかしながら，市民社会組織の側からみると，このように行政からの影響が強いことに対する批判は多い。こと自治会に関して，行政に主導され戦時体制へ組み込まれた経験をもつこともふまえて，行政の下請けや末端組織と論難されることもある（松下 1961；秋元 1971，1990；松野 2004など）[13]。しかし，行政と市民社会組織が密接な関係にあることによって効率的に社会サービスが供給されてきた。そして，国際的にみれば弱いかもしれないが，社会サービスの執行を行う代わりに，市民社会組織の主張や要望が政策過程に

　　ていない市民社会組織が増えている。
　（13）　もっとも，国際比較の観点からは，Pekkanen and Read (2003) によって，キューバ，韓国，ベトナム，インドネシア，中国などの住民自治組織と比べて，日本の自治会はより高い自主性をもっていることが指摘されている。

反映されてきた。

このような市民社会組織はリードとペッカネンが主張する「行政と市民を媒介する市民社会組織（straddling civil society）」（行政媒介型市民社会組織）ということができる（Read with Pekkanen 2009）。この straddle という言葉は，橋などが両岸に跨る，また（俗語として）二股をかけて賛否を明確にせず日和見をする，という意味の単語であり，2つの世界の両方に足をかけている状態を示す。つまり，ある種の市民社会組織が，政府と市民・住民の2つの世界に両属しており，一方で団体のメンバーである市民のために活動しつつ，他方で行政と連携しつつ円滑な政策遂行に協力し，自らの主張を伝達していることを特徴づけるのである。そして，地域住民と市区町村との間をとりもつ自治会の活動は，まさに行政媒介型市民社会組織だということができる。

本書で私たちが行おうとするのは，自治会が実際にいかなる媒介を果たし，そして自治会とは，いかなる市民社会組織であるか，その実態を正確に示すことに他ならない。

3. 分析の視角

3. 1. 注目すべき自治会の諸側面

それでは，自治会のどのような側面に注目して分析を行うのかを確認しておこう。本書では，自治会の組織や活動について，次にあげる5つの側面を取り上げて検討していく。それは，社会関係資本（social capital，ソーシャル・キャピタル），自治会と他団体との相互関係，自治会による社会サービス供給活動，自治会と市区町村との協働，自治会による政治参加である。以下，本格的な分析に先立って，それぞれについて簡単にふれておこう。

第1に，社会関係資本である。市民社会組織には社会関係資本を醸成する機能があることが指摘されている。すなわち市民が様々なアソシエーションに積極的に参加することにより，そこでの活動を通して信頼や互酬性の規範意識が形成されるのである。これについてはコミュニティ組織においても同様の機能をもつことが指摘されている（Bowles and Gintis 2002; Silverman ed. 2004 など）。

日本の地域社会を支える自治会は，社会関係資本を醸成する場だと考えられる（Pekkanen 2004, 2005, 2006＝2008）。前述のとおり，自治会は地域社会の

住民によって構成される組織である。したがって，自治会組織のパフォーマンスは住民同士の人間関係に大きく依存する。住民間に円滑で密接な人間関係が形成されており，相互に協力的であるほど自治会は多様な活動を行うことができる。その一方で，自治会の活動において地域住民が共同作業する過程で，信頼や互酬性の規範を伴う良好なネットワークが形成される。このような社会関係資本が形成されることで，住民は自分たちの生活に関わる様々な問題に対して共同で取り組むことができるし，地域コミュニティ内の意思疎通を円滑にする。

　第2に，他団体との相互関係である。自治会を取り巻くネットワークには，内部の住民間関係ばかりでなく，自治会と地域に存在する多様な団体という団体単位でのつながりもある。市民社会領域における様々な団体の活動に期待が寄せられている現在，これらの団体がどのように連携しているのかは注目すべきポイントである。また，前述のように地方分権改革や市町村合併に伴い，地域自治組織が結成されたり，団体間の相互連携の機会が用意されるケースがみられる。

　地域社会には自治会ばかりでなく，子ども会，老人クラブ，婦人会，青年団といった地域住民の性別や年齢からなる団体，あるいは消防団，体育協会，社会福祉協議会，防犯協会，PTAといった特定の目的に基づいた既成の団体がみられる。また，近年ではまちづくりや地域福祉などを行うNPOや市民団体の活動も盛んである。このように地域社会あるいは町内社会では，多様な団体が相互に連携しながら活動を行っている。

　特に，近年の市民団体やNPOの台頭を受けて，これらの団体と自治会との関係がより注目される（植野2000；山岡2004；石原2004）。NPOには地域福祉やまちづくりなどの活動を行うものが多く，地域社会で自治会と関わりあうものも多い。自治会とNPOでは組織の性格が異なるため難しい点もあるだろうが，それぞれの特色を活かして連携することに期待がもたれている。

　第3に，社会サービス活動である。前述のように，市民社会やガバナンスに注目が集まる背景には，誰が社会サービスを供給するのかという問題意識がある。福祉国家，行政国家においては，市民・住民への社会サービスの提供は，もっぱら行政によって独占的に行われるものだった。しかし，冒頭でも述べたように，近年の社会状況から，市民社会領域による社会サービスの供給に期待が寄せられている。

自治会は従来から地域住民の生活上の必要に応じて様々な活動を行ってきた。地域の清掃活動や生活道路の管理といった住環境の整備，祭りやレクリエーションなどの親睦活動，高齢者の介護や児童教育などの住民ケア，防犯，防災，消防などの地域安全活動など実に様々な活動がある。こうした活動が実施されることによって，地域社会は良好に維持されている。こうした活動は行政サービスと重なるものも多いが，自治会は行政サービスのみでは十分に行き届かない部分を補完したり，行政では対処しにくい地域特有の問題に取り組むことができる。このように自治会は，地域の実情に応じて自律的に社会サービスを供給しているのである。

第4に，市区町村との協力や連携である。市民社会組織による社会サービスの供給といっても，当然ながら市民社会領域に限られた問題ではない。依然として政策執行の主体である政府や市区町村とは相互に関わりあっている。そして，市区町村の政策執行を支援したり，政策を補完したりしている。その一方で，市区町村からは補助金などのかたちで自治会活動への支援もなされている。歴史的経緯からみても，自治会と市区町村とは密接な関わりをもってきた。前述のように，こうした両者の相互関係は，Read with Pekkanen (2009) がいう「行政媒介型市民社会組織」としての特徴を表している。そして，こうした政治領域と市民社会領域との接点は，市民社会論やガバナンス論，あるいは日本政治・行政研究の重要なポイントである。

第5に，政治参加である。前述のように，市民社会組織の重要な機能として挙げられるのがアドボカシーである。市民の利害を代表する団体が意思決定に利害関係者として参加し，公共的な事柄に対して合意形成を行うことが民主主義の強化につながる。地方分権により地域の自主的な運営が求められる昨今では，住民・市民が政策形成過程に参加し，自らの意思を反映させることがますます重要となる。自治会は原則として地域内のすべての世帯が加入することになっており，地域を代表する組織とみなされてきた（中田編1996，中田2007）。そして，これまでも市区町村に対して地域問題についての要望を伝達してきた。自治会はこの点においても，政治・行政と市民・住民をとりもつ「行政媒介型市民社会組織」なのである。

3．2．分析の視角

それでは，以上の5つの側面をどのように分析していけばよいだろうか。

ここでは次の3つの視角を提示しておく。

第1に、自治会の属性や地域による相違である。日本全国に存在する自治会は、その地域によって大きく異なる。例えば、都市部では人口の流動性が高く、住民の地域に対する関心が希薄であるために協力が得られず、自治会の機能が低下しているかもしれない。その一方で、村落部では古くから住む住民同士のつながりは濃く、住民が自治会活動に協力的と考えられる。また、自治会が戦時体制に動員されたことなどをふまえると、いつ発足したのかによって、組織の特徴や行政との関係が異なるものと考えられる。

第2に、社会関係資本である。前述のように、これ自体が本書で着目する自治会の一側面である。しかし、社会関係資本は単に住民同士のネットワークや信頼を表すだけではなく、社会的パフォーマンスの向上につながる点が注目されてきた。住民同士の関係が良好で、信頼や互酬性の規範があるほど集合行動への協力を促進することから、自治会の社会サービス活動やアドボカシー活動の基礎となるものだと考えられる。

第3に、政府（市区町村）による自治会に対する政策である。前述のように、日本の市民社会は政府からの影響が強いとされてきた。自治会に関しても行政の下請けと言われるほどに市区町村との関係が密接である。こうした関係は地域社会の変動過程や地域政策によって歴史的に形成されたものであり、本来であれば、そのプロセスを丹念に追っていく必要がある。しかし、本書はあくまで現在の一時点における調査データに基づく議論なので、こうした課題に十分に取り組むことができない。

しかし一方で、市区町村からの補助金・資材の提供や情報の提供などの支援が、自治会活動にどのように影響しているのか、自治会の行政依存はどの程度強いのかなどについては、自治会ごとの特徴を加味しながら考察することができる。このような観点から、市民社会組織としての自治会の自律性の程度や、日本の市民社会領域と政治領域との関係を解明していく。

4. 調査の方法

本書の議論の大部分は自治会に対する全国調査データの分析で占められる。ここで調査の概要について簡単に触れておこう（表1－1参照）。詳細な調査のプロセスは、巻末の付録1「調査実施のプロセス」および辻中編（2009a）を参照されたい。

本調査の名称は「町内会・自治会など近隣住民組織に関する全国調査」である。ただし，以後，本書においては単に「自治会調査」とのみ称する。特にことわりがない限り，本文中における「自治会調査」はすべてこの調査を指している。

表1－1　調査の概要

◆自治会調査
調査期間	2006年8月－2007年2月
方法	全国の市区町村（890）に調査協力を依頼した上で， (1)市区町村による配布・回収 (2)市区町村による配布・郵送による回収 (3)郵送による配布・回収
抽出法	市区町村の自治会数に比例配分した上で，市区町村内では無作為抽出
配布サンプル数	33,438
回収数	18,404
回収率	55.0%

◆市区町村調査
調査期間	2007年8月－12月
方法	郵送法
抽出法	全数調査
配布サンプル数	1,827
回収数	1,179
回収率	64.6%

　自治会調査は，文部科学省特別推進研究の一環として，筑波大学人文社会科学研究科の自治会・町内会調査グループ（代表：辻中豊）が2006年8月～2007年2月にかけて日本全国の自治会組織を対象に行った。このプロジェクトでは，社会団体，NPO法人，市区町村に対する全国調査も実施しており，各種団体間の比較分析および地方政府との相互関係の分析を相補的に行うことができるように設計されている[14]。さらには，韓国，アメリカ，ドイツ，中国でも調査を行い，国際比較分析も可能となっている。

　全国の自治会を対象として調査しようとしても，これらの団体を網羅的にカバーした台帳が存在しないため，無作為抽出を行うことができない。そこで，自治会と密接な関係にあると考えられる市区町村に対して，調査への協力を依頼した。そして，全国すべての市区町村（2006年3月時点で1,843）のうち890の市区町村（48.3%）の協力を得ることとなった。図1－3は協力を得た市区町村を図示したものである。全国のおよそ半数の市区町村であるものの，地域的に著しい偏りはみられない。

　なお，市区町村に協力を依頼するにあたり，自治会とは何かが問題となる。

（14）　他の調査の詳細は，辻中編（2009b），辻中・森編（2009），辻中・伊藤編（2009）を参照されたい。

図1－4　調査に協力した市区町村

 ここでは，地域住民から構成されており，住環境や施設の整備または親睦など住民生活の維持や向上のために活動している団体という曖昧な定義とし，むしろ市区町村の担当者の側で「いわゆる自治会や町内会などと呼ばれているものに相当すると認識している当該地域での組織」についての回答を求めた。そのため，行政区のように行政の側の事情で設置された組織も含まれている。学術研究としては厳密さを欠く方法かもしれないが，近隣住民組織の多様性を考えると，当事者が「自治会」と認識している組織を対象としたほ

うが望ましいと判断した[15]。

　その上で，原則として市区町村ごとの自治会数を比例配分するかたちでサンプル数を決定し[16]，さらに市区町村単位で無作為抽出を行って33,438の自治会に調査票を配布した。調査票の配布と回収については，個々の市区町村の事情に応じて次の3つの方法を用いた。(1)市区町村から自治会へと配布し，市区町村が回収するする方法，(2)市区町村から自治会へと配布し，自治会の方で筑波大学へと返送する方法，(3)市区町村から開示された自治会の連絡先をもとに筑波大学側から郵送で配布し，自治会側が筑波大学へと返送する方法である。最終的な調査票の回収数は18,404であり，回収率は55.0％である。

　本書では，全国の市区町村を対象とした全国調査（「行政サービスと市民参加に関する自治体全国調査」）のデータも一部の分析で使用する。この調査については，以後，「市区町村調査」と呼称する。市区町村調査は，2007年8月－12月に全国の市区町村（2007年3月時点での1,827）に対して，行政サービスのパフォーマンスと市民参加の状況について質問したものである。調査は市民活動，環境，福祉，産業振興の4つの部署に対して行ったが，このうち市民活動担当部署への質問には自治会との関わりについてのものが含まれる。最終的に市民活動部署については1,179票を回収した（回収率64.6％）。

　なお，市区町村の取り組みや特徴が自治会に及ぼす影響を分析するために，自治会調査と市区町村調査の2つのデータを接合させて分析している部分も

---

(15)　市区町村の担当職員の認識であるため，近隣住民組織であっても，市区町村と関わりのない組織は調査の対象から漏れているかもしれない。そのため，サンプル全体が行政との関係が密接であるようにバイアスがかかっている可能性がある。

(16)　各市区町村におけるサンプル数は，それぞれの事情を考慮している。たとえば，調査可能なサンプル数に制限があったり，全数で対応する市区町村などもみられた。このように市区町村の事情に応じてサンプル数を変えることは，サンプルにバイアスを与えることになり望ましくない。しかしながら，市区町村の善意による協力によって調査を遂行していることからやむを得なかった。過剰にサンプルを抽出した自治会については分析に際して，一部のサンプルを除外することが考えられる。また，個々の市区町村での回収率が異なるため，それも考慮してサンプルをウェイトバックすることも考えられる。しかし，本書ではなるべく生のままの調査結果を報告することを重視し，上記の操作は行わなかった。

ある。この場合，両方の調査に協力した577市区町村における12,235の自治会が分析に用いるサンプル数となる。

5. 本書の構成

本書では，以上までに論じた市民社会組織の諸側面に着目し，自治会の特徴について様々な角度から検討していく。

第2章では，発足時期，組織規模（加入世帯数），財政規模など，自治会組織に関する基本的特徴について確認する。そのうえで，自治会の発足時期，加入世帯数，市区町村人口規模，農林水産業地の多さをもとに，村落型，非都市・新型，都市・旧型，都市・新型の4つの類型を析出する。以降は，この類型に基づいて分析を行っている。

第3章では引き続き，自治会組織の特徴についての分析を行う。自治会の役割認識，組織構造と運営，会長・役員のプロフィールという視点から，自治会組織の特徴を明らかにする。非都市部で小規模な自治会ほど，多くの会員が自治会の運営に参加している。また，都市部で大規模な自治会ほど会長が高齢であり在任期間が長いことから，少数の人々に自治会運営の負担が集中していることが推察される。

第4章からは，ガバナンスの各側面について検討していく。まず，社会関係資本を取り扱う。地域住民のつきあいの程度や活動への参加率から，自治会活動の基礎ともいえる住民間の社会関係資本の実態を明らかにする。そのうえで，自治会による親睦活動の取り組みや，小規模自治会であること，非都市的地域であることが社会関係資本の高さと関連していることを示す。

第5章では，自治会と地域の他団体との連携関係をとりあげる。地域に存在する既成の団体や市民団体などと自治会がどの程度連携しているか，また，情報や分担金・助成金をめぐってどのような関係があるのかを示す。そのうえで，住民間の社会関係資本が他団体との連携数と関連することを明らかにする。さらに，NPOに焦点を合わせて，自治会のNPOに対する認識を明らかにする。

第6章では，自治会における社会サービス活動を分析する。まず，自治会の様々な社会サービス活動について実施率を示す。分析から，清掃・美化や生活道路の管理といった最低限の住環境・施設管理と親睦を基礎としながら，地域社会の抱える諸問題に対処するというのが自治会の基本的な活動スタン

スだといえる。さらに活動の実施状況をもとに自治会を類型化し，そのうえで他の要因との関連を探究する。結果として，市区町村による補助金支援，社会関係資本，他団体との連携，財政規模といった要因が自治会の社会サービス活動と関連していることが明らかとなる。

第7章では，市区町村調査を併用し，自治会による市区町村からの業務受託や相互連携の実態を示し，これらが行われる条件について探究する。自治会は市区町村からの情報伝達，募金，住環境の整備などの行政協力活動を行っている。なかでも，回覧や広報誌の配布を通した情報の伝達は重視されており，実施率が高い。また，市区町村からの業務受託や連携は市区町村の政策補完として行われており，かつ，自治会支援策や市区町村への信頼との関連が確認できる。

第8章では，自治会による政治参加を取り上げる。市区町村ばかりでなく市区町村会議員も含めて，自治会が日常的にどのようなルートで要求活動を行うのかを明らかにする。また，自治会による要望伝達活動に影響を及ぼす規定因を考察する。分析から，政策執行の協力に対する交換として要望伝達が行われていることがうかがえる。また，市区町村にアクセス可能であったり，信頼していることが要望伝達を促している。さらに，市区町村との接触は自治会の政策に対する影響力をも規定する。これに対して，市区町村会議員への要望は，行政への要望が十分に受け入れられないと見込まれるときの代替的手段に位置づけられる。このように自治会を通して地域政治をみると，行政偏重的な傾向が鮮明に浮かび上がる。

終章では，これまでの分析を総括して，市民社会組織としての自治会の特徴や機能について考察し，全体の結論を導き出す。

第2章　自治会組織のプロフィール

1. はじめに

　自治会におけるガバナンスの諸側面を取り上げるのに先立って，本章と次章では自治会がどういう特徴をもった組織なのかを検討していく。まず本章では，自治会の名称，設立年と来歴，自治会組織の規模（加入世帯数），財政規模を順にみていく。さらに次章では，自治会組織の運営方法と会長や役員など中心人物の特徴を検討する。自治会組織の基本的特徴は，組織の活動量や住民参加の仕方と関連しており，ひいては市民社会組織としての各側面にも影響を及ぼすものだと考えられる。そのため，自治会の組織としての特徴を明らかにしておくことは後続のすべての章の基礎となる作業である。

　本章ではまず，近隣住民組織の名称について若干の考察を行う。本書では「自治会」とのみ呼称することとしたが，実際には実に多様な名称が与えられている（2節）。自治会は日本の市民社会組織の中でも長い歴史をもつものである。そこで，自治会の来歴を簡単に振り返り，それをふまえつつ自治会組織数のマクロな推移や自治会の発足年をみていくこととする（3節）。続いて，自治会組織の規模（加入世帯数）を取り上げる（4節）。第1章でもふれたように，自治会は全世帯加入を原則とし，地域を代表する組織として位置づけられてきた。そうだとすれば，自治会の組織規模というのは地域社会において動員可能な資源量を表しており，組織の活動の限界量を規定するものだと考えられる。さらに，この組織規模をもとに財政規模をみていくこととする（5節）。最後に，以上の分析をふまえて自治会の類型化を試みる（6節）。発足年，加入世帯数，自治会がある市区町村の人口規模，農林水産業地

の多さという4つの変数をもとにクラスター分析を行ったところ,村落型,非都市・新型,都市・旧型,都市・新型の4つのクラスターが析出された。後続の章の分析では,この4類型に基づいて以後の様々な分析を行っていく。

2. 近隣住民組織の名称

冒頭で述べたように,本書では近隣住民組織を総称して「自治会」と呼ぶこととしている。しかしながら,近隣住民組織については各地で多様な名称がつけられている。自治会という名称自体は戦後起源と推定される。表2－1は,2007年に総務省が行った調査をもとに,主な近隣住民組織の名称をまとめたものである。現在では自治会が最も多く,全体の41.8%を占める。総務省(自治省)では定期的に調査を行っているが,その度ごとに自治会という名称が占める割合が増している。続いて,町内会(22.7%),区会(13.2%)といった名称が多くみられる。これらで全体の3／4程度の割合を占めている。一方で,その他の名称も12.6%みられる。もっとも,総務省調査については,その他にどのような名称が含まれているのかはわからない。

そこで,我々のプロジェクトで自治会調査に付随して各市区町村に近隣住民組織の名称を質問した[1]。それによると,上記の他にも,集落,地区,常会,振興会などの名称がみられる。また,行政区,自治公民館,地区連絡会,駐在区など行政との関わりが深いと思われる名称もみてとることができる。このうち,行政区は後述するように明治以降に行政補完組織として設置されたものであり,現在でも名称に名残りがあることがわかる。また,自治公民館は戦後初期の自治会が禁止されていた時期に組織形態を変えて存続したものである(伊藤2007)。部落公民館における住民の学習活動と自治会活動を一体化して住民自治を推し進める運動

表2－1　近隣住民組織の名称

名称	数	割合(%)
自治会	122,916	41.8
町内会	66,905	22.7
区	38,880	13.2
町会	17,634	6.0
部落会	6,903	2.3
区会	3,980	1.4
その他	37,141	12.6
合計	294,359	100.0

出典:2007年総務省調査

---

(1) この質問は市区町村に対して,近隣住民組織が地域でどのような名称で呼ばれることが多いかを3つまで尋ねたものである。個々の自治会について,その組織の名称を尋ねたものではないので調査結果の集計を行うことはできない。調査方法については巻末付録1でも言及している。

もみられ，やがて自治公民館として制度化していった（宇佐川・朝倉・友松 1964；伊藤 2007）。このように数としては多くないものの，近隣住民組織の名称には，これまでの来歴の名残りと思われるものもみられる。

3. 自治会の来歴と発足時期

3.1. 自治会の来歴[2]

　自治会の由来には様々な説があり，地域によっても相当に異なっている。京都や奈良といった古い都市においては室町時代の「町」を起源とする議論もみられる（高木 1989；安国 1989）。東京においても江戸時代の町人による「町」や「町組」から説き起こす議論がみられる（田中 1990）。また，非都市部においては，旧来の村落，集落，自然村の流れを汲むものも多くみられる。

　現在の自治会のような近隣住民組織が発足したのは，多くの場合，明治時代に入ってからである。1889年（明治22年）に市制・町村制法が施行され，大規模な町村合併が行われた。このとき，明治21年に71,310あった町村が13,344になり，多くの自然村が行政村として再編されることとなった（大日方ほか 1984；市町村自治研究会 1998）。このような地方自治制度の導入によって，これまで住民が行ってきた治安，土木，教育などの機能が行政の所管となった（鳥越 1994）。しかし，多くの住民の生活基盤は旧来の町村にあったことや，初期の自治体には十分な財源がなかったために，旧来の町村が土木工事や学校建設，衛生，清掃事業などに費用と労力を供出してきた（鳥越 1994；倉沢 1990, 2002）。このように市制・町村制導入後も，自治会と行政との役割分担は明確にされず（鳥越 1994），従来の自然村は「行政区」という地方自治体の補完組織として維持されてきた[3]。そして，この行政区が自治会組織の原型となる（秋元 1971；中田 1993a；玉野 1993；鳥越 1994）。

　これに対して，都市部においては明治期に入り大量の人口流入がみられ，それまでの名望家や有力者などによってまとめられてきた町内の秩序を維持

（2）　自治会の由来や歴史を扱った文献は多数に及ぶ。本書では概略だけを記すにとどめるが，詳しくは，吉原（2000），田中（1990），玉野（1993, 2005），鳥越（1994），Hastings (1995) などを参照されたい。

（3）　このような経緯に着目すると，現在の自治会は従来持っていた広範な機能を喪失し，一部に縮小したものだとみることもできる（倉沢 1990, 2002）。

するのは困難であった（田中 1990）。そのうえで住民生活の必要上から，自治会組織が結成されることとなる。都市部では伝染病など公衆衛生上の問題を解決するために全戸加入で衛生組合が結成され，さらには生活上の様々な問題にまで対処するようになった（田中 1990）。また，商店街地域などでは都市自営業者が台頭し，旧中間層に代わって自治会組織を取りまとめるようになる（玉野 1993, 2005）。以上のように，現在の自治会の原型となる組織は明治から大正期にかけて相次いで結成される。

　第一次世界大戦による好景気の後，日本経済は深刻な不況に陥り，米騒動をはじめ労働争議，小作争議などが相次いで起こった。そのため，地域支配秩序を再編するために，地域住民組織を掌握し，行政の末端組織に位置づけようという動きが広がる。農民経済更生運動，選挙粛正運動，国民精神総動員運動などは，その流れに位置づけられる（吉原 1989）。そして，1940年（昭和15年）には内務省の「部落会町内会等整備要領」により全国の地域住民組織が町内会と部落会に一元化され，その下に隣組がおかれた。さらに1941年には大政翼賛会の下部組織と位置づけられ，戦時中の国家総動員体制における行政の末端組織となった（吉原 1989；雨宮 1997）[4]。このように戦前の自治会は国によって制度的に末端行政機構として規定された経験をもつ。

　戦後初期の改革では，1947年（昭和22年）に連合国軍総司令部（GHQ）によって自治会に対する解散命令が下される[5]。戦争への動員体制の背景に末端における自治会組織があったためである。また，世帯単位，全世帯加入，包括的機能といった自治会の特徴が，欧米社会におけるアソシエーションとは異なるものであり，自由で民主的な社会を阻害するものと考えられたためである（中川 1980；吉原 1989）。

　しかしながら，自治会は行政側の理由のみによってつくられたものではなく，地域住民の生活上の必要により発足したものである。特に戦後初期は行政サービスも不十分であり，配給や治安維持のために自治会が不可欠であった。そのため，前節の名称でみた振興会，公民館や駐在区の他，大阪におい

---

(4) もっとも，雨宮（1997）は戦時中の総力戦体制により日本社会の平準化が進み，戦後諸システムの原型となったと肯定的な側面も論じている。

(5) 東京都における町内会の廃止・禁止，占領下における住民組織のはたらき，および，その後の復活については，高木（2005）で詳細に論じられている。

ては日赤奉仕団，東京都区部においては防犯組合などと名称や形態を変えて，解散命令後すぐに復活することとなる（吉原 1989；高木 2005）。

1952年（昭和27年）に日本が再び主権を回復すると，自治会は名実ともに復活を遂げることとなる。そして1954年（昭和29年）には，昭和の大合併によって広域化した市区町村の地域掌握のため，自治会長等を行政協力委員として委嘱するようになる（中田 1993a）。

その後，高度経済成長に伴う急激な産業化や人口増に応じて新たな自治会が形成されていく一方で，個人主義化の進行や地域社会の混住化などにより人々の地域社会への依存度が低下し，自治会やコミュニティの活動の衰退が問題視されるようになった。また，行政と自治会との関係が密接になることで逆に住民との関係が弱くなり，地域で起きる住民運動と対立する場面もみられ，自治会が住民の総意を代表する組織とはいえなくなってきた（中田 1993a）。

こうした状況に応じて国では1970年前後からコミュニティの再生に向けた政策を打ち出していく。1969年にはコミュニティ小委員会によって，「生活の場において，市民としての自主性と責任を自覚した個人および家庭を構成主体にして，地域性と各種の共通目標をもった開放的でしかも構成員相互に信頼性のある集団」としてのコミュニティが提起される（国民生活審議会調査部会編 1969）。それを受けて各市区町村では，コミュニティ地区の設定，コミュニティ施設の建設，施設を中心とした住民の親睦や交流や地域問題への取り組みが施策として行われた（江上 1992；菊池・江上 1998）。ただし，一連のコミュニティ政策は自治会とは一定の距離をとる姿勢であり，自治会に代わる地域住民組織としてのコミュニティ団体の発足を促すものであった（吉原 1993，1997；竹中 1998）。そして，そのために既存の自治会と緊張や対立を生みだし，期待されたようなコミュニティ団体の活性化はみられなかった[6]。

1990年代以降の動きは1章でも触れたとおりである。地方分権や市町村合併が推し進められるのと同時に，まちづくり活動などへの支援がなされる。

（6） 菊池・江上（1998）は，コミュニティ・センターの建設により住民の親睦活動が活性化したものの，それだけではコミュニティ意識が高まるわけではないという調査結果を示している。

また，市民社会やガバナンスへの注目が増すことで，住民の手による自治，NPOや市民団体の地域活動，行政と住民との連携や協働が重視される。合併自治体の中には地域自治区や地域協議会が設置されるなど，新たな住民自治の取り組みを行うところもみられる（岡田・石崎編 2006）。自治会はこうした文脈の中で再び地域社会の中心的な組織として重要な役割を果たすものと期待されている。

以上のように，自治会の来歴を振り返ってみると，住民自治の必要から結成された組織でありながらも，その時々の地方自治をめぐる政策に大きく左右されてきたことがわかる。このような経緯が自治会の「行政媒介型市民社会組織」としての性格を規定してきたと考えられる。

3.2. 自治会数の推移

以上の自治会の来歴をふまえたうえで，自治会数のマクロな推移についてみよう。図2－1は旧自治省および総務省の調査に基づいて，全国における自治会数の推移を示したものである（大日方・勝田・我部編 1984；計倉 1993；篠宮 1997；総務省自治行政局行政課 2003，同 2008）[7]。途中，1946年から80年までの間のデータがないのは，行政の住民自治組織への不介入の立場や助成金等の強い要望があるために実態把握がためらわれたからだとされる（中田 1993b）。データが存在しない時期も直線的に推移していると考えると，自治会数は1941年から92年まで増加の一途にあり，約1.5倍となっている。これは同じ期間に日本の総人口が約1.6倍（約7,500万人→約1億2,500万人）にな

図2－1　全国における自治会数の推移

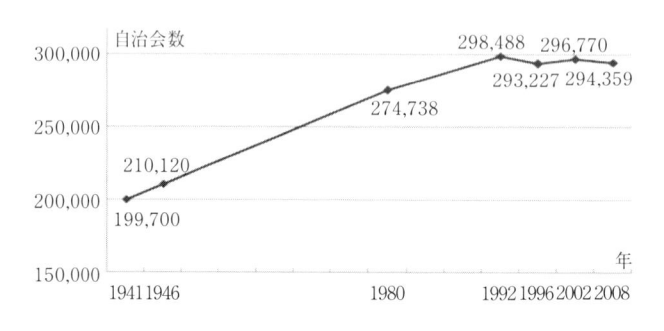

（グラフ：自治会数　199,700（1941）、210,120（1946）、274,738（1980）、298,488（1992）、293,227（1996）、296,770（2002）、294,359（2008））

（7）　資料収集にあたっては濱本真輔氏（日本学術振興会）の協力を得た。記して感謝する。

っていることに対応している。92年以降の自治会数は29万台で推移しており，大きな変化はみられない。

　もっとも，自治会数の推移は地域ごとで大いに異なる様相を呈している。1946年と比較すると2008年では，東京都（3.0倍），神奈川県（2.6倍），大阪府（2.8倍），香川県（2.2倍），佐賀県（2.1倍）では自治会数が2倍以上となっている。これに対して，群馬県（0.8倍），長野県（0.9倍），京都府（0.6倍），愛媛県（0.9倍）では自治会数がむしろ減少している。京都では敗戦直後の6割程度の自治会数となっている。自治会数の増加が著しいのが大都市圏ばかりでないことや，減少している地域があるところから，自治会数は単純に人口増加を反映しているわけではない。地域社会の変動過程や国から都道府県，市町村まで各レベルの自治（自治会）政策を追うことで究明していかなければならないが，今後の課題としたい。なお，章末付録として都道府県ごとの自治会数の推移を示しているので（表2－8，63頁），その他の都道府県についてはこちらを参照されたい。

3.3. 自治会の発足時期

　続いて，自治会調査から得られた自治会の発足年について考察していこう。自治会調査では，自治会の発足した年を尋ねているが＜自治会調査問1＞，発足時期が古くにさかのぼる場合，明確な資料が残っていなければ現在の自治会長には把握できないことも多いと考えられる。そのため，別途「わからない」という選択肢も設けて質問した。その結果，「わからない」という回答が最も多く，全体の42.6％（6,898自治会）にものぼる。

　図2－2は，回答があった自治会について発足時期をグラフで表している。ここでは発足年が不明な自治会を除いているが，上記の理由から，発足時期のわからない自治会には古くに発足したものが多いと考えられる。そのため，図をみる際に古い自治会についての情報が不足していることに留意しなければならない。戦後に発足した自治会については，発足年についてもある程度正確に把握していると考えられる。

　図2－2では，1946－50年と51－60年という敗戦直後に発足したという自治会が最も多い。1947－51年はGHQにより自治会が解散させられた時期であるにもかかわらず，この時期に発足したものが多いというのは意外な結果にも思われる。しかし，現在の自治会組織は，解散命令によって戦時中の町

図2−2 自治会の発足時期

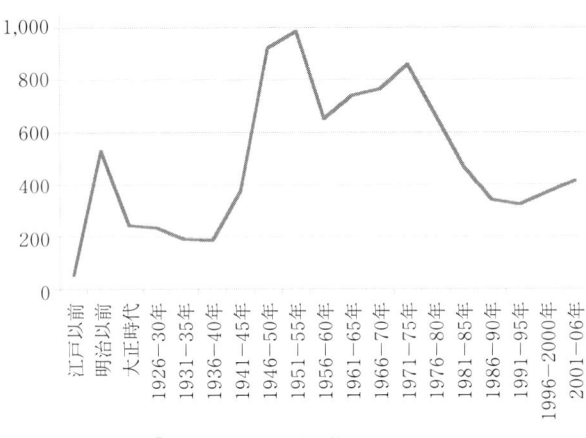

(注) 発足時期が「わからない」という回答を除く

内会・部落会とはいったん切れており,かたちを変えて新たに発足したものだというのが回答した自治会の認識なのかもしれない。その後,1970年代までに発足した自治会数は一定の水準である。これは先にマクロな自治会数の推移をみたように,日本社会の人口増加に伴って組織が増えていったことを表している。しかし,1981年以降では発足数は減少傾向にあり,現在に至っている。

都市規模・地域ブロックと発足時期

発足時期を市区町村の人口規模別にみていこう[8]。表2−2は,市区町村人口規模と地域ブロック[9]ごとに自治会の発足時期を10年刻みに表したものであ

---

(8) 市区町村人口については,『統計でみる市区町村のすがた2007』(総務省統計局)から2005年国勢調査人口を用いている。なお,合併した市町村については調査時点(2006年9月)での市町村の人口を用いている。
(9) 地域ブロックの区分には様々な考え方があるが,ここでは以下のように区分している。
  北海道・東北:北海道,青森県,岩手県,宮城県,秋田県,山形県,福島県
  関東:茨城県,栃木県,群馬県,埼玉県,千葉県,東京都,神奈川県
  北陸・信越:新潟県,富山県,石川県,福井県,山梨県,長野県
  東海:岐阜県,静岡県,愛知県,三重県
  近畿:滋賀県,京都府,大阪府,兵庫県,奈良県,和歌山県
  中国・四国:鳥取県,島根県,岡山県,広島県,山口県,徳島県,香川県,愛媛県,高知県
  九州・沖縄:福岡県,佐賀県,長崎県,熊本県,大分県,宮崎県,鹿児島県,

表2-2　都市規模・地域ブロックと発足時期（単位：％）

		わからない	戦前	1946-55年	1956-65年	1966-75年	1976-85年	1986-95年	1996年-	N
市区町村人口	5万人未満	53.4	12.8	8.2	5.8	5.5	5.1	3.5	5.8	5,116
	5-10万人未満	49.2	13.0	9.5	6.9	7.7	6.2	3.3	4.2	2,955
	10-20万人未満	37.1	9.8	11.7	10.4	12.7	8.8	4.9	4.6	2,840
	20-50万人未満	33.7	9.0	13.1	10.5	14.4	8.8	4.9	5.6	2,944
	50万人以上	23.3	9.8	23.6	13.8	14.7	7.7	4.4	2.7	1,915
地域ブロック	北海道・東北	34.5	11.3	11.2	10.8	12.4	9.8	5.2	4.8	2,313
	関東	33.0	8.8	14.0	12.7	13.1	8.7	4.5	5.2	3,556
	北陸・信越	53.4	13.7	9.6	5.9	6.6	4.5	2.7	3.7	2,093
	東海	46.1	13.9	13.0	6.6	7.5	5.2	3.7	3.9	1,775
	近畿	38.8	11.7	11.2	8.2	13.1	8.1	4.3	4.6	1,943
	中国・四国	46.7	9.7	11.7	7.9	7.8	5.7	3.6	6.9	2,078
	九州・沖縄	52.0	11.4	10.8	5.2	6.9	5.2	4.0	4.5	2,075
全体		42.6	11.2	11.8	8.6	10.0	7.0	4.1	4.8	16,187

る。ここでは発足時期が「わからない」と回答した自治会も含めている。

　人口規模の小さい市区町村では古くに発足した自治会が多い。5万人未満と5-10万人未満の市区町村では，わからないという自治会がそれぞれ53.4％，49.2％と半数程度を占めている。戦前に発足した自治会も多い。非都市部において旧来の村落社会や，明治期の大合併によってできた行政区との連続性が意識されているのかもしれない。これに対して，人口10-20万人未満，20-50万人未満，50万人以上の自治会ではわからないという自治会の割合が少なく，戦後に発足した自治会が多い。敗戦直後の1946-55年に発足したという自治会は人口50万人以上の都市で特に多い（23.6％）。大都市の自治会ほど戦前の組織との断絶を意識しているのかもしれない。1966-1975年くらいまでに発足した自治会は，このように人口規模の大きい市区町村で多くみられるのだが，その後は人口規模による差はみられない。1996年以降ではむしろ人口規模の小さい都市の自治会で割合が高まっている。

　続いて，地域ごとの発足時期をみよう。発足時期がわからないという自治会は，北陸・信越地方（53.4％），東海地方（46.1％），中国・四国地方（46.7％）で多く半数程度である。これらの地域は一部の大都市を除いて，非都市的地域が多いため，村落社会との連続性が表れているのかもしれない[10]。一方で，

沖縄県
(10)　本調査には，東海地方の名古屋市と九州・沖縄地方の福岡市という大都

北海道・東北地方，関東地方，近畿地方では，発足時期がわからないという自治会が少ない。これらの地方は1956－65年～1966－75年に発足した自治会が多い（関東地方は1946－55年も多い）。1996年以降では，あまり大きな差とはいえないが，中国・四国地方で12.9％とやや多い。

4. 自治会の規模

　自治会は日本全国のほぼすべての地域にあり，原則として全世帯加入とされてきた。それでは，地域社会ではどれくらいの規模で1つの集団が形成されているのだろうか。自治会が地域住民の生活を支える団体であることをふまえると，このことは住民が相互に支えあう単位として，どのくらいの規模が適正なのかを問うことにつながる。

図2－3　自治会加入世帯数の分布（階級は20世帯単位）

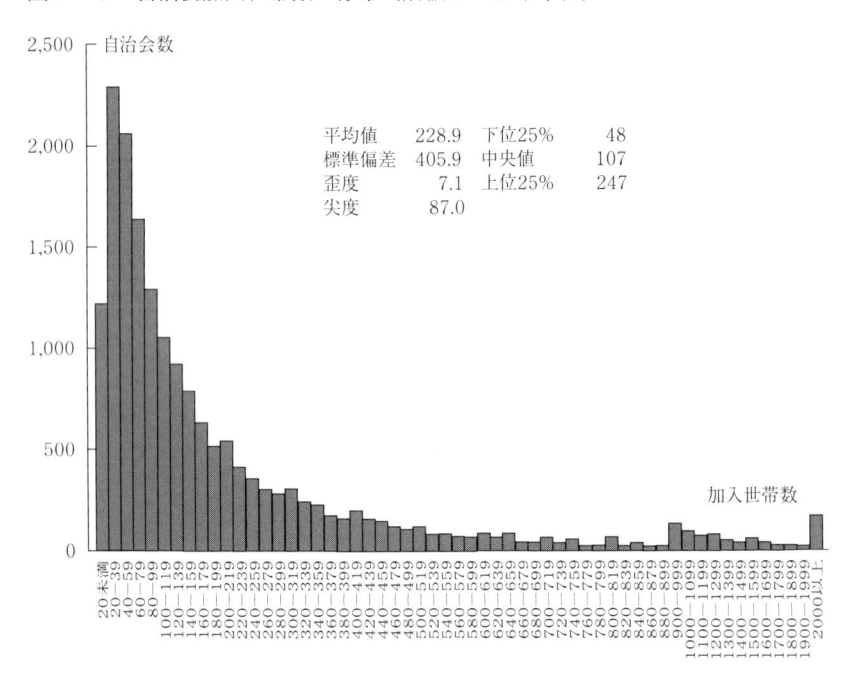

平均値 228.9	下位25%	48
標準偏差 405.9	中央値	107
歪度 7.1	上位25%	247
尖度 87.0		

市での調査協力が得られなかった。そのために，これらの地域における非都市的性格が強く出ているおそれがある。

自治会は原則として世帯で加入することになっているため[11]，加入世帯数によって組織規模を検討していく＜自治会調査問2＞。図2－3は，加入世帯数を20世帯刻みに表したヒストグラムである（ただし，800世帯以上は100世帯刻み）。また，加入世帯数に関する記述統計量を表記している。分布全体が左にひずんでおり（歪度7.1），加入世帯数の小さい自治会が多いことがわかる。最頻のカテゴリは20－39世帯であり，2,291自治会（12.4％）である。100世帯未満の自治会で全体の47.3％とほぼ半数を占める。したがって，平均値でみると228.1世帯であるが，これが標準的な自治会数だといえないことには注意が必要である。ここからわかるように，自治会組織の多くは規模の小さいものである。

都市規模・発足時期・地域ブロックと自治会規模　自治会の他の特徴と加入世帯数との関連をみていこう。表2－3では，市区町村の人口規模，地域ブロック，発足時期別に自治会の加入世帯数を示している。

都市規模については，市区町村の人口規模が大きくなるほど，自治会規模も大きくなるという傾向が明確に表れている。人口5万人未満の都市では34.7％が50世帯未満であり，50－99世帯も合わせた100世帯未満の自治会は60.3％にものぼる。5－10万人未満，10－20万人未満，20－50万人未満の都市では，100世帯未満の自治会が40－50％を占めている。これらに対して，人口50万人以上の大都市は特異な傾向を示している。50世帯未満の自治会は6.0％に過ぎず，100世帯未満の自治会も10.2％しかない。そして，200－499世帯が32.0％，500世帯以上の自治会が31.4％を占めており，合わせると63.4％にものぼる。

続いて，自治会の発足時期との関連をみよう。発足時期がわからないという自治会には小規模なものが多い。50世帯未満が36.6％，100世帯未満で61.5％にものぼる。戦前に発足した自治会も比較的規模は小さく，50世帯未満が22.7％，100世帯未満が43.4％を占めている。このように古くから存在す

---

(11)　認可地縁団体としての法人格取得要件では，個人単位の加入となっている。しかし，総会等における組織運営上の権利・義務の行使を世帯単位とすることで運営の実態とのずれを埋めることが可能とされる（山崎 2003）。

表2－3　市区町村人口規模・地域ブロック・発足時期別にみた自治会加入世帯数　　　（単位：％）

		50世帯未満	50－99世帯	100－199世帯	200－499世帯	500世帯以上	N
市区町村人口	5万人未満	34.7	26.6	20.5	14.0	4.2	5,773
	5－10万人未満	27.3	22.7	23.3	18.5	8.2	3,348
	10－20万人未満	21.8	20.3	23.8	22.8	11.2	3,134
	20－50万人未満	23.7	20.9	20.9	23.7	10.8	3,246
	50万人以上	6.0	10.2	20.4	32.0	31.4	2,065
発足時期	わからない	36.6	24.9	19.3	13.7	5.4	6,717
	戦前	22.7	20.7	22.0	20.9	13.6	1,776
	1946－55年	16.1	17.3	20.6	24.9	21.1	1,888
	1956－65年	14.8	15.2	23.4	27.5	19.0	1,378
	1966－75年	9.7	18.0	25.2	31.3	15.7	1,608
	1976－85年	12.6	18.8	25.4	30.0	13.2	1,125
	1986－95年	21.5	21.3	24.8	22.9	9.5	656
	1996年－	29.2	22.2	25.6	19.2	3.9	767
地域ブロック	北海道・東北	27.8	25.7	23.5	17.2	5.8	2,525
	関東	15.1	17.9	21.9	26.1	19.0	3,857
	北陸・信越	32.9	25.1	22.1	15.2	4.7	2,387
	東海	17.3	21.3	21.0	24.6	15.8	2,009
	近畿	18.3	20.0	24.0	26.1	11.6	2,177
	中国・四国	45.6	21.6	17.6	11.4	3.9	2,310
	九州・沖縄	26.9	22.8	21.7	19.0	9.6	2,373
	全体	32.9	19.1	17.7	18.5	11.7	17,908

各項目にはそれぞれ欠損値があるので，サンプルNの総数は一致しない。

る自治会は小規模都市にあり，自治会自体も小規模であることが理解できるであろう。

　戦後は様相が変わり，自治会規模はしだいに大きくなる傾向にある。1946－55年には100世帯未満の自治会が33.4％と減少する一方で，500世帯以上の自治会が21.1％と増加している。この時期は人口50万人以上の都市で多くの自治会が発足しており（表2－2），規模が大きい自治会が多いのはそのためだと考えられる。その後も新しく発足した自治会ほど，小規模なものの割合が少なく，中規模なもの（200－499世帯）の割合が多い。戦後に発足した自治会は旧来の組織と継続性があったとしても，1947年のGHQによる命令により一度は解散し，かたちを変えて再結成したものである。こうしたプロセスは特に大都市で顕著であった可能性がある。

　1976年以降では再び規模の小さな自治会の割合が多い傾向にある。1986－95年では，50世帯未満が21.5％，100世帯未満だと42.8％，さらに1996年以降

では50世帯未満が29.2％，100世帯未満だと51.4％であり，戦前と同程度かそれ以上の割合である。表2－2で人口規模が小さい市区町村でこの時期に発足した自治会が若干多くみられることが確認されたが，そのことが関連しているのかもしれない。

　最後に，地域ブロックごとに加入世帯数をみてみよう。地域による明瞭な差異をみてとることができる。北陸・信越地方と中国・四国地方では規模の小さな自治会が多い。これらの地域では30－40％の自治会が50世帯未満である一方で，500世帯以上の大規模自治会はわずか5％程度である。とりわけ，中国・四国地方では50世帯未満が45.6％，100世帯未満が67.2％であり，他地域と比べて規模が小さいことがみてとれる。これに対して，関東，東海，近畿地方では相対的に規模が大きい。100世帯未満の自治会は30－40％程度にすぎず，500世帯以上の自治会が10－20％程度である。以上の結果は，地域の人口分布を反映した結果だといえる。先に確認したように市区町村人口規模が大きい都市の自治会ほど加入世帯数が多いのだから，関東，東海，近畿地方における加入世帯数が多く，それ以外の地域で少ない傾向にあるのは当然だといえる。

　しかし，それでもなお中国・四国地方は，他の地域と比べて自治会の規模が小さいといえる。詳細は割愛するが，中国・四国地方は人口やDID人口比率といった都市度を表す変数で統制しても小規模な自治会が多い。国土交通省が2006年に過疎地域市区町村を対象に行った「過疎地域等における集落の状況に関するアンケート調査結果」でも同様の結果がみられ，中国・四国地方で規模の小さい集落が多くみられる（国土交通省 2007）[12]。また，この調査からは中国・四国地方で集落の高齢者割合が高く，集団機能の維持状況に低下がみられる。大野（2005）が高知県の事例をもとに限界集落という概念を生み出したように，この地方は活動基盤の弱い（小さい）自治会が多いといえるだろう。

---

　(12)　この調査で「集落」と定義されているのは，「一定の土地に数戸以上の社会的まとまりが形成された，住民生活の基本的な地域単位であり，市区町村行政において扱う行政区の基本単位」である。したがって，本書における自治会の定義と類似している。

人口分布と自治会規模　これまでの分析から，市区町村の人口規模や地域による差はあるにせよ，全体としては規模の小さい自治会が多いということが明らかとなった。しかし，だからといって規模の小さな自治会のある地域に多くの人々が住んでいるとは限らない。いや現実には，規模の大きい自治会のある地域にこそ，大多数の人々が住み，かつそうした自治会に参加しているのである。なぜなら，加入世帯の少ない自治会は数こそ多いが，その人口でみた比重は軽いからである。

そこで，一定の自治会規模の地域にどれだけの人々（世帯）が住んでいるのかを推計しよう。推計の仕方は単純である。自治会調査では各自治会に対して，加入世帯数とその地域の世帯数を聞いている＜自治会調査問2＞から，それをもとの規模（分類）に入る自治会数で乗じると，その規模での全世帯数と加入世帯数の累計がでてくる。

図2－4は，加入世帯数の各カテゴリに所属する自治会数の割合（自治会調査データにおける割合）と，その自治会地域に居住する世帯の割合を示したものである。自治会調査は，およそ30万存在する自治会の6％程度の1.8万自治会への調査であり，そのもとには485万世帯が包摂されているのである。日本全体では2005年国勢調査では4,906万世帯存在するので約1割が含まれることになる。ここではあえて，全国の推計を出さずに，この調査内での世帯分布をみることにしたい。

全体としては，奇麗なコントラスになっている。自治会数では，100世帯未

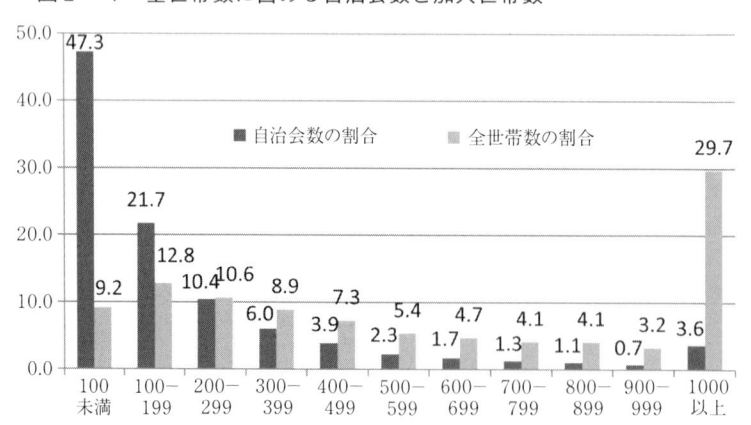

図2－4　全世帯数に占める自治会数と加入世帯数

世帯数区分	自治会数の割合	全世帯数の割合
100未満	47.3	9.2
100－199	21.7	12.8
200－299	10.4	10.6
300－399	6.0	8.9
400－499	3.9	7.3
500－599	2.3	5.4
600－699	1.7	4.7
700－799	1.3	4.1
800－899	1.1	4.1
900－999	0.7	3.2
1000以上	3.6	29.7

満という小さな自治会が最も多く，半数に迫っていたのに対し，全世帯数（累計）での割合をとなるとわずか5分の1以下の9.2％に縮小する。それに対し1,000世帯以上の大規模自治会はわずか3.6％の割合に過ぎないが，全世帯数（累計）割合となると8倍以上，3割に迫るのである。

あたりまえとはいえ，興味深い結果である。自治会を語る時には，われわれは約半数を占める100世帯以下の比較的小さい自治会のことを考える必要がある。他方で，地域に住む市民，世帯の観点からは，ほぼ半数は500世帯以上の自治会に属していることを忘れてはならないのである。

5. 財政規模

加入世帯数とならんで自治会組織にとって重要な資源が，利用可能な金銭的資源である。これは，様々な活動を行ううえでの基礎となるものであり，組織にとって最も重要な問題が金銭的資源の調達である。

まずは，自治会がどのくらいの予算規模をもつかをみよう＜自治会調査問7＞。表2－4は，自治会の総収入と1世帯あたりの総収入（財政規模／加入世帯数）の平均値，標準偏差，中央値を自治会類型別にみたものである。総収入については，自治会規模が大きいほど総収入が多い。50世帯未満の自治会では平均値が70.0万円であるのが，500世帯以上の自治会では640.2万円である。中央値でみても同様の傾向である。大規模な自治会ほど総収入が多いことがわかる。

もっとも，自治会規模が大きいほど財政規模が大きいのは自明である。そこで，1人当たりの総収入をみていくと傾向は全く異なり，大規模な自治会ほど1世帯当たりの財政規模は小さい。50世帯未満の自治会では平均値が2.4万円であるのに対して，500世帯以上の自治会では0.7万円である。

ところで，自治会はどこから収入を得ているのだろ

表2－4　自治会の総収入（単位：万円）

		平均値	標準偏差	中央値	N
自治会の総収入	50世帯未満	70.0	95.1	44.5	3,530
	50-99世帯	134.4	162.0	95.2	3,345
	100-199世帯	207.9	262.7	145.3	3,444
	200-499世帯	320.6	332.5	246.0	3,273
	500世帯以上	640.2	583.8	490.0	1,677
	全体	231.5	335.8	135.0	15,269
1世帯当たりの総収入	50世帯未満	2.4	3.3	1.6	3,530
	50-99世帯	1.9	2.3	1.3	3,345
	100-199世帯	1.5	1.8	1.0	3,444
	200-499世帯	1.1	1.1	0.8	3,273
	500世帯以上	0.7	0.7	0.6	1,677
	全体	1.6	2.2	1.0	15,269

うか。個々の加入世帯からの会費，市区町村からの補助金や受託業務に対する手数料などが考えられる。そこで，自治会の主な財源の内訳をみよう。表2－5は，総収入に占める各項目の割合の中央値を加入世帯数ごとに示している[13]。会費収入の占める割合が最も多く，全体での平均値は65.9％と2／3程度を占めている。補助金や手数料といった市区町村から得られる収入は，全体での中央値でそれぞれ9.5％と4.4％である。加入世帯ごとで内訳が大きく異なるわけではないが，50世帯未満では会費収入が占める割合が高く，一方で500世帯以上では補助金や手数料による収入の占める割合が高い。

このように最も主要な財源である自治会費であるが，各世帯はどれくらいの金額を納めているのだろうか。図2－5は加入世帯数ごとに1カ月あたりの自治会費をみたものである[14]。自治会規模が大きくなると自治会費が少ないという傾向がはっきりと見てとれる。会費が500円未満の自

表2－5　加入世帯別自治会予算の内訳の中央値　（単位：％）

	会費	補助金	手数料	その他	N
50世帯未満	69.9	8.5	3.9	16.8	3,390
50－99世帯	65.9	8.2	4.0	19.0	3,292
100－199世帯	65.0	9.0	3.9	16.8	3,396
200－499世帯	65.4	9.9	4.7	14.8	3,237
500世帯以上	62.7	12.4	6.0	14.4	1,653
全体	65.9	9.5	4.4	16.4	14,968

各項目で欠損値が異なるためサンプル数Nも異なる。ここでは会費についてのNを表記している。

図2－5　加入世帯数別1カ月あたりの自治会費

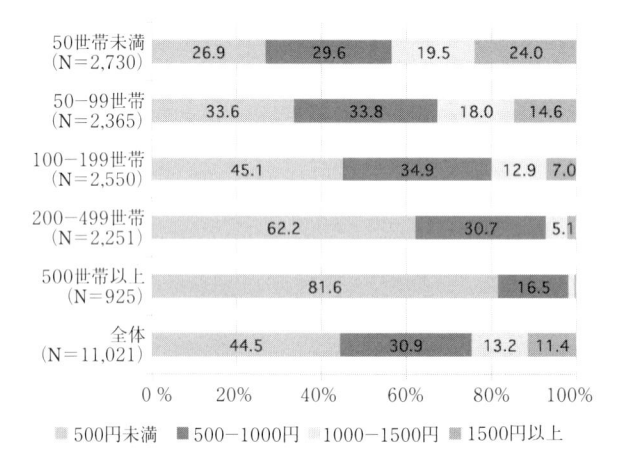

区分	500円未満	500－1000円	1000－1500円	1500円以上
50世帯未満 (N=2,730)	26.9	29.6	19.5	24.0
50－99世帯 (N=2,365)	33.6	33.8	18.0	14.6
100－199世帯 (N=2,550)	45.1	34.9	12.9	7.0
200－499世帯 (N=2,251)	62.2	30.7	5.1	
500世帯以上 (N=925)	81.6	16.5		
全体 (N=11,021)	44.5	30.9	13.2	11.4

---

(13) 補助金，手数料，その他の項目に，他と比べて著しく高い値があるため，平均値は分布を正確に表さない。

(14) 自治会調査では典型的な世帯の自治会費についての回答を求めている。しかし，自治会によってはすべての加入世帯で自治会費が一律であるわけではないことには注意が必要である。

治会は，50世帯未満の自治会では26.9%なのに対し，500世帯以上では81.6%にものぼる。ここから，自治会の規模が大きい方が，1人当たりの負担が小さくても活動に必要なだけの財源を調達できていることがわかる。このような自治会費の格差は，社会サービ

図2－6　加入世帯別にみた活動財源の円滑さ

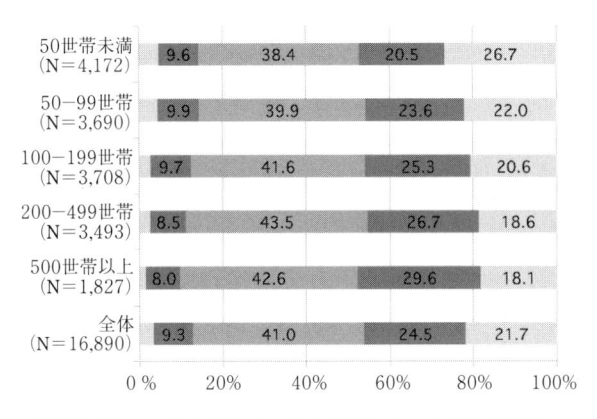

加入世帯数	円滑ではない	あまりない	ある程度	やや円滑	円滑
50世帯未満（N=4,172）	9.6	38.4	20.5	26.7	
50-99世帯（N=3,690）	9.9	39.9	23.6	22.0	
100-199世帯（N=3,708）	9.7	41.6	25.3	20.6	
200-499世帯（N=3,493）	8.5	43.5	26.7	18.6	
500世帯以上（N=1,827）	8.0	42.6	29.6	18.1	
全体（N=16,890）	9.3	41.0	24.5	21.7	

スの供給など様々な自治会活動に関わるコスト負担として留意しておく必要がある[15]。

　最後に，活動財源に対する評価をみておこう。図2－6は自治会活動において財源の調達がどの程度円滑かを質問した結果である＜自治会調査問36＞。先の分析のように1人当たりの負担に差があるにもかかわらず，自治会規模による目立った相違はみられない。円滑とやや円滑を合わせて45%程度である。さらにある程度円滑という回答までで全体の80%以上を占めており，自治会は財政面ではおおむね満足しているようである。

6．自治会の類型化

　以上までに，自治会の最も基本的な特徴と考えられる発足年，組織規模(加入世帯数)，財政規模について検討してきた。同じ近隣住民の自治組織であっても，これらの特徴には大きな相違があることがわかる。後続の章で自治会の市民社会組織としての諸側面を分析するのに先立って，こうした自治会組織の特徴や地域の特徴を簡便に捉えることができるように類型化することはできないだろうか。

---

(15)　自治会費の負担が大きい小規模自治会ほど加入率が高いことから，金銭的負担により自治会に加入しないわけではない。

ここでは，自治会の発足時期，加入世帯数，市区町村の人口規模，自治会のある地域における農林水産業用地の多さという4つの変数をもとに類型化を試みる。発足時期と加入世帯数は前節までにみてきたように自治会の基本的な特徴である。財政規模については，加入世帯数との関連が強いことから分析には投入しなかった。市区町村の人口規模と農林水産業用地の多さは，地域の都市度や産業構造を表すものだと考えられる。都市的な地域であるかどうかは，地域住民のライフスタイルや人間関係の様態と密接に関わっているため，ここで検討の対象として用いる。

自治会調査は総サンプル数18,404であり，ここでの分析においても有効サンプル数15,525という大規模なサンプルサイズである。そのため，非階層クラスター分析（k平均法）を行った。非階層クラスター分析は，サンプルサイズが大規模であり，階層的クラスター分析では計算が困難な場合に用いられる（宮本1999）。階層的関係にはこだわらず，分析者があらかじめクラスター数を設定し，それに応じて反復的に各ケースを分類する方法である。

それぞれの変数については以下のようにコード化してカテゴリ変数として分析に投入した[16]。発足時期は，わからない，戦前，1946－55年，56－65年，66－75年，75－85年，86－95年，96年以降という10年刻みの8カテゴリである。加入世帯数は，50世帯未満，50－99世帯，100－199世帯，200－499世帯，500世帯以上の5カテゴリである。市区町村の人口規模は，5万未満，5－10万人未満，10－20万人未満，20－50万人未満，50万人以上の5カテゴリである。そして，地域における農林水産業用地(問13－1,「農林漁業が中心」)については，自治会のある地域の土地利用について3位まで尋ねた中に含まれているかいないかのダミー変数（含まれている＝1）である。ここでは抽出クラスター数を4つに設定して分析を行った[17]。

表2－6は，抽出された4つのクラスターについて，分析に投入した変数ごとに分布を示したものである。それぞれのクラスターについて特徴をみていこう。

---

(16) カテゴリの取り方を変えてもほぼ同様の結果が得られる。
(17) 4つに設定したのは，設定数を変えて試行錯誤した結果，最も妥当な解釈が可能だったからである。ただし，設定数を多少変更しても大きく異なる結果が得られたわけではない。ここで採用した解釈におおむね妥当する結果が得られた。

表2-6 属性と地域の特徴による自治会の類型 （単位：％）

		クラスター1	クラスター2	クラスター3	クラスター4	全体
発足年	わからない	70.3	0.0	50.1	0.0	42.0
	戦前	15.2	0.0	19.9	0.0	11.2
	1946-55年	11.4	0.0	30.1	0.0	11.9
	1956-65年	3.1	0.0	0.0	37.1	8.7
	1966-75年	0.0	14.6	0.0	40.6	10.1
	1976-85年	0.0	25.8	0.0	17.8	7.1
	1986-95年	0.0	25.0	0.0	3.7	4.1
	1996年-	0.0	34.5	0.0	0.8	4.9
加入世帯数	50世帯未満	46.9	28.0	1.7	4.6	25.3
	50-99世帯	28.5	27.3	12.9	11.9	21.4
	100-199世帯	18.0	24.8	23.3	25.2	21.6
	200-499世帯	6.5	16.7	35.2	36.5	20.6
	500世帯以上	0.0	3.2	26.9	21.8	11.1
市区町村人口	5万人未満	56.1	44.6	3.9	6.3	32.4
	5-10万人未満	24.9	20.9	12.6	11.2	18.7
	10-20万人未満	11.8	17.5	23.4	25.9	18.1
	20-50万人未満	7.2	14.1	30.9	32.1	18.6
	50万人以上	0.0	2.8	29.3	24.6	12.1
農林水産業用地	あり	64.8	37.2	34.8	15.2	44.1
	なし	35.2	62.8	65.2	84.8	55.9
N		6,688	2,110	3,633	3,094	15,525

クラスター1：村落型

　発足時期がわからない自治会が70.3％を占めて最も多い。そして1966年以降に発足した自治会は1つもみられない。発足時期がわからないという回答には，発足が古くてわからないというものが多く含まれていると推測されることから，古い時期に発足した自治会だということができる。自治会規模についても，加入世帯数については，50世帯未満が46.9％とほぼ半数を占める。50-99世帯まで含めると75.4％にものぼる。そのため規模の小さい自治会が多い。市区町村人口についても56.1％が5万人未満の都市に存在し，5-10万人未満都市まで合わせると81.0％である。ここから小規模都市に多いことがわかる。最後に，農林水産業用地については64.8％の自治会で多くみられる。これらのことを総合すると，クラスター1は小規模都市に存在する農業を中心とした小規模な自治会で，古くからある村落社会に多くみられるタイプの団体だということができる。

クラスター2：非都市・新型
　　発足時期については1965年以前のものはみられず，1996年以降が34.5％と最も多い。加入世帯数については，50世帯未満と50－99世帯を合わせて55.3％と半数を超える。市区町村人口についても5万人未満の都市が44.6％，5－10万人未満都市まで合わせると65.5％にものぼる。農林水産業用地は37.2％とそれほど多いわけではない。クラスター2の自治会は人口規模の小さい都市にある小規模な自治会であり，農林水産業用地も多少みられる。しかし，クラスター1と異なり，発足した時期が新しい。ここから，クラスター2は非都市部の新型の自治会だといえる。

クラスター3：都市・旧型
　　発足時期についてはクラスター1と同様に古い自治会が多い。わからないという回答が50.1％と半数を占め，1956年以降に発足した自治会がみられない。しかし，加入世帯数については200－499世帯が35.2％と最も多く，500世帯以上も含めると62.1％を占める。市区町村人口についても，20－50万人未満の都市に存在する自治会が最も多く30.9％であり，50万人以上を合わせると60.2％を占める。農林水産業用地については34.8％の自治会でみられる。これらの特徴から，クラスター3は大規模都市の大規模自治会であり，発足時期は古いものだということができる。

クラスター4：都市・新型
　　発足時期が1955年以前のものはみられない。1956－65年および1966－75年に発足した自治会で77.7％を占める。加入世帯数と市区町村人口規模は，クラスター3と同様の分布である。加入世帯数については，200－499世帯が最も多く36.5％で，500世帯以上も含めると58.3％を占める。市区町村人口については20－50万人未満都市が32.1％と最も多く，50万人以上を合わせると56.7％である。農林水産業用地については15.2％と非常に低い。これらのことから，クラスター4は大規模都市の大規模自治会であり，発足時期は比較的新しいものだということができる。

以上の4つのクラスターは，図2－7のように発足時期と都市度・自治会規模の2次元によっておおよそ分類することができる。た

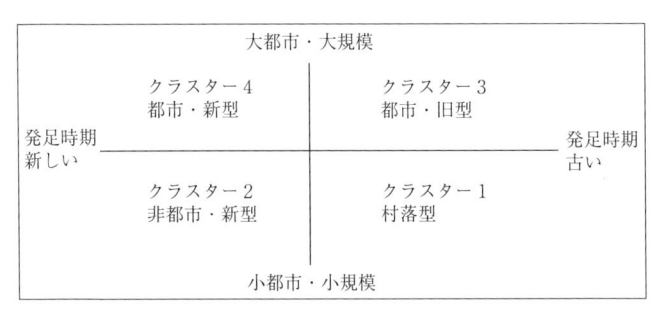

図2－7　自治会の類型

```
                    大都市・大規模
        ┌──────────────┬──────────────┐
        │ クラスター4  │ クラスター3  │
        │ 都市・新型   │ 都市・旧型   │
発足時期 │              │              │ 発足時期
新しい  ├──────────────┼──────────────┤ 古い
        │ クラスター2  │ クラスター1  │
        │ 非都市・新型 │ 村落型       │
        └──────────────┴──────────────┘
                    小都市・小規模
```

だし，発足時期が古い自治会であっても，クラスター1で不明が多いのに対して，クラスター3では1946－55年に発足したという自治会も多くみられる。また，新しい自治会でも，クラスター2では1996年以降に発足したものが多いのに対してクラスター4では1956－65年や1966－75年に発足したものが多い。都市規模や自治会規模については，小規模の中でも，クラスター2のほうがクラスター1よりも大きい傾向にある。さらに，クラスター2のほうがクラスター1よりも農林水産業用地が少ない。そのため，厳密に2次元で類型できるわけではない。

　自治会類型の世帯数からみた分布を確認しておこう。自治会規模でもふれたように，自治会の数としては多くても，その地域に多くの人々が住んでいるとは限らない。村落型は人口規模の小さい都市にあるのだが，これらの都市人口は日本の総人口に占める割合が小さいからである。つまり，村落型の自治会が多いとしても，そこに所属する人々が多いとは限らないのである。そこで，図2－4で用いたのと同様の方法で，各自治会類型に居住する世帯の割合を計算した。

　図2－8は，自治会類型の分布と各自治会類型に居住する人口の割合を示している。全体としては村落型の自治会が最も多く43.1％を占める。非都市・新型は13.6％と最も少ない。都市・旧型が23.4％，都市・新型が19.9％である。日本の自治会を全体的にみると，やはり村落的な特徴をもつ組織が多いことがわかる。

　しかし，自治会地域に含まれる世帯数の割合でみると，村落型は13.1％と割合を大きく下げている。これに対して，都市・旧型は自治会数では23.4％

図2-8 自治会類型の分布と各自治会類型の居住人口割合

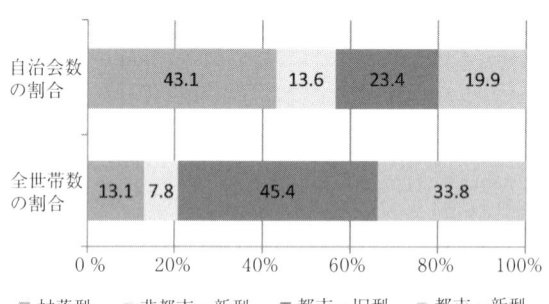

	村落型	非都市・新型	都市・旧型	都市・新型
自治会数の割合	43.1	13.6	23.4	19.9
全世帯数の割合	13.1	7.8	45.4	33.8

なのが人口では45.4％と割合が上昇しており，およそ半分を占める最大のカテゴリとなっている。都市・新型も自治会数では19.9％だが，人口では33.8％と割合が増えている。

ところで，どのような地域でそれぞれの自治会類型が多くみられるのだろうか。各類型のイメージをつかむうえでも具体的にどのような地域が多いのかを見ておいたほうがよいだろう。図2-9は地域ブロックごとに各類型の占める割合を示している。

村落型は，北陸・信越地方（53.2％），中国・四国地方（54.6％），九州・沖縄地方（55.3％），北海道・東北地方（48.7％）で半数程度である。非都市・新型は北海道・東北地方（21.0％）でやや多い。都市・旧型は，関東地方や近畿地方でも多くみられるものの（28％程度），東海地方で特に多い（37.7％）。都市・新型は関東と近畿地方で多く，それぞれ29.6％と26.9％となっている。三大都市圏を含む地域を除けば村落型が半数を占めている。都市型であっても，

図2-9 地域ブロック別自治会類型の自治会数分布

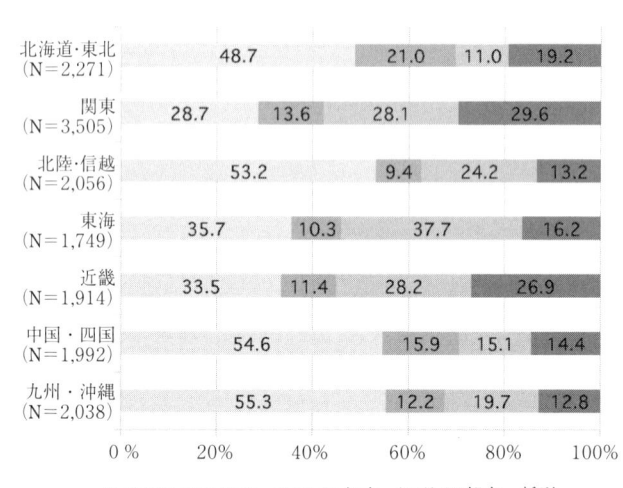

地域ブロック	村落型	非都市・新型	都市・旧型	都市・新型
北海道・東北（N=2,271）	48.7	21.0	11.0	19.2
関東（N=3,505）	28.7	13.6	28.1	29.6
北陸・信越（N=2,056）	53.2	9.4	24.2	13.2
東海（N=1,749）	35.7	10.3	37.7	16.2
近畿（N=1,914）	33.5	11.4	28.2	26.9
中国・四国（N=1,992）	54.6	15.9	15.1	14.4
九州・沖縄（N=2,038）	55.3	12.2	19.7	12.8

表2−7　各自治会類型が多く含まれる主な市区町村

村落型	非都市・新型	都市・旧型	都市・新型
北海道真狩村(100％)	北海道共和町(100％)	東京都目黒区(100％)	富山県射水市(100％)
岩手県平泉町(100％)	青森県佐井村(100％)	愛知県瀬戸市(100％)	大阪府和泉市(100％)
福島県浅川町(100％)	栃木県芳賀町(100％)	東京都大田区(100％)	福岡県春日市(88％)
埼玉県鳩山町(100％)	神奈川県真鶴町(100％)	東京都文京区(101％)	北海道札幌市(80％)
新潟県朝日村(100％)	静岡県吉田町(100％)	愛知県豊橋市(84％)	千葉県鎌ヶ谷市(78％)
長野県波田村(100％)	愛知県高浜市(100％)	愛知県豊川市(83％)	茨城県取手市(77％)
滋賀県豊郷町(100％)	奈良県上北山村(100％)	静岡県浜松市(80％)	東京都町田市(69％)
和歌山県古座川町(100％)	広島県安芸高田市(100％)	東京都北区(74％)	兵庫県神戸市(66％)
高知県土佐町(100％)	福岡県水巻町(100％)	静岡県静岡市(66％)	岩手県盛岡市(55％)
熊本県美里町(100％)	佐賀県基山町(100％)	福岡県北九州市(66％)	埼玉県さいたま市(52％)
沖縄県大宜味村(100％)	熊本県球磨村(100％)	大阪府大阪市(66％)	大阪府堺市(51％)

　東海地方では発足年の古い自治会が多いのに対して，関東地方や近畿地方では戦後に発足した新しい自治会が多い。

　さらに具体的な市区町村をみていこう。表2−7では各類型が多く含まれる市区町村を示している[18]。村落型はほとんどが町村部であり日本全国に広がっている。すべての自治会が村落型である（100％）のは175市町村にものぼる。非都市・新型についても町村部を中心に全国に広がっている。100％であるのは15，80％以上で21市町村である。都市・旧型は東京都区部と愛知県，静岡県といった東海地方で多くみられる。また，大阪市や北九州市といった都市もみられる。都市・新型のほうが地方都市にまで広がっている。大都市では，札幌市，神戸市，さいたま市などが含まれる。なお，川崎市のように都市・旧型（56.1％）と都市・新型（43.9％）とが混在している都市もみられる。

　さて，以上のように自治会の属性や地域の特徴に基づく類型を設定することができた。後続の章の分析では，自治会の諸側面との関連を探る場合には，この類型を用いることとする。

7．本章のまとめ

　本章では，発足時期，組織規模（加入世帯数），財政規模など，自治会組織に関する基本的特徴について確認してきた。第1に，自治会の発足時期につ

---

　(18)　割合の多い順ではなく，任意の市区町村を掲載している。特に，都市・旧型と都市・新型は全国的にも有名な大都市を掲載している。

いては「わからない」という自治会が最も多く，全体の40%程度を占める。また，人口規模の小さい市区町村では古くに発足した自治会が多く，村落社会との連続性がうかがえる。

第2に，自治会組織は全般に小規模なものが多く，100世帯未満がおよそ半数を占める。市区町村の人口規模とは大きく関連しており，都市部の自治会ほど大規模である。他方で，地域に住む市民，世帯の観点からはほぼ半数の市民は500世帯以上の規模の自治会に属しているか，そうした自治会のある地域に住んでいるのである。発足時期については，古くからある自治会に小規模なものが多い。地域ブロック別にみると，関東，東海，近畿地方の自治会の規模が大きい傾向にある。中国・四国地方は他地域と比べて特に規模が小さいことが特徴的である。

第3に，自治会の財政は規模によって全く異なる。加入世帯数が多い自治会ほど財政規模も大きいのだが，1人あたりの財政規模でみると加入世帯数の少ない自治会のほうが相当大きい。主な収入源は会費であるが，小規模自治会のほうが会費の負担が重い。

第4に，発足時期，組織規模（加入世帯数），市区町村人口規模，地域における農林水産業地の多さをもとに自治会をクラスター分析によって類型化した。その結果，村落型，非都市・新型，都市・旧型，都市・新型の4つの類型が析出された。自治会数からいえば村落型が4割をこえ最大類型であるが，世帯数からいえば，都市・旧型が45%を占め最大類型となる。およそ8割の人々は都市・旧型と新型のどちらかに住んでいることは押さえておくべき重要な事実である。

以上のように，本章では自治会組織の基本的な特徴を確認し，最終的に4つの類型を得た。以後の各章では，この類型を用いて市民社会組織としての自治会の諸側面を検討していく。

本章での発見は初めての全国調査に基づくものであるため，極めて貴重な情報を提供している。発見内容は繰り返さないが，少なくとも日本の自治会は多様であるし，地域ごとに相当な違いがあることは重要でありこの点を押さえておきたい。私たちはこの多様性を分析に活かすために4つの類型を析出し，その4つの窓から自治会を検討することにしたのである。

章末付録　表2−8　都道府県ごとの自治会数の推移

		昭和21年	平成8年	平成14年	平成20年	変化率（昭和21と平成20）	変化率（平成8と平成20）
1	北海道	10,304	16,436	15,594	15,467	50.1	−5.9
2	青森県	2,386	3,586	3,353	3,307	38.6	−7.8
3	岩手県	4,004	3,687	3,880	4,105	2.5	11.3
4	宮城県	3,493	4,991	4,753	4,813	37.8	−3.6
5	秋田県	4,242	5,679	5,805	5,274	24.3	−7.1
6	山形県	3,715	4,378	3,671	4,076	9.7	−6.9
7	福島県	5,033	6,054	6,415	6,331	25.8	4.6
8	茨城県	8,318	12,151	13,540	13,459	61.8	10.8
9	栃木県	3,802	4,530	4,003	4,470	17.6	−1.3
10	群馬県	3,722	3,154	3,003	2,845	−23.6	−9.8
11	埼玉県	4,465	7,087	7,213	7,195	61.1	1.5
12	千葉県	5,974	9,580	9,734	9,452	58.2	−1.3
13	東京都	3,034	8,739	8,717	8,962	195.4	2.6
14	神奈川県	2,783	7,057	7,309	7,281	161.6	3.2
15	新潟県	7,040	8,601	8,773	8,182	16.2	−4.9
16	富山県	3,459	4,459	4,481	4,545	31.4	1.9
17	石川県	3,048	3,033	3,965	4,037	32.4	33.1
18	福井県	3,106	3,659	3,766	3,879	24.9	6.0
19	山梨県	2,136	2,561	2,452	2,170	1.6	−15.3
20	長野県	8,053	5,116	5,750	7,105	−11.8	38.9
21	岐阜県	5,624	8,941	9,408	5,462	−2.9	−38.9
22	静岡県	4,465	9,138	5,158	5,151	15.4	−43.6
23	愛知県	6,992	12,418	11,368	13,218	89.0	6.4
24	三重県	4,634	3,371	5,678	5,100	10.1	51.3
25	滋賀県	2,490	3,244	3,760	3,522	41.4	8.6
26	京都府	5,738	3,531	3,597	3,454	−39.8	−2.2
27	大阪府	4,574	12,557	12,678	12,982	183.8	3.4
28	兵庫県	5,948	10,058	10,359	10,579	77.9	5.2
29	奈良県	2,462	3,753	3,893	3,937	59.9	4.9
30	和歌山県	2,873	3,709	4,050	3,940	37.1	6.2
31	鳥取県	2,103	2,713	2,945	2,906	38.2	7.1
32	島根県	5,032	4,155	6,146	6,337	25.9	52.5
33	岡山県	9,593	14,308	10,755	11,375	18.6	−20.5
34	広島県	7,531	9,971	10,042	8,449	12.2	−15.3
35	山口県	4,985	7,477	7,309	7,328	47.0	−2.0
36	徳島県	3,658	6,013	5,359	5,692	55.6	−5.3
37	香川県	3,126	4,940	7,117	6,895	120.6	39.6
38	愛媛県	5,742	6,647	6,273	5,439	−5.3	−18.2
39	高知県	3,361	4,536	4,787	4,705	40.0	3.7
40	福岡県	5,379	9,106	9,309	11,421	112.3	25.4
41	佐賀県	2,201	2,484	2,643	2,770	25.9	11.5
42	長崎県	3,644	3,716	4,617	4,487	23.1	20.7
43	熊本県	4,832	5,302	5,856	5,664	17.2	6.8
44	大分県	3,720	4,689	4,518	4,408	18.5	−6.0
45	宮崎県	2,040	3,062	4,340	3,856	89.0	25.9
46	鹿児島県	5,256	7,801	7,572	7,256	38.1	−7.0
47	沖縄県		1,049	1,056	1,071		2.1
	合計	210,120	293,227	296,770	294,359	40.1	0.4

第3章　自治会の組織運営

1. はじめに

　本章では，前章に引き続き，自治会組織の特徴を検討していく。自治会の具体的な活動についてみる前に，組織として自治会はどのような目的をもち，どのように運営しているのか，さらに自治会を中心的に運営している人々がどのような人々なのかについても確認しておきたい。このような自治会の組織運営の仕方は，次章以降に検討する自治会の市民社会組織としての諸側面の基礎となりうるものである。

　本章ではまず，自治会が自らの組織をどのような役割を果たすものと認識しているのかを捉える（2節）。次いで，自治会の組織構造，意思決定法，自治会長と役員の選出法といった運営方法を取り上げる（3節）。さらに，自治会長や役員といった自治会の中心的な担い手のプロフィールを検討する（4節）。

　一連の分析から，非都市部で小規模な自治会のほうが多くのメンバーの参加による自治会組織の運営がなされていることが明らかとなった。これに対して，都市部で大規模な自治会では，自治会組織の運営が一部の人々によって寡頭制的に行われており，一般加入者の関わり方は消極的であることがわかった。

2. 自治会組織の役割についての自己認識

　自治会組織は非常に多機能であり，住環境整備や親睦など地域社会に関する様々な活動を行うとされてきた。自治会が実際にどのような活動を行って

表3－1　自治会の役割についての自己認識
（2位までに含まれる割合）　（単位：%）

	親睦	住環境の維持	地域問題への取組	市区町村との協力	市区町村への要望	N
村落型	54.5	59.7	30.4	27.8	24.9	6,688
非都市・新型	67.0	64.4	27.6	21.9	16.5	2,110
都市・旧型	61.1	62.8	33.2	23.5	17.6	3,633
都市・新型	70.4	67.5	30.1	18.4	11.9	3,094
全体	60.9	62.6	30.6	24.1	19.5	15,525

いるのかは後続の章で検討していくが，ここでは自治会が自らの役割をどのように認識しているのかを確認しておこう。

　自治会の役割については重要なものについて2位まで質問している＜自治会調査問6＞。表3－1は，自治会類型と自治会の役割の自己認識（2位まで）との関連をみたものである。親睦と生活環境の維持が多く，それぞれ全体で60.9%，62.6%である。ちなみに，1位に挙げられた割合では，親睦が全体で44.0%，生活環境の維持が34.8%である。これに対して，地域問題への取り組みは30.6%であり，市区町村への協力および要望はそれぞれ24.1%と19.5%で低い割合となっている。多くの自治会が住民の親睦と日常的な住環境の維持をその役割と認識し，行政との関係で自らを規定しているものは少ない。

　自治会類型ごとにみても基本的な傾向にあまり違いはない。しかし，都市・新型の自治会では親睦が70.4%，住環境の維持が67.5%と高い割合を示している。これに対して，村落型では親睦が54.5%，住環境の維持が59.7%と相対的に低い割合である。その一方で，市区町村への協力および要望については村落部でそれぞれ27.8%と24.9%と高く，都市・新型ではそれぞれ18.4%と11.9%と低い割合となっている。非都市部の古い自治会ほど行政との関係で自らの団体を規定していることがわかる。なお，地域問題への取り組みは最も積極的な地域へのコミットメントを表していると考えられるが，どの類型でも30%程度で分布にあまり変わりはない。

3．組織構造と運営

　続いて，自治会組織の内部はどのような構造になっており，どのように運営されているのかをみていこう。ここでは自治会の下部組織である班や組，役員の構成と選出法，総会や役員会といった意思決定機関の運営について検討する。

3.1. 法人格と規約

1991年から自治会など近隣住民組織は認知地縁団体という法人格を取得することが可能となった（宮崎 1992）。自治会の中には集会所や土地などの不動産を所有しているものもある。しかし、それまで自治会は権利能力なき社団と位置づけられており、不動産登記を行うことができなかった。そのため、会長など個人名義で不動産登記を行っていたが、名義変更や相続などでトラブルが発生することもあった（地縁団体研究会 1998）。法人格の取得によって自治会として登記が可能になることで、自治会における財産管理が円滑に行われるようになった。もっとも、1章で触れたように、約30万団体ある自治会のうち、法人格を取得しているのは35,000団体ほどであり、それほど多くはない。

自治会の法人格取得により、組織としてフォーマルな性格を帯びるようになる。2章でふれたように自治会組織には古い歴史をもつものも多く、これまで慣習や申し合わせで運営されることもあった。しかし、法人格取得にあたっては、規約を整備しなければならない。そのためには住民自治組織として住民の主体的参加を保障し、自治会の公正の確保と透明性の向上のための組織運営の原則を確立することが求められている（山崎 2003；中田・小木曽・山崎 2004）。

自治会調査では自治会に規約があるかどうかを質問していない。そのため、やや古い調査ではあるが、旧自治省が1980年に市区町村を対象に行った調査結果（「自治会・町内会等のいわゆる住民自治組織の実態調査結果」）を紹介しよう（杉田 1981）。これによると、すべての住民自治組織（自治会）に規約があると回答した市区町村は全体の28.2％、2／3以上が17.2％、1／3～2／3が10.1％、1／3以下が21.7％、すべての自治会に規約がないと回答した市区町村が22.4％である。法人化の流れや住民自治の担い手として自治会が注目される今日にあっては、規約をもつ割合はさらに増加しているものと推測できる。

3.2. 組織の構成

自治会組織は会長以下、副会長、会計、監査、総務といった役職がある。さらに、安全、衛生、福祉、体育、文化、施設管理などの専門の部や、子ども

表3－2　下部組織あたりの
加入世帯数（自治会加入世帯数）単位：世帯数

	下位1/4	中央値	上位1/4	N
50世帯未満	5.7	8.5	11.7	1,239
50－99世帯	8.8	11.8	17.2	1,580
100－499世帯	11.4	17.1	37.2	3,459
500世帯以上	18.7	79.7	170.0	1,004
全体	9.6	14.4	33.8	7,282

会, 老人会, 婦人会など構成員に応じていくつかの部局を設けていることが多い。5章で触れるが, これらの部局は自治会とは異なる地域団体として連携関係にある場合もある。

また, 自治会組織には通常さらに少数の世帯ごとに細かい単位に分かれており, 「班」「組」「ブロック」などの名称で呼ばれている。こうした自治会の下部組織は, どれくらいの世帯単位で構成されているのだろうか。表3－2は, 下部組織あたりの世帯数（加入世帯数／下部組織数）の四分位数を加入世帯数別に示したものである＜自治会調査問2＞。組織構造に関わるものなので, 2章で設定した自治会類型ではなく, 組織規模（加入世帯数）ごとにみていくこととする。

表3－2から, 50世帯未満および50－99世帯の小規模自治会では10世帯前後が1つの単位となっている。100－499世帯でもおおむね10－20世帯程度である。しかし, 500世帯以上の大規模自治会では散らばりが非常に大きく, 下位1／4（第一四分位数）では18.7世帯なのに対して, 上位1／4（第三四分位数）では170.0世帯にもなる。この理由の1つとして, 大規模自治会は下部組織にもいくつかのレベルに分かれる階層構造にあり, 回答者がどのレベルの下部組織を念頭に答えたのかわからないという調査設計上のミスが考えられる。したがって, 個々の住民に密接した最下部の組織の規模としては小規模自治会にみられるように10－20世帯前後だといえるだろう[1]。

3.3. 総会と役員会

自治会組織ではどのように意思決定が行われているのだろうか。通常は会員全員の意思を反映させる場として総会が設けられている。総会は通常年に1度くらい行われ, 加入世帯すべての参加が求められることが多い。

総会での決定を受けて, 日常的に自治会を運営していくのが役員の任務である。自治会ではどのくらいの数の役員がいるのだろうか。表3－3は自治

---

(1)　旧自治省の「自治会・町内会等のいわゆる住民自治組織の実態調査結果」（1980年）の結果でも「組」の規模は20世帯前後である（杉田 1981）。

会の加入世帯別に役員数の割合を示したものである＜自治会調査問3＞。なお，役員数が加入世帯数に占める割合の中央値も併記している。

表3－3　加入世帯別の役員数（単位：％）

	5人以下	6－10人	11－20人	21人以上	N	会員に占める役員の割合(中央値)
50世帯未満	59.5	31.0	8.4	1.2	4,393	17.4
50－99世帯	27.6	40.8	26.2	5.5	3,793	11.8
100－499世帯	16.3	27.4	36.7	19.7	7,376	6.1
500世帯以上	8.4	17.9	34.1	39.6	7,880	2.0
全体	28.8	30.2	27.0	14.1	17,442	8.6

当然ながら，役員数は自治会規模で大きく異なる。加入世帯数が50世帯未満では59.5％が5人以下であり，6－10人をあわせると90.5％にものぼる。これに対して，50－99世帯では6－10人（40.8％），100－499世帯では11－20人（36.7％），500世帯以上では21人以上（39.6％）が最も多い。会員に占める役員の割合をみると，加入世帯数が少ない自治会ほど役員の占める割合が高い。規模が小さくても最低限担わなければならない業務がある一方で，多くの世帯の参加により自治会運営がなされているということもできるだろう。

それでは，実際の自治会活動を行うための意思決定の場である役員会はどれくらい行われているのだろうか＜自治会調査問5＞。図3－1は自治会類型別に役員会の回数をみたものである。役員会を行っていない（0回）自治会は全体の2.2％とほとんどない。最も多いのが6回以下（2カ月に1回以下）で全体の49.7％とほぼ半数である。ただし，自治会類型によって実施回数は大きく異なる。6回以下の自治会は，村落部では63.5％，非都市・新型では51.2％と半数以上を占めるのに対して，都市部の自治会は30％台である。これに対して，役員会を13回以上（1カ月に1回以上）行っ

図3－1　自治会類型別自治会役員会の回数

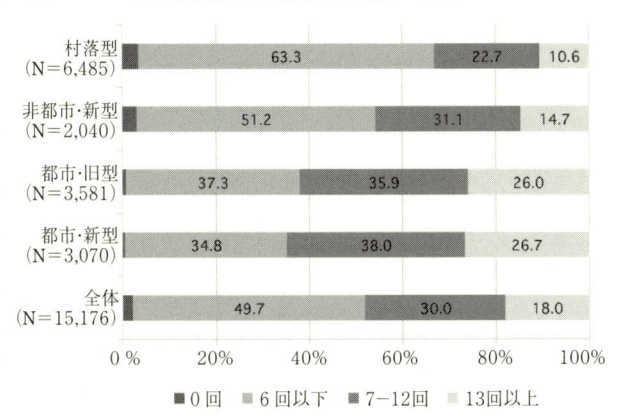

類型	0回	6回以下	7－12回	13回以上
村落型（N=6,485）		63.3	22.7	10.6
非都市・新型（N=2,040）		51.2	31.1	14.7
都市・旧型（N=3,581）		37.3	35.9	26.0
都市・新型（N=3,070）		34.8	38.0	26.7
全体（N=15,176）		49.7	30.0	18.0

ている自治会は，都市・旧型で26.0％，都市・新型で26.7％であるのに対して，非都市部で小規模な自治会では10％台である。小規模な自治会は役員会という形式をとらなくてもインフォーマルな話し合いを行うことができるのに対して，大規模組織ほどフォーマルな役員会を開催する必要があるのかもしれない。

3.4. 会長・役員の選出

それでは自治会運営の中心を担う自治会長や役員といった役職者はどのような方法で選出されるのだろうか。このことは自治会における役割の分担がどのような方法で行われているかを明らかにすることにつながる。越智（1990）は自治会に関して「親睦と分担」という原理を提唱している。自治会は住民の親睦を重視するとともに，役割分担についても誰でもが運営に携わるようにして，住民の自治会や地域への関心を喚起することによって組織を維持しているのである。そのためにもちまわり（順番制，輪番制など）による役割分担が行われることが多い。自治会の役員を積極的に引き受けようとする住民が少なくても，組織を維持していくために自動的に役員が選出される制度が存在するのである。このような制度は，現在の自治会にもみられるのだろうか。

表3－4は自治会長と役員の選出方法について自治会類型別に示したものである＜自治会調査問4＞。選挙によるのが最も多く全体の42.7％である。村落型で47.3％と多くみられる。もちまわりも同様に村落型が最も多く，非都市・新型も多くみられる。これに対して，役員間の互選や役員会の推薦は，都市・旧型や都市・新型といった都市部で規模の大きい自治会で多くみられる。

続いて，役員の選出についてである。最も多いのは

表3－4　自治会類型自治会長と役員の選出法 （単位：％）

		選挙	役員間の互選	役員会の推薦	もちまわり	会長指名	その他	N
会長	村落型	47.3	7.6	17.7	21.4	0.7	5.4	6,669
	非都市・新型	40.8	15.6	19.2	17.2	0.7	6.4	2,098
	都市・旧型	39.9	15.4	28.9	7.9	1.0	6.9	3,620
	都市・新型	37.5	18.7	27.3	8.3	0.9	7.2	3,088
	全体	42.7	12.7	22.5	15.0	0.8	6.3	15,475
役員	村落型	24.7	5.4	10.7	39.2	13.7	6.4	6,367
	非都市・新型	19.3	7.8	12.4	40.1	13.4	7.1	2,042
	都市・旧型	14.9	8.0	15.2	25.1	28.4	8.3	3,580
	都市・新型	14.0	8.4	14.0	32.8	24.4	6.4	3,046
	全体	19.5	7.0	12.7	34.6	19.3	6.9	15,035

もちまわりで全体の34.6％である。これは村落部と非都市・新型といった非都市部で規模の小さい自治会で40％程度と多くみられる。選挙についても同様に，非都市部で小規模な自治会で多い。これに対して，会長の指名は都市部で大規模な自治会では25％前後であるのに対して，非都市部で小規模な自治会では13％程度である。役員間の互選や役員会の推薦についてはあまり差がみられないが，都市部の大規模な自治会でやや多い。

全体的な傾向として，選挙ともちまわりは村落型や非都市・新型の自治会で多く用いられるのに対し，役員会や会長による決定は都市・旧型や都市・新型の自治会で多く用いられる。つまり，非都市部にあって小規模な自治会のほうが全員参加型の運営がなされており，会員が何らかのかたちで代表選出に関わっている[2]。これに対して，都市部の大規模自治会は意思の集約の困難さや一般の加入者が自治会活動に関心を示さないからか，役員や会長だけで決定するという寡頭制的な意思決定がなされている。

ところで，住民による自治会への関心が弱くなるにつれ，自治会の役員を引き継ぐことが困難であることはつとに指摘されている[3]。役員の選出方法によって引き継ぎの円滑さに違いはあるのだろうか。表3－5は，自治会類型と役員選出の方法ごとに引き継ぎの円滑さをみたものである。役員の引き継ぎの円滑さについては，5段階で質問しているが，そのうち上位2つの回答（「円滑」と「やや円滑」の和）の割合を示している＜自治会調査問36＞。

選挙による選出を行っている自治会では全体の68.5％が円滑に引き継ぎが行われており最も多い。選挙という方法の正当性を表していると同時に，選挙が可能なほど地域住民が自治会運営に対して協力的であることを表している。ただし，自治会類型による差は大きく，村落型では73.1％と高い割合であるのに対して，都市・新型では58.3％である。続いて，もちまわりにおいて全体の62.4％の自治会が円滑に引き継ぎを行っている。これも村落型や非

---

(2) もっとも，自治会調査の自由回答から，「1年任期のもちまわり制では昔からの推移がわからない。任期を終えれば一個人にもどってしまい，内容の蓄積も乏しい。」（福井県・福井市）という意見もあるため，もちまわりがよいとはいえない面もある。

(3) これについても，自治会調査の自由回答に次のようなものがある。「核家族化，新来の住民の増加により以前のような運営意識が薄れている。役員選出，行事運営等が難しい時に来ている。」（静岡県・旧由比町）

表3－5　自治会類型・役員選出方法別役員の引き継ぎの円滑さ

		村落型	非都市・新型	都市・旧型	都市・新型	全体
選挙	比率（％）	73.1	62.8	64.8	58.3	68.5
	N	1,529	387	529	417	2,862
もちまわり	比率（％）	68.3	60.9	53.7	54.3	62.4
	N	2,413	800	872	976	5,061
役員会の推薦	比率（％）	61.2	52.7	62.1	51.6	57.9
	N	663	245	535	419	1,862
役員間の互選	比率（％）	58.3	56.9	58.1	50.4	56.9
	N	331	153	284	250	1,018
会長指名	比率（％）	56.8	61.3	56.3	55.3	56.9
	N	848	271	988	720	2,827
その他	比率（％）	64.7	55.1	57.9	55.7	60.5
	N	391	136	292	192	1,011

都市・新型で割合が高く，都市・旧型や都市・新型で低い。都市部で規模の大きい自治会ほどもちまわりによる順番制という原理が成り立ちにくいことを示している。

このほか，役員間の互選，役員会の推薦，会長による指名では円滑だという割合が50％台である。役員会の推薦は村落型と都市・旧型という古くからある自治会で円滑である割合が高い。役員間の互選や会長による指名については自治会類型による差はあまりみられない。全体を通して都市・新型の自治会で円滑な引き継ぎを行っている自治会が少ない。都市部の新しい自治会では，自治会そのものに対する正当性が弱いのかもしれない。

4. 自治会長と役員のプロフィール

　続いて，自治会組織を動かす人に着目してみよう。組織を代表する自治会長はどのような人が多いのだろうか。また，役員にはどのような人々がなるのだろうか。このほか，会長や役員でなくても，主に活動を担うのはどのような人々なのだろうか。こうした中心的に運営に携わる人々の属性は，組織の性格にも反映されるものと考えられる。

　自治会運営を誰が担うのかは，これまでの自治会研究の1つの論点であった。松下（1961）や奥田（1964）は，自治会が中小企業主や自営業主といった旧中間層によって支配されていることを挙げ，これらの人々を通して自治会が行政の末端へと連なっていることを批判している。玉野（1993，2005）は明治以降における自治会形成からの歴史過程を詳細に分析し，地主や名望家層から新興の自営業層が台頭し，保守勢力や行政と結びつきながら自治会を担うようになって社会的地位を上昇させていく様子を描いている。このよ

うに，都市部において自営業主という旧中間層が自治会を主導してきた。一方で，村落部では農林水産業を生業とする地域が多く，用水路の管理や共同作業など農林水産業に関する事柄が重要な問題であった。そのため，これらに従事する人々が中心となって自治会が運営されてきた。

また，担い手は現代の自治会にとっての重大な問題である。退職した高齢者によって支えられており現役世代の参加が少ないことや，役員などの中心的な担い手の引き継ぎができないことは自治会組織の課題としてたびたび指摘されている[4]。本節では，会長や役員のプロフィールおよび選出方法をみていく中で，こうした問題の実態を明らかにする。

4.1. 自治会長のプロフィール

年齢と性別　　まずは自治会長の性別と年齢をみよう＜自治会調査問39＞。
表3－6から，全体の97.0％が男性の自治会長であり，女性はわずかに3.0％である。全世帯加入の組織であるにもかかわらず，そのトップはほとんどすべて男性に占められているのである。ただし，非都市・新型で女性が4.9％，都市・新型で4.5％と，新しく発足した自治会では女性の割合がわずかながら高い。

年齢については50代以下が全体の20.5％，60代が48.6％，70代以上が30.9％であり，60代が最も多く全体の半数を占めている。村落型や非都市・新型では50代以下の比較的若い自治会長が多く

表3－6　自治会類型別自治会長の性別と年齢

（単位：％）

		村落型	非都市・新型	都市・旧型	都市・新型	全体
性別	男性	97.8	95.1	98.0	95.5	97.0
	女性	2.2	4.9	2.0	4.5	3.0
年代	50代未満	26.3	27.8	11.1	13.9	20.5
	50－60代	51.2	45.4	48.9	44.6	48.6
	70代以上	22.4	26.8	40.0	41.5	30.9
N		6,630	2,092	3,600	3,076	15,398

（4）　自治会調査の自由回答にもこのような意見が寄せられている。「我が自治会は高齢化が進み，70才以上が85％以上占めており，10年後の自治会運営を如何にするかの組織作りを模索しております。」（兵庫県・伊丹市）しかし一方で，自由回答から高齢者が自治会長を務めたほうがよいという意見もみられる。「現役者では市との交渉時間がとれないこと，地区の経緯がわかるためには30年以上住んだ人の方がよいこと。」などが理由に挙げられている（三重県・桑名市）

みられるが，都市・旧型や都市・新型では少ない。これに対して，70代以上の割合は逆の傾向を示しており，非都市部の小規模自治会で少なく，都市部で多い。全般に自治会長は高齢だといえるが，都市部で大規模な自治会ではその傾向が顕著である。

居住年数　図3－2は自治会類型別に自治会長の居住年数を示したものである＜自治会調査問40＞。居住年数が30年以上の自治会長は全体の37.2％，生まれからずっと住んでいるという会長は38.1％である。両方合わせると75.3％にものぼり，自治会長が地域社会に根ざした存在だということがわかる。もっとも，自治会類型では異なる傾向がみてとれる。村落型や都市・旧型では生まれてからずっと住んでいるという会長が40％以上と多い。村落型では半数以上を占めている。これに対して，非都市・新型や都市・新型という新しい自治会では会長の居住年数が短い。特に非都市・新型では10年未満が17.5％であり，10－30年もあわせて30年未満だとすると53.9％と半数以上にのぼる。自治会が古くからある地域は親の代から地域に居住し続けている人々に担われているのに対して，自治会が新たに発足した地域は比較的新しい住民にも運営が任されているといえる。

在任期間　続いて会長の在任期間をみていこう＜自治会調査問41＞。図3－3から，全体の35.3％は1年未満であり，1－2年までを合わせると56.4％である。半数以上が2年未満であり在任期間はそれほど長いとはいえない。会長に任期制を設けている自治会が多いのだろう。その一方で，在任期間が6年以上の自治会長も全体の23.4％と一定程度

図3－2　自治会類型別自治会長の居住年数

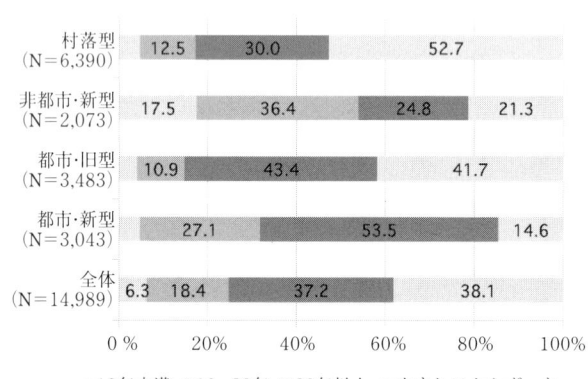

類型	10年未満	10-30年	30年以上	生まれてからずっと
村落型 (N=6,390)		12.5	30.0	52.7
非都市・新型 (N=2,073)	17.5	36.4	24.8	21.3
都市・旧型 (N=3,483)		10.9	43.4	41.7
都市・新型 (N=3,043)	27.1	53.5	14.6	
全体 (N=14,989)	6.3	18.4	37.2	38.1

みられる。在任期間の長い会長は都市部で規模の大きい自治会で多くみられる。6年以上の在任期間（6－10年と11年以上の合計）なのは，村落部で16.3％なのに対し，都市・新型では33.7％である。このような自治会長の在任期間は，先に検討した会長の選出法とも関係していると考えられる。表3－4および3－5から，都市部で大規模な自治会では役員間の推薦や互選といった会長選出法が用いられ，役員の引き継ぎが相対的にみて円滑ではないことが確認されている。この結果をふまえると，自治会長の在任期間が長い背景には，自治会運営において加入者の積極的な参加が得られないことが考えられる。

図3－3　自治会類型別自治会長の在任期間

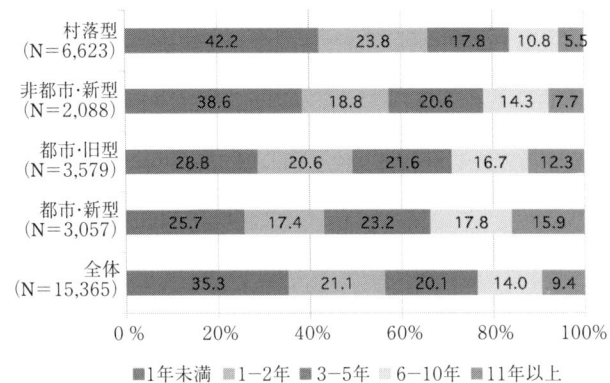

類型	1年未満	1-2年	3-5年	6-10年	11年以上
村落型（N=6,623）	42.2	23.8	17.8	10.8	5.5
非都市・新型（N=2,088）	38.6	18.8	20.6	14.3	7.7
都市・旧型（N=3,579）	28.8	20.6	21.6	16.7	12.3
都市・新型（N=3,057）	25.7	17.4	23.2	17.8	15.9
全体（N=15,365）	35.3	21.1	20.1	14.0	9.4

4．2．自治会役員と主な担い手

続いて，自治会の役員や主な担い手にはどのような人々が多いのかをみていこう。自治会調査では自治会役員および担い手の主な職業について2位まで尋ねている＜自治会調査問3，20＞。表3－7では，1位を20点，2位を10点として自治会類型ごとの平均値を示している。

役員からみていこう。退職者が最も得点が高い。

表3－7　役員・主な担い手の職業

		村落型	非都市・新型	都市・旧型	都市・新型	全体
役員	退職者	8.4	8.8	11.1	12.1	9.8
	常勤雇用者	7.5	10.0	6.5	7.3	7.6
	自営業	4.6	3.1	5.9	3.7	4.5
	農林漁業	6.3	2.7	2.4	0.7	3.8
	主婦	0.7	1.8	1.9	3.3	1.6
	N	6,517	2,067	3,594	3,053	15,231
主な担い手	退職者	9.9	10.7	12.8	13.9	11.5
	常勤雇用者	5.9	8.1	4.7	5.4	5.8
	自営業	3.7	2.5	5.1	3.3	3.8
	農林漁業	7.4	3.0	2.8	0.8	4.4
	主婦	1.4	3.0	3.1	4.5	2.6
	N	6,524	2,067	3,575	3,041	15,207

2位までに含まれる割合でみても全体で61.3%である。自治会類型別にみると，都市・旧型や都市・新型といった都市部で人口規模の大きい自治会で顕著である。自治会長と同じく役員も高齢化の傾向がみられ，それは都市部で大規模な自治会ほど当てはまる。

　続いて得点が高いのが常勤雇用者である。これは非都市・新型で高い。このほか，自営業は村落型や都市・旧型といった発足時期の古い自治会で得点が高い。また，農業については村落型で得点が高い。自営業主と農林漁業従事者は，先に述べたように，ともに地域に根差し，これまでの自治会を主導してきた。データからも，古くからある自治会では，これらの人々が役員となって中心的に活動していることがわかる。主婦は日常的に地域社会で生活する時間が多いものの得点が低い。2位までに含まれる割合も全体の12.6%と低い割合である。先に，自治会長のほとんどが男性という結果を示したが，ここでも女性の参加があまりみられないことがわかる。もっとも，都市・新型では多少高い得点を示している。

　続いて，自治会活動の主な担い手についてみてみよう。基本的な傾向は役員とほとんど変わらない。退職者の得点が最も高く，常勤雇用者が続く。退職者は都市部で大規模な自治会で得点が高く，常勤雇用者は非都市・新型で高い。自営業は都市・旧型で高く，農林漁業従事者は村落型で高い。主婦は全般に得点が低いものの，都市・新型で高い。以上のことから，自治会の運営はやはり高齢者頼みという特徴がみられる。このほか，発足時期の古い自治会では，地域に根ざした職業の人々が中心的に活動している。新しい自治会のうち，非都市部で規模の小さい自治会は常勤雇用者が関わることが多い。

5. 本章のまとめ

　本章では，自治会組織の役割認識，組織構造と運営，会長・役員のプロフィールという視点から，自治会組織の特徴を明らかにした。主な知見をまとめておこう。

　第1に，自治会による自己の役割認識では，親睦と住環境の維持を挙げる自治会が多い。一方で，行政との関係で自らの団体を規定しているものは少ない。（自治会の内向きの自己規定）

　第2に，大規模自治会ほど役員数が多いが，小規模自治会のほうが会員全体に占める役員の割合が高い。役員会の回数は都市部で大規模な自治会で多

い。会長や役員の選出方法では，村落型や非都市・新型という非都市部で小規模な自治会において，選挙やもちまわりが多く用いられている。これらの自治会のほうが多くの会員の参加による自治会組織の運営がなされている。一方，都市部で大規模な自治会では，役員会や会長による決定により選出されている。(**非都市の参加民主性**)

　第3に，自治会長は男性の高齢者で居住年数の長い人が多い。都市部で大規模な自治会では特に高齢者が多く，在任期間が長い。会長や役員の選出方法も加味すると，自治会組織の運営が一部の人々によって寡頭制的に行われており，一般加入者の関わりは消極的だといえる。(**都市における自治会長の高齢化**)

　第4に，役員や主な担い手は退職者が多い。このほか，発足時期の旧い自治会では，地域に根ざした職業の人々が中心的に活動している。新しい自治会のうち，非都市部で規模の小さい自治会は常勤雇用者が関わることが多い。都市・新型では主婦の参加も若干みられる。(**男性中心性**)

　以上のように本章では自治会組織の多様な特徴を確認してきた。自治会や地域の特徴によって，役割認識，組織運営，中心層が異なることをみてとることができる。とりわけ，小規模自治会ほど多くのメンバーの参加による自治会運営がなされていることは注目に値する。このような運営への参加の基礎には住民間の親密な人間関係があるものと考えられる。また，このような自治会規模と運営方法の相違は，自治会の様々な活動の実施とも関連すると考えられる。次章以降では，これらの点の検討に移っていきたい。

第4章　社会関係資本と自治会活動への参加

1. はじめに

　第1章にて述べたように，本書では市民社会組織としての自治会の諸側面として，社会関係資本，団体間の連携関係，社会サービスの供給，自治会と市区町村との協働，自治会による政治参加という5つの側面に着目する。この章ではまず社会関係資本を取り上げて検討する。

　社会関係資本については社会科学の様々な領域で研究がなされてきたものの[1]，市民社会における諸活動の基礎として注目を集めるようになったのはPutnam (1993) が契機である[2]。Putnam (1993) は，社会関係資本をネットワーク，一般的信頼，互酬性の規範という3つの要素から定義している。人々の間の対面的なネットワークが互いに対する信頼や互酬性の規範を醸成する。

---

(1) 社会関係資本については様々な議論があるが，代表的なものとして，ブルデュー，コールマン，パットナムなどの議論が挙げられることが多い。これらも含め，社会関係資本についてのまとまった論考として，Lin (2001)，宮川・大守編 (2004)，稲葉 (2007)，Nishide (2009) などを参照されたい。

(2) Lin (2001) は社会関係資本の概念をミクロレベルとマクロレベルに整理している。社会関係資本は，ミクロレベルでは個人にとって利用可能な関係的資源という側面が強調され，マクロレベルでは社会的パフォーマンスや人々の協調行動に影響しうる要因という側面が強調される。Putnam の議論や本書で取り上げるのはマクロレベルの社会関係資本である。なお，この立場の社会関係資本についての論考として，鹿毛 (2002)，坂本 (2003) などを参照されたい。

同時に，信頼感や互酬性の規範をもつ人々は他者と積極的に関わりあい，ネットワークを形成する。このように各要素は相互に影響しあいながら社会関係資本を構成しているのである。そして，このような社会関係資本は人々の間の協力行動を促し，ひいては様々な社会的パフォーマンスを高める要因として注目されている（Knack 2002；内閣府国民生活局編 2003；山内・伊吹編 2005；坂本 2005；Nishide 2009 など）。

社会関係資本にはネットワークの構造の違いにより，異なる機能が指摘されている[3]（Burt 2001, 2005; Putnam 2000）。閉鎖的で同質的なネットワーク構造では人々の相互の結びつきが強く，内部における人々の信頼や協力，結束力を生む（Coleman 1990=2004）。Putnam (2000) はこのような性質をもつ社会関係資本をボンディング型（結束型）と呼ぶ。これに対して，開放的で異質なネットワーク構造では，緩やかで弱いつながりでありながらも，様々な価値や情報を流通させることができる（Granovetter 1978; Burt 1992）。Putnam (2000) は，このような性質の社会関係資本をブリッジング型（橋渡し型）と呼ぶ。

社会関係資本の形成にとっては団体や組織といった市民社会の諸活動の果たす役割が注目されてきた。人々が団体活動に参加することでネットワークが形成・維持され，そこから信頼や互酬性の規範が醸成される。そこで培われた社会関係資本からさらに別な社会参加へと展開していく。Putnam はこの点を強調しており，北イタリアにおける市民活動への積極参加（Putnam 1993）や，アメリカにおける様々な団体・組織の衰退（Putnam 1995, 2000）をもとに社会関係資本について論じている。異質な人々の入退会が自由な団体はブリッジング型の社会関係資本を形成するのに適している。

地域コミュニティもまた社会関係資本を形成する場として注目されている（Putnam 1995, 2000; Bowls and Gintis 2002; Silverman ed. 2004；石田 2008）。地縁に基づいた密接な近隣関係は特にボンディング型の社会関係資本を形成するのに適している。自治会も一定地域の住民の参加からなる組織であり，

（3）　社会関係資本の1つの要素である信頼について，社会心理学的に論じたものに山岸（1998）がある。山岸（1998）は自分と継続的な関係にある人間に対する信頼を「安心」，見知らぬ他者を含めて人間一般に対する信頼を「信頼」と呼ぶ。「安心」がボンディング型の社会関係資本の要素であるのに対して，「信頼」はブリッジング型の社会関係資本の要素だと考えられる。

このような社会関係資本の形成に寄与している（Pekkanen 2004, 2005, 2006, 2009）。自治会には，祭り，スポーツイベントや文化イベント，慶弔の手伝いなど地域住民の親睦のための活動を行っているものが多い。また，自治会からの情報伝達を通じて，住民同士が相互に接触する機会が保たれる。住民は自治会活動に参加することによって相互の関わりを深めていき，さらにそこから信頼や互酬性の規範が醸成される。一方で，自治会が様々な活動を行ううえで住民の協力は不可欠である。そのため，住民間に円滑で密接な人間関係が形成されており，相互に協力的であるほど自治会は多様な活動を行うことができる。このように社会関係資本と自治会活動は相互に影響を及ぼしあっている。そして，日本社会は社会関係資本が豊富な点が特徴とされてきたのも（Inoguchi 2000, 2002; Pekkanen 2004, 2005, 2006, 2009），背景にはこのような自治会のもつ社会関係資本の醸成機能があるからだと考えられる。

　もっとも，個人主義化や過疎・過密といった現在の自治会をとりまく状況に鑑みると，地域の社会関係資本の形成・維持は難しい状況にある。村落地域は旧来からの深い人間関係があるものの，人口流出が続くために人間関係を維持することが難しい状況である。これに対して，都市部はより個人主義化が進んでおり，さらに人口流入が続くために新たな人間関係の構築が難しい。このような状況の下で，全国の自治会における社会関係資本の実態はどのようになっているのだろうか。個人主義化の進行により衰退の傾向にあるのだろうか。また，都市部／村落部における差異はみられるのだろうか。本章では，こうした課題に取り組んでいく。

　具体的に，まずは次の諸点についての実態をみていく。第1に，自治会そのものへの加入率である（2節）。前述のとおり自治会は全世帯加入を原則としているが，近隣住民の地域社会への関心が弱くなれば，すべての世帯が加入するという状態を維持できないだろう。後述するように，自治会の加入率の低下はすでに大きな問題として認識されている。そこで，自治会調査から全国の自治会の加入率の状況をみていく。さらに，加入率が低い自治会にはどのような特徴があるのかを検討する。

　第2に，地域における住民のつきあいの程度とその変化，住民関係の円滑さ，地域活動の活発さ，自治会活動への参加率のそれぞれについて実態をみていく（3節）。これらはいずれも地域住民間関係の密接さを表すものと考えられる。それぞれの実態を確認した後で，さらにこれらの変数を用いて社

会関係資本指数を合成する。そして, 日本総合研究所の調査に基づくソーシャル・キャピタル指数との関連を分析することで尺度としての妥当性を検討する。

　第3に, 社会関係資本指数が, 自治会による取り組みや市区町村の政策とどのように関連しているのかを検討する (4節)。これにより, 自治会における社会関係資本を醸成するための条件を探っていきたい。結論を先取りしていえば, 自治会における社会関係資本は, 市区町村の自治会支援や自治会による取り組みが行われているほど高い。これは近年における住民のつきあいの活発化についても同様である。地域や組織の特徴については, 村落型の自治会であるほど社会関係資本は高く, 人口が流動的であるほど低い。しかしながら, 都市的で人口流入が多い自治会ほど, 近年の住民のつきあいは活発化している。

2. 自治会への加入率

　前述の通り, 自治会の特徴の1つとして挙げられるのが全世帯加入の原則である (中村 1965；中田 1996)。自治会は地縁や住縁を基盤にした組織であり, 地域社会に住むすべての住民に関わる課題に取り組んでいる。そのため, 自治会組織には強制ではないが全住民の参加が求められてきた (中村 1965；岩崎 1989a, 1989b；鳥越 1994；倉沢 2002)。そして, 自治会は住民の参加と合意に基づいて, 地域を代表する組織として様々な活動に取り組んだり, 市区町村と交渉したりする上での正当性を確保してきた (中田 1996)。

　しかしながら, 年々, 個人主義化や世代交代が進み地域社会への関心が薄れている。そのため, 自治会活動への参加はおろか自治会組織への加入率の低下が焦眉の課題とされている。1章でみたように (図1-3, 26頁), 自治会は他の市民社会組織と比べて高い加入率を示しているが, 近年になって, 加入率が低下傾向にある。自治会調査の回答者の中にも加入率の低下を問題視している人々がおり, 自治会の運営についての自由回答として次のような意見が寄せられている。

　「最近, 区域内にアパート・マンションが乱立しており, 居住者も若い世代の方々が多い。自治会加入を呼びかけても不参加が多い。自治会未加入の80％はこれらの人々だ。」(宮崎県・宮崎市)

「賃貸アパート居住者は自治会活動に参加しない。増加している地域であり，居住者とも面識がない。こうしたことから自主的活動を行うエネルギーがない。」（千葉県・習志野市）

　加入率の低下は社会関係資本の衰退であり，自由回答にもあるように，自治会活動のエネルギーを奪うものである。それでは，実際の自治会加入率はどの程度なのだろうか。果たして全世帯加入の原則は維持されているのだろうか。データからみていこう。もっとも，自治会調査は自治会長に質問した結果であるため，加入率が実際よりも高い可能性がある。つまり，調査に回答可能な自治会というのは，ある程度組織の運営ができている自治会であるため，加入率も高いのだと考えられる[4]。そこで，自治会調査に質問した自治会調査に加えて，市区町村の担当者に質問した結果[5]をあわせて検討しよう。

　図4－1は自治会調査における加入率（加入世帯数／地域の全世帯数）と市区町村に質問した結果を示したものである。全体的に非常に高い加入率であることがわかる。自治会調査では100％の加入率

図4－1　自治会加入率の分布
（自治会調査と市区町村への質問）

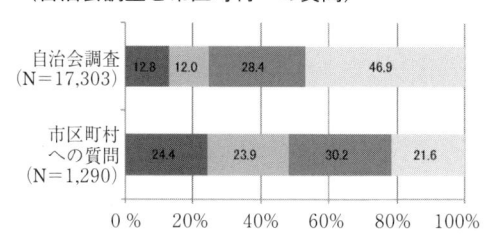

	80％未満	80-89％	90-99％	100％
自治会調査 (N=17,303)	12.8	12.0	28.4	46.9
市区町村への質問 (N=1,290)	24.4	23.9	30.2	21.6

（4）　この点は自治会調査全体のバイアスの可能性だとも考えられる。つまり，調査に協力可能なのは，ある程度運営がうまくいっている自治会であるため，結果全体が自治会にとってよい方向に歪んでいるかもしれない。また，自治会や市区町村が認識している加入率は，1章にみた有権者に対する調査結果を集計した加入率よりも高くなる。一般の有権者の中には，自治会組織に加入していてもほとんど活動していないために，加入しているという認識をもっていない人々が一定程度みられるからだと考えられる。

（5）　自治会調査を依頼する際に，1,843（2006年3月時点）の全国すべての自治会に対して質問した。その後も合併などを考慮し2008年8月まで各自治会に問い合わせ，最終的に1,354の市区町村から回答を得ている（回答率73.5％）。

が46.9%，90%台の加入率が28.4%であり，合わせると75.3%である。4分の3の自治会が90%以上の加入率を示している。ただし，80%未満の加入率である自治会が12.8%と，全世帯加入とはいえない自治会もみることができる。

市区町村への質問結果をみると，自治会調査ほどには高くない。100%の加入率が21.6%，90%台が30.2%であり，合わせると51.8%である。80%未満の加入率は24.4%であり，市区町村の把握によれば，一定程度は全世帯加入を維持できていないということになる。

続いて，自治会調査から得られた加入率を，自治会類型ごとにみていこう（図4－2）。村落型では100%の加入率が63.0%で，90%台まで含めると86.5%と非常に高い加入率を示している。非都市・新型も同様に，100%の加入率が55.3%，90%台も含めて80.4%と非常に高い。これに対して，都市・旧型では100%の加入率が30.3%に過ぎず，90%台を合わせても62.5%である。都市・新型でも100%の加入率が31.4%，90%台を合わせて64.3%である。80%未満の加入率については，都市・旧型で20.4%，都市・新型で20.5%と一定程度みてとることができる。

このように，都市部と非都市部との差が歴然としている一方で，発足した時期による差はみられない。ただし，都市部でも60%以上の自治会で90%以上の加入率というのは十分に高いという見方もできる。それでも全世帯加入だとすると，都市部では20%程度の自治会で加入率が80%に満たないなど，その原則が維持されていない自治会もみられる。とりわけ，東京都では50.7%とおよそ半数が80%未満の加入率となっている。

それでは，加入率の低い自治会にはどのような特徴があるのだろうか。ここでは，アパート・マンションなどの集合住宅の多さと単身世帯の多さという点を確認しておこう。先の自由回答にも挙げら

図4－2　自治会類型と加入率

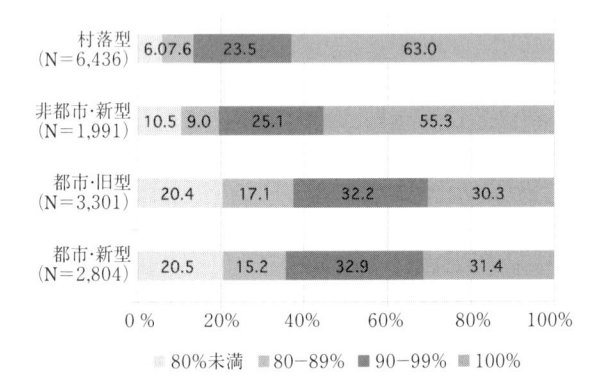

自治会類型	80%未満	80-89%	90-99%	100%
村落型 (N=6,436)	6.0	7.6	23.5	63.0
非都市・新型 (N=1,991)	10.5	9.0	25.1	55.3
都市・旧型 (N=3,301)	20.4	17.1	32.2	30.3
都市・新型 (N=2,804)	20.5	15.2	32.9	31.4

れているように，集合住宅居住者は地域社会への関心が希薄な傾向にあったり，自らのマンション管理組合に加入しているため自治会に加入しないケースがみられる[6]。また，単身世帯も勤労世帯であれば日常的に地域で生活をしていないので地域活動を重視しないと考えられる。

表4－1 加入率と集合住宅，単身世帯の割合 （単位：%）

加入率	集合住宅	単身世帯	N
80%未満	74.1	31.1	2,186
80－89%	58.1	24.2	1,902
90－99%	42.9	21.4	4,593
100%	26.0	22.5	8,285
全体	40.3	23.5	16,966

表4－1は，自治会の加入率ごとに，地域に「集合住宅が多い」という自治会と「単身世帯が多い」という自治会の割合を示している。集合住宅については，自治会調査で地域に多いものを尋ねた質問＜自治会調査問13＞において3位まで含まれた割合である。また，単身世帯については，地域の世帯構成で多いものを尋ねた質問＜自治会調査問12＞において3位までに含まれた割合である。

自治会への加入率が低い地域ほど，集合住宅が多いことを明瞭にみてとることができる。自治会加入率が80%未満の自治会では74.1%が地域に集合住宅が多いのに対して，加入率100%の自治会では26.0%にすぎない。自治会加入率の低下の背景には集合住宅の存在が考えられる。単身世帯についても，集合住宅ほどではないが，加入率が低い地域ほど多くみられる。加入率80%未満では31.1%の自治会で単身世帯が多いのに対して，加入率100%の自治会では22.5%である。このように，地域への関心が希薄と考えられる集合住宅や単身者の多い地域ほど全世帯加入とはいかないようである。

3. 住民のつきあいと自治会活動への参加

続いて，地域における住民のつきあいの程度とその変化，住民関係の円滑さ，地域活動の活発さ，自治会活動への参加率から，自治会における社会関係資本の実態をみていこう。

実証研究において社会関係資本をどのように捉えるかについては，いくつかの課題が指摘されている。第1に，社会関係資本の概念は多義的で曖昧さ

---

(6) ただし，集合住宅では近隣住民による生活維持のための活動がまったく行われていないわけではない。竹井（2005）は，むしろマンション管理組合を通しての自治にこそ民主主義の可能性があると論じている。

を残すため,どのような操作変数を用いるのかという問題である(山内 2005)。第2に,社会関係資本は地域レベルの特性を表すものであるため,地域の単位をどのように設定するのかという問題である(埴淵ら 2008)。

　これらの測定の問題に対して,本書では自治会長からみた地域における住民同士のつきあいと活動への参加の程度という点から検討していくこととする。前述のように,Putnam (1993)の定義によれば,社会関係資本はネットワーク,信頼,互酬性という3つの要素からなる。しかし,自治会調査は自治会長に対して行った調査であり,個々の自治会加入者の信頼や規範意識についてのデータがない。また,ネットワークといっても地域の個々の住民の関係の総体を捉えることはできない。そのため,住民間のつきあいの程度や自治会活動への参加率といった自治会長の観察から判断できるものに絞らざるを得ない。ただし,これはあくまで自治会長が地域の様子を判断して回答した結果であることには注意が必要である。もう1点については,本書は自治会に関心があるので社会関係資本の測定単位は自治会地域レベルである。

3.1. 住民のつきあい

住民のつきあいの程度　　まずは,自治会のある地域における住民同士のつきあいの程度をみていこう。住民のつきあいが深いものであれば,それだけ住民同士のネットワークの紐帯は強く,密であると考えられる。これはボンディング型の社会関係資本が高い状態だということができる。

　自治会調査では,地域住民のつきあいの程度について,「生活面で協力しあう」「立ち話程度」「あいさつ程度」「つきあいがない」という4つの選択肢を設けて質問している＜自治会調査問15＞。図4－3は,これを自治

図4－3　自治会類型と住民のつきあい

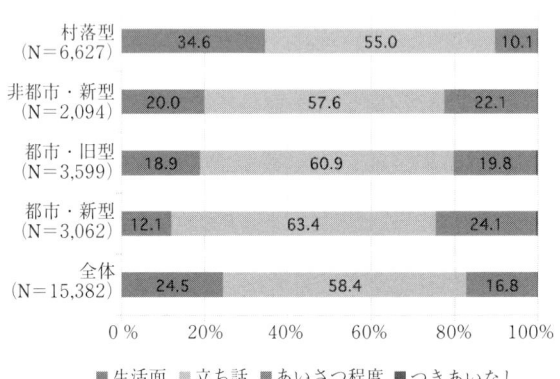

村落型 (N=6,627): 34.6 / 55.0 / 10.1
非都市・新型 (N=2,094): 20.0 / 57.6 / 22.1
都市・旧型 (N=3,599): 18.9 / 60.9 / 19.8
都市・新型 (N=3,062): 12.1 / 63.4 / 24.1
全体 (N=15,382): 24.5 / 58.4 / 16.8

■生活面　■立ち話　■あいさつ程度　■つきあいなし

会類型ごとにみたものである。全体に立ち話程度のつきあいという回答が多く，50～60%程度を占めている。自治会類型ごとにみると，村落型では生活面でも協力している自治会が多く34.6%である。これに対して，非都市・新型と都市・旧型では20%程度，都市・新型では12.1%となっている。あいさつ程度のつきあいは逆の傾向であり，村落型では10.1%と他の類型（20%程度）よりも低い。非都市部にあることと発足時期の古さがともに，密接な住民同士のつきあいと関連している。なお，つきあいがないという自治会は全体でわずか0.3%にすぎず，グラフからはほとんど確認できない。

住民のつきあいの変化　このような現在の住民の関係は，以前と比べてどのように変化したのだろうか。村落地域では長期にわたる親密な住民関係があるかもしれないが，人口流出などにより関係が弱化しているかもしれない。一方で，都市部では人口流入が続き，新たな住民間関係の形成ができず，住民のつきあいは不活発化しているのかもしれない。表4－2は，住民のつきあいが5年前からみてどのように変化したのかを示したものである＜自治会調査問10＞。

「変わらない」という自治会が最も多く全体の51.4%である。また，住民のつきあいが不活発化している自治会（「不活発」と「やや不活発」の和）が全体の13.0%であるのに対して，活発化している自治会（「活発」と「やや活発」の和）は全体の35.6%と，全体に活発化の傾向にある。これはどの類型にも当てはまる。前述のように，自治会の弱体化についての指摘はみられるものの，自治会長の認識では住民間のつきあいはむしろ活発化しているようである。ただし，自治会類型別にみると，活発化の方向を示す割合は，村落型が25.3%であるのに対して，他の類型では40%以上である。村落型ほど活発化していない。

こうした結果は，図4－3にみた住民のつきあいの程度とは異なるものである。村落部は相対的にみて，住民同士のつきあいは盛んであるものの，近年はあまり活発化して

表4－2　自治会類型別住民のつきあいの活発化

（単位：%）

	不活発	やや不活発	変わらない	やや活発	活発	N
村落型	4.7	10.2	59.8	17.5	7.8	6,623
非都市・新型	3.1	7.9	46.6	28.0	14.4	2,066
都市・旧型	3.6	8.3	45.6	29.4	13.1	3,598
都市・新型	3.1	8.6	43.2	29.3	15.8	3,060
全体	3.9	9.1	51.4	24.1	11.5	15,347

いない。過疎地や衰退地域では従来からの住民関係は密接であるものの、人口流出が相次ぐために住民間の関係が強化される新たな契機がないのかもしれない。一方で、都市部や新しい自治会では住民関係は希薄であるものの、活発化の傾向にある。都市部の自治会のほうが多くの資源をもっているためにいろいろな活動を行うことができると考えられる。また、新しく流入した人々は深い人間関係にまで至らないとしても、地域社会を刺激しているのかもしれない。全体的に自治会における社会関係資本は平準化の傾向を示している。

住民のつきあいの円滑さ　　自治会は地域を基礎としており、非常に高い加入率を誇る。しかし、そのために地域内の多様な住民間の関係が円滑ではないことも考えられる。例えば、古くから地域に住んでいる人々と新たに流入してきた人々との間の交流がうまくいかないことはしばしば指摘されている。自治会調査の自由回答でも自治会の抱える問題点として次のような意見が寄せられている。「古くからの住人と新しく参入した人との仲がどうしても旨く行かず、小さな世帯数となっております」（三重県・桑名市）。従来からの人間関係の中に新たな流入層が加わるのは非常に困難だといえる。

　また、世代間の交流の問題も考えられる。自治会は退職後の高齢者によって担われていることが多いが、こうした担い手層と他の住民との間での考え方の相違なども考えられる。例えば、自治会調査の自由回答に次のものがあった。「40歳以下の人は町内会活動にはあまり関心がないようであります。人に迷惑を掛けなければいろいろな社会の活動に参加しなくても良いという考えの人が多くなっている。自分だけ楽しめればよいという人が多い」（宮城県・市区町村不明）。このように地域住民同士に何らかの亀裂があるならば、住民同士のネットワークは疎であり、社会関係資本も高くはないと考えられる。

表4－3は、自治会類型別に、

表4－3　自治会類型別住民のつきあいの円滑さ　（単位：％）

	新旧住民の交流	世代間の交流	活動への参加	N
村落型	44.3	37.0	43.9	5,993
非都市・新型	36.6	26.4	38.3	1,932
都市・旧型	34.4	27.0	27.7	3,476
都市・新型	34.5	23.1	26.3	2,917
全体	38.9	30.4	35.7	14,318

項目によって欠損値が異なるために、サンプル数Nも異なるが、極端な違いではないために新旧住民の交流についてのものだけ示す。

新旧住民の交流，世代間の交流，および自治会活動への住民の参加についての円滑さの程度を示している。調査では5段階の尺度で質問しているが，そのうち「円滑である」「やや円滑である」という肯定的な回答の割合を示している。

新旧住民の交流については，全体の38.9％の自治会が円滑だと回答している。自治会類型による差はあまり大きくないものの，村落型が44.3％と円滑だという割合が高い。世代間の交流については全体で30.4％が円滑だと回答しており，新旧住民の交流よりは低い。村落型の自治会では37.0％でやや高い。住民の自治会活動への参加の円滑さについても同様の傾向である。全体で35.7％が円滑だと回答している。村落型が43.9％と最も高く，非都市・新型も38.3％と高い割合を示している。全体にみて，村落型の自治会ほど住民間の交流や参加は円滑なようである。

以上までにみた住民同士のつきあいについてまとめると，村落型では住民同士のつきいあいが密接で良好であることがみてとれる。その他の類型にはそれほど大きな相違はみられない。相対的にみて高い社会関係資本を維持しているのは，やはり旧来型の組織だということができる。もっとも，新しい自治会や都市部の自治会でむしろ住民のつきあいは活発化する傾向にある。

3.2. 住民による自治会活動への参加

社会関係資本は住民同士のつきあいというネットワークばかりでなく，それに基づく様々な活動への参加も含めて考えることができる。ネットワークに基づいて信頼感や互酬性の規範が醸成され，人々は様々な集合行動（この場合，自治会活動）に参加する。同時に，集合行動への参加を通してネットワークが強化され，信頼や互酬性の規範も高まっていく。このように集合行動への参加は，社会関係資本と非常に密接な関係にある。

それでは，自治会が実施している個々の活動への参加率を自治会類型ごとにみていこう。表4－4は，自治会が行う各活動への参加率の平均値を求めている。自治会調査では，「2割以下」「2～4割」「4～6割」「6～8割」「8割以上」というカテゴリで質問している＜自治会調査問22＞。ここでの分析では，このうち各カテゴリを中央値で代表させ（2～4割であれば30％），その平均値を市区町村人口規模別に求めている。なお，各項目に該当する活動を行っていない自治会は分析から除外した（自治会活動の実施についての

表 4 − 4　自治会類型別自治会活動の参加率（平均値）
(単位：％)

		村落型	非都市・新型	都市・旧型	都市・新型	全体
総会	参加率	71.3	61.6	47.9	47.4	59.7
	N	6,360	2,018	3,445	2,967	14,790
清掃	参加率	76.5	70.4	57.3	57.8	67.3
	N	5,603	1,812	3,116	2,712	13,243
見回り	参加率	39.7	34.2	29.9	28.9	33.8
	N	3,692	1,203	2,745	2,268	9,908
防災	参加率	51.9	44.8	39.3	36.0	43.8
	N	2,784	850	2,102	1,780	7,516
交通安全	参加率	40.0	35.4	28.6	26.6	33.3
	N	2,830	854	2,134	1,575	7,393
祭り	参加率	68.9	60.8	55.6	53.8	61.5
	N	4,757	1,257	2,885	2,215	11,114
イベント	参加率	56.6	48.9	44.6	41.1	49.0
	N	5,734	1,789	3,345	2,822	13,690

詳細は 6 章を参照）。そのため，一部の活動項目についてはサンプル数が小さくなっている。

　総会（全体の59.7％），清掃（67.3％），お祭り（61.5％）への参加率が高い。これらの活動は自治会の会員全体の参加が求められるものであるが，おおむね 6 割以上の会員の参加が得られている。このほか，見回り（全体の33.8％），防災（43.8％），交通安全（33.3％），イベント（49.0％）への参加率も30−40％程度みられる。いずれも，自治会類型による参加率の相違がみられ，村落型，非都市・新型，都市・旧型および都市・新型の順に参加率は低下する。こうした傾向は，住民のつきあいの程度や住民関係の円滑さと同様である。

3. 3. 社会関係資本指数の作成

　さて，これまでいくつかの変数により自治会の社会関係資本を検討してきた。最後にこれらの変数間の相互の関連を確認しておこう。表 4 − 5 は，住民のつきあい，新旧住民の交流の円滑さ，世代間交流の円滑さ，活動への参加の円滑さ，総会への参加率，清掃・美化活動への参加率，祭りへの参加率をそれぞれ量的変数とみなして，それらの間の相関係数を求めた結果である。住民のつきあいの変化は他の変数と異質なので分析から除外している。なお，自治会活動については，多くのサンプル数を確保できる総会，清掃・美化，祭りを取り上げている。また，「 2 割以下」「 2 〜 4 割」「 4 〜 6 割」「 6 〜 8 割」「 8 割以上」をそれぞれ， 1 から 5 という数値に変換している。

　表 4 − 5 から，どの変数間にも一定程度の正の相関関係がみられる。そこで，ここでは単純に変数値を加算することで社会関係資本指数を作成する。

表4－5　社会関係資本変数の間の相関係数

	1	2	3	4	5	6	7
1 住民のつきあい	1.000	.293**	.332**	.314**	.268**	.253**	.309**
N		(16,671)	(17,162)	(17,020)	(17,289)	(15,503)	(13,084)
2 新旧住民の交流		1.000	.591**	.510**	.240**	.206**	.258**
N			(16,587)	(16,520)	(16,094)	(14,415)	(12,178)
3 世代間の交流			1.000	.526**	.238**	.212**	.299**
N				(16,889)	(16,570)	(14,840)	(12,554)
4 活動への参加				1.000	.345**	.338**	.358**
N					(16,441)	(14,744)	(12,436)
5 総会への参加					1.000	.509**	.459**
N						(15,161)	(12,811)
6 清掃・美化活動への参加						1.000	.433**
N							(11,819)
7 祭りへの参加							1.000
N							

**：p<.01　*：p<.05

　なお，清掃・美化および祭りへの参加は，活動自体を実施していない自治会が一定程度あるため，データの欠損が多いので尺度構成からは除外した。変数間に相関関係があるとはいえ，加算して尺度を作成する場合，作成に用いる諸変数間に内的整合性がなければならない。そこで，クロンバックの α 係数を求めると $\alpha = .718$ であり，内的整合性があると判断できる[7]。表4－6は自治会類型ごとに社会関係資本指数の平均値と標準偏差を示したものである。この尺度は最小値5，最大値23の範囲をとりうるが，全体での平均は15.2である。村落型，非都市・新型，都市・旧型，都市・新型の順に平均値が高い。これは先ほどまでに確認した結果と同様である。

　ここで作成した指数は，自治会における住民のつきあいと活動への参加という点から社会関係資本を検討している。しかし，冒頭でも述べたように社会関係資本は他の様々な要素からなっている。例えば，一般には自治会に限らずボランティアやNPOといった様

表4－6　自治会類型ごとにみる社会関係資本指数

自治会類型	平均値	標準偏差	N
村落型	16.4	3.5	5,530
非都市・新型	15.1	3.5	1,781
都市・旧型	14.2	3.4	3,211
都市・新型	13.9	3.2	2,712
全体	15.2	3.6	13,234

（7）　クロンバックの α 係数は通常，0.80以上が望ましく，低くとも0.70くらいは必要だといわれている（杉野 2006）。

々な市民活動への参加が考慮される。そこで，本章で扱う自治会の社会関係資本が，より幅広い要素を取り入れた社会関係資本の指数とどのような関係にあるのか検討しよう。

日本総合研究所では2007年に「社会生活に関するアンケート調査」(以下，日本総研調査)を行い，それをもとに都道府県ごとのソーシャル・キャピタル指数を算出している(日本総合研究所2008)。具体的には，社会関係資本として「つきあい・交流」，「信頼」，「社会参加」の3つの要素を想定し，それぞれについての指数を算出している。さらに，ボンディング指数とブリッジング指数，および全体のソーシャル・キャピタル指数を求めている[8]。これらの指数との関連をみることで，自治会における社会関係資本がどのような性質のものなのかを捉えることができるだろう。前述のとおり，本章では自治会における社会関係資本をボンディング型だと想定しているが，他の調査による指数との関連をみることで自治会調査から導出した社会関係資本指数の尺度としての妥当性を確認したい。

表4－7 ソーシャル・キャピタル指数と自治会における社会関係資本指数との相関係数

	自治会調査による社会関係資本指数
つきあい指数	.239
信頼指数	.127
社会参加指数	.434**
ボンディング指数	.498**
ブリッジング指数	.292*
ソーシャル・キャピタル指数	.403**

＊：p<.05　＊＊：p<.01　N=47

表4－7は前節で用いた本調査における社会関係資本の指数と日本総研調査の指数との相関係数を求めたものである。日本総研調査

---

(8)「つきあい・交流」指数は，近所づきあいの程度，近所づきあいのある人の数，友人・知人との学校・職場外でのつきあいの頻度，親戚とのつきあいの頻度，スポーツ・趣味・娯楽活動への参加状況の6つの要素，「信頼」指数は，一般的な信頼と旅先での信頼の2つの要素，「社会参加」指数は地域的な活動の参加状況とボランティア・NPO・市民活動への参加状況の2つの要素からそれぞれなっている。ボンディング指数は近所づきあいの程度と地縁的な活動への参加状況の2つの要素，ブリッジング指数は友人・知人との学校・職場外でのつきあいの頻度，ボランティア・NPO・市民活動への参加状況の2つの要素からそれぞれなっている(日本総合研究所2008：23-24)。具体的な質問文および指数を算出する手続きについては，日本総合研究所(2008)を参照されたい。

の指数は都道府県単位であるため，本調査の社会関係資本の指数も都道府県ごとの平均値を用いている[9]。

　両者にはある程度の相関関係がみられる。総合指標であるソーシャル・キャピタル指数との相関係数は.403である。また，社会参加指数とボンディング指数との相関関係が特に強い（それぞれ.434と.498）。ここから自治会調査における社会関係資本指数はボンディング型の社会関係資本を表すものだといえる。自治会における社会関係資本は人々の間の同質的な結びつきであり，それが活動参加に結びつくということができる。本章で想定している通り，自治会が地域に根ざし，そこに住む住民から構成されていることから，ボンディング型の社会関係資本をもつといえる。

　なお，自治会の社会関係資本と信頼指数はあまり相関関係がみられない。ここから自治会における社会関係資本は一般的信頼に基づいたものだとはいえない。山岸（1998）が提起するように，継続的な関係にある人々に対する安心に基づいているのかもしれない。

4. 社会関係資本の規定因

　自治会における社会関係資本は，他のどのような要因と関連しているのだろうか。自治会類型ばかりでなく市区町村の自治会支援策や自治会の取り組みなどを加えて総合的に検討しよう。

　ここでは，前節で作成した社会関係資本指数とともに，5年前と比べた住民のつきあいの活発化についても従属変数として分析する。たとえ現状では社会関係資本が低いとしても，住民のつきあいが活発化しつつある地域があるかもしれない。その一方で，現在居住している人々の間のつきあいは親密で自治会活動への参加率も高くても，人口流出が続いているために住民同士の関係は弱化しているかもしれない。先にみた図4－3と表4－2からも，地域住民のつきあいの深さとその活発化では自治会類型との関連において異なる傾向を示している。そこで，社会関係資本の現状および変化と関連する要因をそれぞれ検討していく。なお，つきあいの活発化は5段階の尺度の質問であるが，ここでは量的変数として投入する（数値が大きいほど活発）。全

　（9）　集計データであるために，生態学的誤謬などの恐れがあることには注意しなければならない。

体の平均値は3.30であり，先に確認したように活発化の傾向を示している。以下に，これらと関連すると予想される要因を検討していく。

4．1．要因の検討
(1)市区町村の自治会支援策

1章で述べたように，本書では市区町村の政策と社会関係資本，そして自治会や地域の特徴という視点から，市民社会組織としての自治会の各側面を検討していく。ただし，ここでは社会関係資本そのものを従属変数としているのでまずは市区町村の政策に注目しよう。社会関係資本に直接的な影響を及ぼす政策というのは難しいが，コミュニティ支援などによって地域を活発化させる政策がそれにあたるだろう（金 2005；Nishide 2009）。

そこで市区町村から自治会に対する補助金額を分析に用いる。これは金額を30万円以上，10-30万円，10万円未満，なしというカテゴリとして投入する。補助金が30万円以上の自治会は全体の28.9％，10-30万円は28.6％，10万円未満は31.4％，なしは11.1％である。都市部で大規模な自治会ほど金額が大きい。分析はそれぞれをダミー変数として用い，補助金額なしを基準カテゴリとして比較する。

このほか，市区町村からの補助金と情報の支援に対する自治会の評価も分析に投入する。補助金額が大きくても，自治会の規模が大きかったり，地域の様々な事情により活動にコストがかかるため，不十分な場合も考えられる。そのため，自治会が補助金や情報をどの程度重要だと認識し，満足しているのかを変数として用いる。

分析に用いる変数は次のように作成した。自治会調査では，市区町村による自治会向けの政策についての重要度と満足度を5段階で質問している。そのうち，重要度については，「5　重要」～「1　重要ではない」のそれぞれから1を引く。それにより，最大値（重要）を4，最小値（重要ではない）を0とする。満足度については，「5　満足」～「1　満足ではない」のそれぞれから3を引く。つまり，中間の回答を0とし，満足（2）とやや満足（1）という回答はプラス，不満足（-2）とやや不満足（-1）という回答はマイナスとなるようにする。そのうえで両者を掛け合わせて，市区町村の政策に対する評価の指数とする。最大値は4×2＝8であり，最小値は4×-2＝-8である。この尺度は，政策に満足であればプラス，不満であれば

マイナスの値をとり，さらに重要度によってウェイトがかけられている。得点が高いほど市区町村の政策を高く評価しており，自治会にとって十分な政策が施行されていると考えられる。なお，補助金に対する評価の全体での平均値は−0.65とマイナスを示している。これに対して情報に対する評価の全体での平均値は1.47である。補助金に対しては不満をもつ自治会が多いようである。政策に対する評価は7章で詳しく取り上げる。

(2)自治会による取り組み

社会関係資本を高く保つには，自治会自身の活動も重要である。自治会が様々な活動を行うことで住民の参加を喚起し，ひいては住民同士の関係も良化するだろう。ここでは，自治会の役割認識，親睦活動，情報伝達の手段，活動施設の確保の4点について考える[10]。

自治会が親睦を役割と認識しているのであれば，住民同士の関係を良好に保つために様々な取り組みがなされているだろう。直接的に住民間の関係を親密化させると考えられるのが自治会の親睦活動である。6章で詳しく取り上げるが，自治会では，地域の祭りや，盆踊り，運動会，慰安旅行などイベントを行うことで住民間の交流や親睦をはかっている。住民の慶弔行事に協力することもまた連帯を深めることにつながるだろう。これらの活動は社会関係資本を強化するものだと考えられる[11]。また，自治会が活動を行ううえで拠点となる施設があるほうが，多くの人々が集まって活動することができるだろう。このような活動施設を確保できている自治会のほうが社会関係資本が高いと考えられる。

さらに，自治会内の情報伝達の方法による効果も考えられる。自治会は個別配布，掲示板，電話連絡網，回覧板などの方法を用いて住民に情報を伝達

---

(10) 自治会活動を集合行為と捉え，それへの参加を問題とするならば，Olson (1965) が指摘するように，参加者に対して選択的誘因を提供したり，参加を強制することも考えられる。また，Ostrom (1990) が指摘するように，地域の住民自身が状況に応じてルールを制定して活動を維持しているかもしれない。これらの点は，自治会活動の社会関係資本を検討するうえで重要な要因であるが，自治会調査では質問が含まれていないために検討しない。

(11) 一方で，地域の住民関係が良好で自治会活動が盛んであるために，これらの親睦活動を実施できるという逆の因果の可能性もある。

している。このうち，住民同士が直接接触する方法は，情報伝達を通して住民同士の関係を深めることになるだろう[12]。このことは，社会関係資本の形成・維持について，Putnam (2000) が対面的接触の重要性を指摘していることとも整合する。

　以上の変数については，それぞれ次のように操作化している。まず，役割認識については，3章でも取りあげたように主なものを2位まで順位づけで質問している＜自治会調査問6＞。ここでは親睦が2位まで含まれていれば「多い」，それ以外は「少ない」というダミー変数（多い＝1，少ない＝0）として分析に投入する。3章で確認したように親睦活動については全体の60.9%が自治会の役割として挙げている（表3－1，66頁）。親睦活動数については，祭り，スポーツ・文化イベント，慶弔の3つの活動のうち実施している数を変数として用いる＜自治会調査問17＞。最小は0であり，最大は3である。全体での平均値は2.09であり，これらの活動が多く行われていることがわかる。活動施設については，施設の確保の円滑さについて5段階で尋ねた質問を用いる＜自治会調査問36＞。「円滑」を5とし，「円滑ではない」を1として得点を割り当てている。全体での平均値は3.90であり満足な傾向にある。情報伝達の方法については，自治会調査において主なものを4つまで順位づけで質問している。それぞれの選択肢について，1位であれば4，4位であれば1を割り当てた。そして，個別配布，電話連絡，回覧板という対面的な情報伝達法の得点を加算して，尺度を構成した[13]。範囲は0から9の間をとるが，全体での平均値は6.94である。

(3)地域の特徴

　まず，自治会のある地域における集合住宅の多さと単身世帯の多さの影響が考えられる。先に検討したように，これらは加入率の低い自治会で多くみられる。集合住宅の居住者や単身世帯は地域社会への関心が希薄であり，住民のつきあいや地域活動への参加に対して消極的だと考えられる。

---

(12)　社会関係資本が高く，住民同士のつきあいが円滑だからこそ，対面的な情報伝達という方法が用いられているという逆の因果関係も考えられる。

(13)　このほかの情報伝達手段として，掲示板，ホームページ，電子メール，町内放送，有線放送，自治会だより，その他について尋ねた。

また，地域の人口変化による影響も考えられる。人口の流入が多ければ新たな人々の間での関係の形成が難しく社会関係資本は醸成されない。したがって，人口が増加している地域は社会関係資本が低いと考えられる。一方で，たとえ住民のつきあいが深くても地域人口が減少すれば，社会関係資本は衰退していく。減少している地域は住民間関係が不活発化していると予想できる。これらに加えて，先ほどまで検討してきた自治会類型も分析に加えることとする。

分析には次の変数を用いる。集合住宅の多さと単身世帯の多さは，加入率の分析で用いたとおりに，地域で多いものの3位までに含まれていれば1，そうでなければ0というダミー変数として用いる。集合住宅については全体の42.2％，単身世帯については全体の23.3％である[14]。人口の変化については，自治会調査において，地域人口の5年前からの変化を「増加」「やや増加」「変わらない」「やや減少」「減少」の5段階で質問している。これを「増加」「不変」「減少」の3カテゴリとする。人口が増加しているのは全体の29.4％，不変なのは26.7％，減少しているのは43.9％であり，減少している地域の自治会が多い。分析には，人口不変を基準カテゴリとし，増加と減少のそれぞれをダミー変数として投入する。自治会類型については，村落型を基準カテゴリとして，他の各変数をダミー変数として用いる。

4．2．分析

表4−8は，社会関係資本指数，住民のつきあいの変化を従属変数とした重回帰分析（OLS推定）の結果である[15]。

社会関係資本指数からみていこう。市区町村からの補助金額が30万円以上だと，なしの場合よりも社会関係資本は低い。これは自治会類型によって都市規模や組織規模を統制したうえでの結果である。因果関係は逆になるが，補助金が社会関係資本を低めているというよりは，社会関係資本が低くて自治会活動の維持が難しいところに多額の補助金が給付されていると考えられる。支援策の評価については，補助金の影響がみられないが，情報への評価

---

(14) 表4−1と若干値が異なるのは，欠損値を除外しているためである。
(15) サンプルサイズが大きいために統計的有意になりやすい点には注意が必要である。他の分析についても同様である。

表4－8　社会関係資本と住民のつきあいの活発化を
　　　　従属変数とした重回帰分析

	社会関係資本		住民のつきあいの活発化	
	係数	標準誤差	係数	標準誤差
(定数)	11.786**	.247	1.669**	.078
自治会支援：補助金30万円以上	－.252*	.124	.107**	.035
自治会支援：補助金10－30万円	.003	.122	.004	.034
自治会支援：補助金10万円未満	.094	.121	－.056	.034
自治会支援：なし（基準カテゴリ）				
自治会支援評価：補助金	.000	.010	.006	.003
自治会支援評価：情報	.117**	.011	.006	.003
自治会の目的（親睦）	.118	.070	.124**	.020
親睦活動数	.498**	.043	.083**	.012
対面情報伝達	.060**	.021	.005	.006
活動施設確保	.823**	.032	.008	.009
集合住宅の多さ	－1.485**	.076	.163**	.022
単身世帯の多さ	－.264**	.083	－.011	.023
人口増加	－.285**	.089	.201**	.025
人口減少	.000	.086	－.167**	.024
人口不変（基準カテゴリ）				
自治会類型：非都市・新型	－.744**	.110	.250**	.031
自治会類型：都市・旧型	－1.530**	.094	.176**	.027
自治会類型：都市・新型	－1.579**	.097	.281**	.027
自治会類型：村落型（基準カテゴリ）				
社会関係資本			.074**	.003
自由度調整済み R^2	.261		.150	
N	8,226		8,189	

**：p<.01　*：p<.05

が高いほど社会関係資本が高い。

　このほか，親睦活動の数，対面的情報伝達，活動施設の確保といった自治会の取り組みが行われているほど，社会関係資本は高い。組織や地域の特徴については，集合住宅が多い地域や単身世帯の多い地域では社会関係資本が低い。人口の変化については，人口が変わらない地域と比べて増加している地域では社会関係資本が低いが，減少している地域では変わらない。最後に自治会類型については，村落型と比べると，いずれの類型も社会関係資本が低い。

　以上のように，市区町村の自治会支援を除けば，先に検討した要因はおおむね予想通りの結果を示している。自治会支援については，情報の評価が十分だと社会関係資本が高いが，補助金額についてはむしろマイナスに関連していることが明らかとなった。

続いて，住民のつきあいの変化についてみていこう。市区町村からの補助金額が30万円以上だと，なしの場合よりも住民のつきあいが活発化している。これは社会関係資本とは逆の効果である。多額の補助金によって活動を活発化させ，住民関係を深めていると考えられる。支援策の評価については補助金も情報もともに関連がみられない。

自治会の取り組みについては，自治会が親睦目的であり，親睦活動を多くなっているほど，住民のつきあいは活発化している。対面的情報伝達および活動施設の確保は住民のつきあいの変化とは関連しない。

組織や地域の特徴については，集合住宅の多い地域ほど住民関係が活発しているが，単身世帯の多さとは関連がみられない。人口の変化については，変わらない地域と比べて，増加している地域ほど住民のつきあいが活発化しており，減少している地域ほど活発化していない。また，自治会類型については，村落型に比べて，どの類型も住民のつきあいが活発化している。

これらの地域の特徴については，社会関係資本の高さとは全く異なる結果を示している。すなわち，都市部で新しく，人口流入の多い地域ほど，近年では住民のつきあいが活発化しているのである。都市部において個人主義化が進み，地域社会に対する関心が希薄化しているといわれる中で，実は住民のつきあいが活発化しているというのは興味深い結果である。都市部の自治会のほうが資源が豊富であるために様々な親睦活動を行うことができるからとも考えられるが，親睦活動の数を統制しても地域の差をみてとることができる。

最後に，社会関係資本は近年の住民関係の活発化と関連する。そもそもの社会関係資本が高いということが活発化にとって重要なのである。

5．本章のまとめ

本章では，市民社会組織としての自治会のもつ重要な側面として社会関係資本を取り上げて，その実態を捉えることを目指してきた。第1に，自治会への加入率をみたところ，90％以上の高い加入率を示す自治会が多い。しかし，加入率は都市部で規模の大きな自治会では低く，加入率が80％に満たない自治会も一定程度みられる。そのため，全世帯加入の原則はすべての自治会で維持されているわけではない。特に東京ではその傾向が著しい。

第2に，社会関係資本および近年の住民のつきあいの変化には，市区町村

の支援策が関連している。市区町村から自治会への補助金額については，30万円以上と多額の場合，社会関係資本は低いが，住民のつきあいを活発化させることが明らかとなった。これについては，社会関係資本の不足による自治会活動の困難を補助金が助け，さらに住民関係を活発化させて社会関係資本を醸成する効果があると解釈することができる。

第3に，自治会が住民の親睦という目的をもち，祭り，イベント，慶弔という親睦活動を行うほど社会関係資本は高く，住民のつきあいも活発化する。対面的な情報伝達法や活動拠点の存在も社会関係資本を高めている。このような自治会による取り組みが地域の社会関係資本にとって重要なのである。

第4に，住民のつきあいの深さや円滑さについては，村落型の自治会ほどつきあいが深く円滑である傾向にある。自治会活動への参加率についても，村落型の自治会で参加率が高い。しかし，近年の変化をみると，むしろ規模の大きな自治会ほどつきあいが活発化している。都市部や新しい自治会では住民関係は希薄であるものの，活発化の傾向がみられる。（都市部における「ご近所の底力」的な活動）

このような結果をふまえると，自治会における社会関係資本に地域差はみられるが，住民のつきあいの変化に異なる要因が寄与することでその様相が変化していくことが考えられる。自治会の衰退やそれへの無関心が問題視される中で，こうした結果は意外性をもつものであり，今後の地域社会の動向を追うなかで結論づける必要があるだろう。

さて，1章でも述べたように，社会関係資本は，市区町村の政策とならんで日本の市民社会を形成する重要な要素である。したがって，次章以降では，自治会と他団体との連携関係，社会サービスの供給，市区町村との協働，政治参加という自治会の他の側面に社会関係資本がどのように関連しているのかを検討していく。

第5章　自治会と他団体との相互連携

1. はじめに

　自治会は高い加入率に支えられ，地域社会を代表する組織として地域住民の生活に関わる様々な社会サービス活動を行っている。一方で，地域社会には自治会の他にも様々な地域団体が存在している。たとえば，子ども会，老人クラブ，婦人会など地域に居住する人々の年齢や性別ごとに結成された集団がみられる。また，防犯や福祉など地域住民の生活に資する活動を行う団体もあるし，趣味やスポーツのための同好会やサークルなどもある。これらの団体の中には，自治会と連携関係にあり，情報交換したり，人的・財政的に支援関係にあったりするものもみられる。地域社会において包括的な活動に取り組む自治会と，属性や目的に基づく団体が相互の長所を活かして連携しあうことで，地域社会における様々な問題に対処することが可能となる。

　この点はこれまでの自治会研究でも注目されてきた。倉沢（1990, 2002）は，「町内」という概念によって住民の生活圏を捉えている。自治会（町内会）はその中心的団体であり，他の団体と関わりあいながら町内を運営している（倉沢 1990, 2002；田中 1985）。また，自治会と他団体との関係については，鳥越（1994）が「オヤコの原理」を提示している。地域社会で何か問題が生じたときに，自治会から派生するかたちで問題に対処するための団体が結成されるのである。このように，自治会は地域社会における中心的位置を占めつつ，他の地域団体と連携しながら活動しているのである。

　また，個々の自治会が連合組織化したものとして学校区や行政区といったレベルごとに連合町内会や自治会連合会などの団体が存在することが多い。

自治会が取り組む問題の中には，単位自治会の範囲内では非効率的であったり，十分な対処ができなかったりするものがある。こうした問題については連合自治会単位として他の自治会と協力しながら活動が行われる。個々の自治会は上位団体である連合自治会と連携することで，規模の効果を活かした運営を行うことができる。

このほか，NPOや市民団体も公益的な活動を志向する団体であり，政治，経済，家族という諸領域を結ぶ市民社会領域の担い手として期待を集めている（神野・澤井2004など）。NPOや市民団体は，特定の目的に基づいた任意加入の団体であり，狭い地域に根を下ろしたものではない。しかし，地域福祉やまちづくりといった地域問題に取り組むものが多く，自治会との関係についてもおおいに注目されている（植野2000；山崎2003；新川2005など）。自治会はNPOや市民団体と連携することで，特定の分野における専門的な知識・技能を運営に活かすことができる。

以上のように，自治会をはじめ様々な団体が地域社会の運営や地域住民生活の向上に貢献している。このような団体間関係（による調整）をローカル・ガバナンスと捉えることができる。

とりわけ近年では，地方分権改革や市町村合併に伴い，まちづくり条例や自治基本条例を制定したり，地域自治区や地域協議会など新しい地域自治組織を導入している市区町村もみられる（山崎2003, 2006；田島2005；岡田・石崎編2006）。そして，これらの制度の下で，自治会を含む多様な地域社会の諸団体の協議による住民自治の場が提供されている[1]。このようにローカル・ガバナンスによる地域自治への期待がますます高まる中で，自治会と

（1） こうした住民自治のための住民自治組織については様々な例が紹介されている。筆者らが実際にお話をうかがった北九州市では，小学校区を基本とした「まちづくり協議会」を設置している。これは自治会，社会福祉協議会，婦人会，老人クラブ等の地域団体や，学校，企業，行政機関等，地域の様々な団体などで構成する地域づくりの団体である。この団体は機能的な部会制を導入し，各団体が類似した活動について連携して運営できるように配慮している。また，補助金の各団体への縦割りの配分をやめ，地域総括補助金を導入している。これにより地域の必要に応じて自主的に補助金の使いみちを決めることができる。（2008年6月16日に行った北九州市役所総務市民局市民部地域振興課へのインタビューによる。）

多様な団体がどのような相互関係を取り結んでいるのか，この点を明らかにすることはローカル・ガバナンスの実態を解明する上で不可欠である。

また，団体間の連携関係は社会関係資本とも大きく関わるものである。団体同士の連携といっても，その基礎にあるのは団体所属者の人間関係である。自治会と地域団体が連携しているということは地域住民間の関係が良好であるということである。同時に，団体間の連携活動によって住民同士の関係もより深いものとなる。その一方で，地域外に存在するNPOや市民団体と連携することは住民と地域外の人々との交流を増すことになり，ブリッジング（橋渡し）型の社会関係資本を高めることができる（石田2008）。

そこで本章では，自治会がどのような団体と連携しているのか，また，その関係はどのようなものなのかを検討していく。まずは，自治会が地域団体とどの程度連携しているのかを把握し，さらに連携関係をもとに団体の特徴を析出する（2節）。自治会と他の地域団体との間には活動で連携するほかにも，補助金や分担金の授受や情報交換を通しての関係も考えられる。自治会は他団体に対してこのような資源を供給する立場にあるのだろうか，それとも，資源の提供を受ける立場なのだろうか。このような関係の方向性を分析することで，地域社会において自治会がどのような位置にあるのかを明らかにすることができるだろう（以上，3節）。あわせて，自治会が他団体とより多く連携を結ぶのは，どのような条件なのかを明らかにする（4節）。ここでは特に住民間の社会関係資本と市区町村による地域振興策に着目して分析する。結果を先取りすると，個人間の社会関係資本が団体間の連携関係に反映されている。また，市区町村の自治振興策の効果をみてとることができる。最後に，近年特に注目を集めるNPOとの関係について，連携の志向性や連携するうえでの問題点などについて検討する（5節）。

2．地域団体との連携関係

2．1．様々な地域団体との連携

自治会は地域にあるどのような団体と連携しているのかを確認していこう＜自治会調査問31＞。自治会調査では29種類の団体について自治会と連携しているかどうかを尋ねている。ただし，連携しているかどうかを尋ねているだけで，地域に該当する団体が存在するかどうかを尋ねていない。そのため，

団体があっても独立で活動している場合と，団体自体が存在しない場合の区別ができないという点には注意が必要である。

表5−1は，自治会類型別に地域の諸団体と連携している割合をみたものである。まず，子ども会，老人クラブ，婦人会，青年団といった地域住民の年齢・性別ごとに結成された集団と自治会との連携率をみていこう。子ども会と老人クラブと連携している自治会が多く，それぞれ全体の78.0％と78.1％である。老人クラブでは非都市・新型で61.1％と低い傾向にある。婦人会は全体では50.0％とちょうど半数の自治会が連携している。もっとも，村落型と都市・旧型の自治会では50％以上であるのに対して，非都市・新型と都市・新型では40％前後の連携率である。青年団は全体で19.8％と，上記の団体と比べて低い割合である。村落型と都市・旧型の自治会で割合がやや高い。

これらの住民の性別や年齢による団体は，自治会の内部組織となっている場合も多くみられる。連携しているという自治会のうち，子ども会については63.2％，老人クラブでは60.9％，婦人会では59.5％，青年団については45.9％が内部組織としている。これらの団体は自治会組織と未分化である場合が多いことがわかる。なお，自治会類型

表5−1　地域の他団体との連携率（単位：％）

	村落型	非都市・新型	都市・旧型	都市・新型	全体
子ども会	74.1	74.6	83.5	82.0	78.0
青年団	23.3	12.4	23.1	13.2	19.8
老人クラブ	78.6	61.1	85.9	79.3	78.1
婦人会	53.7	37.4	55.5	44.1	50.0
氏子会・檀家組織	52.8	25.4	50.9	26.1	43.3
消防団	72.5	53.5	73.6	60.5	67.8
防犯協会	47.8	52.8	71.1	69.7	58.4
警察署	38.3	45.1	61.5	63.3	49.7
消防署	36.0	41.2	59.4	59.2	46.9
社会福祉協議会	72.6	74.8	83.7	84.9	78.0
介護・福祉団体	17.8	19.2	24.9	25.4	21.2
PTA	65.5	60.8	76.8	73.4	69.1
体育協会	53.3	50.4	62.8	55.5	55.6
スポーツサークル	17.9	18.9	24.6	23.2	20.7
趣味のサークル	14.1	14.0	19.6	18.4	16.3
育児サークル	3.5	4.3	8.9	9.2	6.0
障害者団体	7.6	7.6	12.5	11.4	9.6
住民運動団体	5.5	5.5	5.2	4.1	5.2
政治団体	7.1	5.6	9.5	7.3	7.5
商店会	12.8	9.8	20.7	17.0	15.1
企業・工場	8.0	5.7	13.7	9.1	9.3
農漁協	38.0	15.1	20.7	7.5	24.7
労働組合	0.3	0.1	0.3	0.3	0.3
生協	1.9	1.6	1.6	2.0	1.8
まちづくり団体	18.2	17.7	26.6	22.4	21.0
環境団体	11.1	13.8	15.5	14.6	13.2
自治会連合会	59.2	68.8	82.7	85.4	71.3
他の自治会	44.9	50.4	57.7	60.5	51.8
その他の団体	5.8	6.7	8.0	8.9	7.1
N	6,425	2,006	3,552	3,020	15,003

による差異はあまりみられないので結果表記は割愛するが，老人クラブと青年団については非都市・新型でやや多くみられる。

地域によっては，多くの住民が神社の氏子会や寺の檀家組織といった宗教的な団体に所属している場合がある。これらの団体と自治会は地域の祭りや慶弔行事などで連携することもある。全体では43.3％の自治会が氏子会・檀家組織と連携している。これは村落型と都市・旧型という発足の古い自治会で多くみられ50％以上となっている。これに対して，新しく発足した自治会では25％程度しかみられない。

続いて，地域社会において特定の問題に取り組んでいる様々な団体と自治会との連携についてみていこう。消防団や自警団といった地域の安全活動を行う団体は，地域住民の有志によって組織されているものであり，火災時・災害時には出動するとともに，日常的には防犯・防災活動を行っている。また，消防団や自警団は消防署や警察署と協力して活動しており，行政に協力的な団体という側面もある（三田 1976）。消防団・自警団については全体の67.8％の自治会が連携して活動している。村落型，都市・旧型といった発足年の古い自治会で70％以上と大きな割合を占めている。なお，消防団・自警団も自治会の内部組織的な扱いをされる場合が多い（いうまでもなく別系統の組織である）。消防団・自警団と連携している自治会のうち66.8％が防犯部などの内部組織を有している。これは自治会類型によってあまり大きな相違はみられない。

地域安全について，より行政協力的な性格の強い団体として防犯協会がある。防犯協会は地域安全や青少年の健全育成のために活動しており，警察署との連携・協力関係にある。防犯協会については全体の58.4％の自治会が連携している。都市・旧型および都市・新型と都市部で規模の大きい自治会で多くみられ，70％前後の割合である。消防団・自警団が地域の自治活動の中から派生したものであるために古くからの自治会で多いのに対して，防犯協会は行政との協力という側面が強いため都市部の大規模自治会と多く連携しているものと考えられる。

このほか警察署と消防署という行政機関も地域安全に関わっており，地域に派出所がある場合もある。警察署については全体の49.7％，消防署については全体の46.9％と半数弱の自治会が連携している。どちらも都市・旧型と都市・新型で60％程度と多く連携している。防犯協会と同じく，行政機関や

行政協力的な団体は人口が密集している都市部の大規模自治会と連携して活動する傾向にある。

地域福祉についてみていこう。社会福祉協議会とは全体の78.0％と非常に多くの自治会が連携している。都市部の大規模自治会ではさらに多くの自治会が連携している。社会福祉協議会は住民参加による地域福祉を実践するための組織であり，社会福祉法において地域福祉の推進を担う中心的団体と規定されている（和田 1993）。一方で，運営資金として行政からの予算措置をとられていることが多く，行政との関係も密接である。つまり，福祉の面で住民と行政を媒介しているということができ，その意味で自治会と同様の機能を果たす団体である。地域の福祉活動や共同募金をめぐって自治会と連携して活動する機会も多く，高い連携率となっている。

福祉については介護・福祉に関するボランティア団体などの活動もみられる。これについては全体の21.2％とあまり高い割合ではない。育児サークルや障害者団体との連携についても尋ねているが，これらの団体とは全体で10％に満たない連携率である。いずれも都市部で大規模な自治会で連携しているものが若干多くみられる。

教育・文化活動についてみていこう。まずは学校教育に関わるPTAとの連携である。PTAは一般に学校の児童・生徒の保護者と教師からなる組織である。最近では学校外活動や地域活動を重視しており，地域住民との連携が求められている（角替 1993）。自治会とも児童・生徒の教育，非行防止，安全活動などを協力して行っている。表5－1から全体の69.1％と多くの自治会が連携していることがわかる。都市・旧型と都市・新型という都市部の自治会で多く連携している。このほか，地域住民の体力向上や健康増進やスポーツ・レクリエーション活動のため体育協会や体育振興会といった団体の活動もみられる。これらは市区町村の外郭団体である場合が多く，行政協力的な性格が強い。体育協会・体育振興会とは，全体で55.6％の自治会が連携している。都市・旧型では連携している割合が高い。さらに，住民が有志で結成しているスポーツクラブや趣味のサークルなどもある。それぞれ，全体の20.7％，16.3％の自治会が連携している。都市部の自治会で連携している割合が若干高い傾向にある。

地域で経済活動を行う団体については，商店会は全体の15.1％，企業・工場は9.3％，農漁協は24.7％の自治会が連携している。どれもあまり高い連携

率とはいえない。商店会は都市部で大規模な自治会でやや多く，農漁協は村落型の自治会で多い。これは地域社会の産業構造を反映してのものである。すなわち，人口密集地域であり商店なども多くみられる地域の自治会は商店会との連携が多く，農林水産業を基盤とした地域生活が営まれている自治会では農漁協との連携が多くみられる。このほか，企業・工場と労働組合については連携している自治会が10％にも満たない。企業・工場については，都市・旧型で若干多くみられるが，こうした自治会の主な担い手に自営業層が多いこととも関係するだろう。

　地域住民が結成する組織として，まちづくり団体や環境団体などがある。これらについては，それぞれ21.0％と13.2％と一定程度はみられるものの，あまり高い割合ではない。どちらも都市部で規模の大きい自治会でより連携する傾向にある。地域住民で結成する住民運動との連携については5.4％と低い連携率である。このほか，生協との連携は1.8％，政治団体とは7.5％となっている。

　最後に，自治会の連合組織である自治会連合会と他の自治会との連携をみておこう。前述のとおり，自治会がそれぞれの管轄を超える問題に取り組んだり，相互に情報交換を行う上で上位団体の自治会連合会や他の自治会は重要な連携相手である。表5－1から，全体の71.3％が自治会連合会と，51.8％が他の自治会と連携している。自治会連合会については，都市部で大規模な自治会では80％以上が連携しているのに対して，非都市部の小規模自治会では60－70％程度であり，類型による差がみられる。自治会連合会は個々の自治会の連合組織であるため，存在しているにもかかわらず自治会が連携していないというのは考えにくい。連携していないという自治会には，上位団体としての連合自治会が実質的に存在しないからだと考えられる。非都市部では，個々の自治会を統合する連合組織がない場合もみられる。他の自治会との連携も，都市部で規模の大きい自治会ほど多い。自治会連合会と連携している自治会の55.9％が他の自治会と連携しているのに対して，連携していない自治会だと29.6％にすぎない。自治会同士の相互連携を自治会連合会という上位組織が媒介していることがうかがえる。

2．2．自治会との連携関係からみる団体の構造

　以上にみた自治会と地域の様々な団体との連携関係を，より縮約したかた

ちで示すことができないだろうか。表5−2は，自治会が先にみた各団体と連携しているかどうかをもとに主成分分析を行った結果である[2]。なお，分析に投入したのは全体での連携率が10%以上の団体である。固有値1以上を基準とすると，5つの成分を抽出することができる。

　第1成分は，まちづくり団体，環境団体，介護・福祉団体，スポーツサークル，趣味のサークルの因子負荷量が高い。これらを総称して「市民活動団体」と命名する。これらは地域住民が自発的に結成した比較的新しい団体だといえる。このような自発的な市民団体・サークルは，1960年代後半から70年代前半の都市部における住民運動を受けて増大し，自治会をはじめ従来か

表5−2　自治会と諸団体との連携に基づく主成分分析
　　　　（プロマックス回転）

	市民活動団体	都市型既存団体	行政機関	性別・年齢団体	旧来型既存団体	共通性
子ども会	−.026	**.492**	−.158	**.437**	−.190	.468
青年団	.031	−.224	.073	**.707**	.031	.482
老人クラブ	−.018	.238	−.036	**.515**	.100	.427
婦人会	.016	−.076	.041	**.730**	−.014	.512
介護・福祉団体	**.555**	.044	.144	.013	−.018	.394
スポーツ・サークル	**.696**	.173	−.145	−.029	.003	.527
趣味のサークル	**.680**	.100	−.105	−.039	.057	.488
まちづくり団体	**.579**	−.092	.166	.054	−.057	.385
環境団体	**.603**	−.054	.089	.030	−.034	.382
PTA	−.054	**.453**	.127	.128	.172	.373
社会福祉協議会	−.018	**.641**	.112	−.196	.087	.447
体育協会	.141	**.628**	−.220	−.029	.118	.447
防犯協会	.032	**.435**	.335	.026	−.055	.406
自治会連合会	−.002	**.479**	.275	−.102	−.247	.363
警察署	−.013	.085	**.819**	.021	−.010	.720
消防署	.009	.060	**.811**	.011	.042	.714
氏子会・檀家組織	−.054	.090	−.015	.002	**.678**	.476
消防団・自警団	−.110	.182	.138	.065	**.575**	.462
農協・漁協	.103	−.117	−.027	−.022	**.731**	.535
他の自治会	.049	.322	.279	−.051	.047	.260
商店会	.265	−.163	.366	.083	.068	.256
固有値	4.347	1.593	1.399	1.111	1.074	
寄与率	20.699	7.587	6.662	5.291	5.113	

ゴチック体は因子負荷量が0.4以上

（2）　主成分分析では基本的に回転をかけないが，ここでは解釈を容易にして実質的な発見を促すために回転をかけることとする。

らある地域団体に刺激を与えた（似田貝 1995, 1997）。また，まちづくり団体，環境団体，介護・福祉団体は，地域社会のガバナンスの一環として行財政政策への影響力や，環境問題や「まちづくり」，地域福祉活動のコアとなりうる潜在力をもつものと考えられ，「自覚的運動組織」と位置づけられるものである（鯵坂 1980, 2006）。なお，これらの団体は特定の問題への関心で結成されており，必ずしも自治会のある地域を基盤にして活動しているわけではない[3]。したがって，これらの団体の働きで地域社会が外部と接続するというブリッジング型の社会関係資本をもつと考えられる。

　第2成分は，子ども会，PTA，社会福祉協議会，体育協会，防犯協会，自治会連合会の因子負荷量が高い。これらは既存の地域団体であるが，表5－1から都市部で大規模な自治会で連携している割合が高い。そこで，「都市型既存団体」と呼ぶこととする。このうち，社会福祉協議会，体育協会，防犯協会は行政との関係が密接な団体である。

　第3成分は，警察署と消防署の因子負荷量が非常に高い。これらは地域団体に含めて分析したものの，行政機関そのものである。第4成分は，子ども会，青年団，老人クラブ，婦人会の因子負荷量が高い。これらは地域において性別や年齢に基づいて結成される団体である。第5成分は，消防団・自警団，氏子会・檀家組織，農漁協の因子負荷量が高い。表5－1でみたように，これらの団体は村落型や都市・旧型という古くからある自治会と連携している。そこで，第5

図5－1　自治会類型別の主成分得点平均値

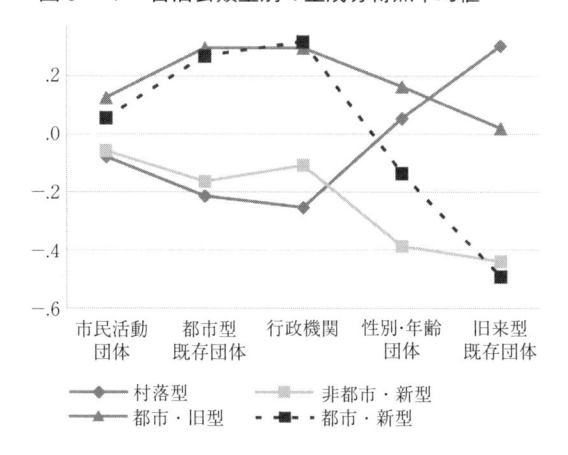

（3）　一方で，自治会の活動から内発的に市民団体やボランタリー・グループがつくりだされることもある（越智 1990；石原 2004）。このように，市民活動団体が地域を基盤としていないというわけではない。

成分を「旧来型既存団体」と命名する。

このように，自治会と他団体との連携のパターンは，取り組んでいる問題というよりは，どのような人々に担われているかによって分類される。

さて，これらの主成分得点の平均を自治会類型ごとにみたのが図5－1である。市民活動団体は類型間であまり差はみられないが，都市型既存団体と行政機関では，都市部の大規模自治会のほうが得点が高い。これは表5－1で確認した結果と一致する。これらに対して，性別・年齢団体と旧来型既存団体では，村落型と都市・旧型という古くからある自治会で得点が高い。これもまた先に表5－1で確認した傾向と同じである。

3. 地域団体との連携の性質

自治会と他団体との関係といっても，活動を共同で行ったり，情報交換，分担金や補助金の授受など様々なものが存在する。そこで，自治会が各団体とどのような関わり方をしているのかをみていこう。なお，ここでは結果が煩雑になるので，自治会類型別の結果表示は割愛する。

3.1. 活動の連携

自治会はそれぞれの団体とどのような活動で連携しているのだろうか。自治会調査では，地縁団体，市民団体，自治会連合会について，連携している活動のなかで重要なものを5位までに挙げるように質問している[4]＜自治会調査問19＞。表5－3には，それぞれの団体ごとに，主な活動について5位までに含まれた活動の割合を示している。なお，分析には当該団体と連携している自治会のみを用いており，どの団体とも

表5－3 他団体との活動の連携 （単位：％）

	地縁団体	市民団体	自治会連合会
清掃・美化	9.0	3.1	21.4
祭り	14.1	1.6	19.8
イベント	12.4	2.7	32.4
防災	5.1	1.4	16.9
消防	7.2	1.0	12.5
防犯	7.0	2.4	17.5
交通安全	7.4	2.6	15.9
高齢者支援	9.6	5.8	16.7
青少年育成	8.5	3.6	16.7
N	17,226	9,234	12,515

---

(4) 質問文において明確な指示をしていないが，ここでいう地縁団体とは地域に根ざした既成組織（年齢と性別による地域団体，特定の目的に基づく地域団体，行政協力組織）を指し，市民団体とは自発的な市民団体・サークルを指している。

連携していない自治会は欠損として除外している。地縁団体については，子ども会，老人クラブ，婦人会，青年団，PTA，氏子会・檀家組織，商工会，農漁協，消防団，社会福祉協議会，体育協会，防犯協会，警察署，消防署のうち，どれか1つでも連携関係にある自治会を分析に用いている。また，市民団体については，まちづくり団体，環境団体，障害者団体，子育てサークル，介護・福祉団体，住民運動，政治団体のうちどれか1つでも連携関係にある自治会を分析に用いている。自治会連合会についても，連携している自治会を分析に用いている。

　地縁団体では祭り（14.1％）とイベント（12.4％）がやや高いが，それ以外の活動は10％弱の自治会が連携している。市民団体はどの活動も10％に満たない低い割合の連携である。自治会連合会は他の団体と比べると高い割合を示している。おおむね15％前後の自治会が連携しているが，イベントについては32.4％と高い割合となっている。個々の自治会の上位団体であるので，様々な活動で連携しているのは当然の結果だといえる。地縁団体と自治会連合会で，スポーツ・文化イベントと祭りの割合が高い。地域社会における親睦活動を共催することで住民間関係を深め，ボンディング型の社会関係資本を醸成していると考えられる。

3．2．情報の授受をめぐる関係

　自治会と他団体との相互連携の重要な機能として情報交換を挙げることができる。自治会調査では，主な情報の入手先団体と提供先団体について5位まで質問している＜自治会調査問33＞。それぞれについて5位までに挙げられた割合をもとに，自治会が各団体について情報の入出ともに関係があるのか，提供のみなのか，入手のみなのか，それともどちらにも5位までに挙げていない（ここでは「関係がない」とみなす）のかの割合を求めた。割合の基数は連携している自治会の数である。

　表5-4は割合の高い団体について情報の授受をめぐる関係を示している。市民団体についてはそれぞれの団体との連携率が低いため，市民団体のうちのどれかが含まれていれば関係があるとみなしている。また，団体が自治会の内部組織である場合も含めた結果である。

　情報授受の方向にかかわらず関係全般でみると自治会連合会が特に高く，半数以上（55.9％）の団体が関係している。情報授受の双方向的関係と情報

表5-4　他団体との情報の授受（単位：％）

	双方向	提供	入手	関係なし	N
子ども会	9.7	22.7	4.5	63.1	13,838
老人クラブ	11.6	22.8	4.7	60.9	13,919
婦人会	8.5	20.8	4.6	66.1	9,000
PTA	8.6	9.8	14.5	67.1	12,191
氏子会・檀家組織	4.3	9.3	5.9	80.5	7,843
消防団	7.3	10.5	10.0	72.2	12,080
社会福祉協議会	11.6	7.9	20.4	60.1	13,771
体育協会	6.2	7.8	13.3	72.8	9,901
防犯協会	8.1	7.7	19.7	64.4	10,346
警察署	8.0	5.0	28.6	58.5	8,738
消防署	4.0	3.2	21.1	71.7	8,282
他の自治会	10.0	8.0	9.4	72.6	9,040
自治会連合会	24.4	7.9	23.7	44.1	12,515
市民団体	8.4	9.5	10.8	71.2	9,234

図5-2　自治会と地域団体との関係

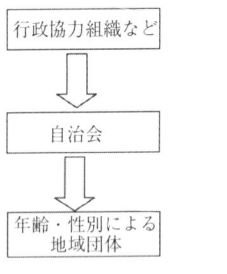

行政協力組織など → 自治会 → 年齢・性別による地域団体

情報の授受

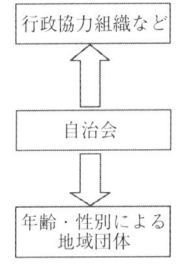

行政協力組織など ← 自治会 ← 年齢・性別による地域団体

補助金・分担金の授受

入手がそれぞれ25％弱と同じ割合である。子ども会，老人クラブ，婦人会という年齢・性別による地域団体は情報を提供する自治会のほうが多く，連携している団体の20％程度となっている。社会福祉協議会，体育協会，防犯協会，警察署，消防署といった行政機関や行政協力組織からは情報を入手するほうが多い。氏子会・檀家組織，消防団，他の自治会，市民団体についてはあまりはっきりした関係がみられない。情報の授受関係をまとめると，自治会は行政に近い立場の団体からの情報を自治会内部の年齢・性別に基づく団体へと伝えるパイプ役を果たしているといえる（図5-2参照）。

3.3. 補助金・分担金の授受をめぐる関係

団体間の補助金や分担金を介しての関係について検討しよう。情報の授受と同じく，各団体との補助金・分担金についても入手先団体と提供先団体について5位まで質問している＜自治会調査問33＞。これに基づいて，情報の授受と同じく，「双方向」「提供」「入手」「関係がない」に分類して割合を求めた。表5-5は割合の高い団体について補助金・分担金の授受をめぐる関係を示している。なお，市民団体と自治会内部組織については，表5-5の情報授受の場合と同様の処理をしている。

子ども会，老人クラブ，消防団では半数以上の自治会が補助金・分担金の授受で関わりをもっている。これに対して，警察署，消防署，他の自治会と

は補助金や分担金をめぐる関係がほとんどない。関係のあるすべての団体において自治会から補助金・分担金を提供するほうが多いことがわかる。自治会は内部の団体の活動を助成しつつ, 自治会連合会や社会福祉協議会など自治会よりも広域で活動する団体には分担金を納めるという立場にある(図5－2参照)。つまり, 自治会は地域社会における様々な活動を財政面で支えているということができる。自治会の高い加入率も勘案すると, 自治会は地域住民から集めた自治会費を再分配することで地域活動の活性化につなげていると考えられる[5]。

表5－5　他団体との補助金・分担金授受

(単位:％)

	双方向	提供	入手	関係なし	N
子ども会	2.0	57.1	2.8	38.1	13,838
老人クラブ	3.1	51.9	3.3	41.7	13,919
婦人会	1.5	41.2	2.5	54.8	9,000
PTA	0.4	12.4	0.9	86.4	12,191
氏子会・檀家組織	1.0	25.9	1.9	71.2	7,843
消防団	1.8	47.1	2.6	48.4	12,080
社会福祉協議会	5.9	29.9	7.3	56.9	13,771
体育協会	1.6	29.5	2.9	66.0	9,901
防犯協会	1.2	18.0	3.2	77.6	10,346
警察署	0.0	0.9	0.3	98.9	8,738
消防署	0.1	2.7	0.7	96.4	8,282
他の自治会	0.3	2.3	0.6	96.8	9,040
自治会連合会	6.1	30.4	6.0	57.5	12,515
市民団体	2.8	17.8	4.7	74.8	9,234

3. 4. 自治会長のネットワーク

　団体間のネットワークといっても団体に所属する個人の関係に還元される。特に, 各団体で中心的に活動する人々のつながりが団体間のネットワークにも反映される（似田貝 1997）。そこで, 自治会長が他団体の役員と知り合いがあるかどうかをみていこう＜自治会調査問42＞。表5－6では, 各項目について, 自治会類型別に自治会長が知り合いである割合を示す。なお, すべての項目を選択していないケースは非回答として欠損処理した。

　7章で触れるが, 民生委員・児童委員などの委嘱委員は, 市区町村から自治会に対して委員の推薦を求められる場合や, 自治会の役員が兼任する場合も多くみられる。そのため, 知り合いであるという自治会長は非常に多く, 全体の85.7％にのぼる。

---

(5)　こうした負担金が自治会の財政を圧迫しているという実例が紹介されている(河北新報2006年3月1日)。また, 市区町村からの補助金が自治会を経由して行政協力組織に還元されるという構造も指摘されている（伊藤 2006）。

表5－6　自治会長のネットワーク（単位：%）

	村落型	非都市・新型	都市・旧型	都市・新型	全体
民生委員・児童委員	81.7	78.9	91.8	91.1	85.7
青年団・消防団役員	72.4	55.0	71.2	56.4	66.7
PTA役員	61.0	59.0	72.5	69.8	65.3
社会福祉協議会役員	62.7	64.4	73.6	75.5	68.1
協同組合・同業者組合役員	48.3	29.4	34.2	19.5	36.7
市民団体役員	14.0	15.4	18.8	20.2	16.6
政治団体役員	41.3	40.9	50.2	46.1	44.4
県町村幹部	56.6	54.1	54.5	50.3	54.5
地方議員・国会議員	57.0	56.0	65.4	62.9	60.1
N	4,955	1,425	3,147	2,592	12,119

このほか，青年団・消防団役員66.7％，PTA役員65.3％，社会福祉協議会役員68.1％についても，全体の60％以上と高い割合を占めている。青年団・消防団役員は村落型や都市・旧型という発足時期の古い自治会で知り合いである割合が高い。これに対して，PTA役員や社会福祉協議会役員は都市部で規模の大きい自治会で多くみられる。協同組合・同業者組合については全体の36.7％の自治会長が知り合いである。発足時期の古い自治会のほうが知り合いである割合が高い。これは農漁協の役員が含まれるためだと考えられる。市民団体の役員については，全体の16.6％であり，他の団体と比べて自治会長が知り合いであるという割合が低い。都市部で大規模な自治会で若干多くみられる。全般的にみて，地域の既存団体や行政と密接な関係にある団体の役員とのほうが知り合いである自治会長が多い。また，自治会類型による差は，先に見た団体間の連携関係とほぼ同様の結果である。

　政治的なアクターについてもみておこう。政治団体の役員については全体の44.4％である。また，国会及び地方議員については全体の60.1％が知り合いだと回答している。政治団体と連携しているという自治会はあまりないにもかかわらず，政治団体役員や議員と知り合いであるという自治会長は多い。都市部で規模の大きい自治会で多くみられる。こうした個人間の関係が自治会による選挙活動や陳情などとどのように関連しているのかは8章で検討する。最後に，地方行政の幹部職員については，全体の54.5％と半数以上が知り合いである。

4. 団体との連携関係の規定因

4.1. 要因の検討

以上までに自治会と他団体との連携関係の実態をみてきたが，それでは，どのような自治会であれば他団体と多くの連携をもつのであろうか。市区町村による政策，住民間の社会関係資本，自治会や地域の特徴など他の諸要因も考慮に入れ，自治会と他団体との連携について総合的な検討を行っていく。ここでは先に行った主成分分析から得られた市民活動団体，都市型既存団体，性別・年齢団体，旧来型既存団体の4つの主成分得点を従属変数として分析を行う。行政機関は地域に存在するが，市民・住民による団体ではないので分析から除外する。以下に，要因を検討していこう。

(1) 社会関係資本

　団体間の連携関係といっても，個々のメンバー間の個人的な人間関係に帰するものである。地域社会における団体については，メンバーが重複して加入していたり，同じ地域に住んでいて個人的に知り合いだったりと，個々の住民の間の関係に基礎をおくものが多い。そのため，住民間関係が密接であるなど社会関係資本が高いほど，自治会と地域団体との連携が行われる。地域を基盤としない市民団体であっても，やはりメンバー間の人間関係が根底にあることには変わりがないので社会関係資本の効果がみられるものと考えられる[6]。分析には以下の変数を用いる。社会関係資本については，前章で作成した社会関係資本指数を用いる（表4-6，91頁）。すなわち，社会関係資本に関する変数を加算して作成した合成尺度を用いる。

　さらに，団体間の関係には中心的な担い手のつながりが反映される。そこで先にみた自治会長のネットワークを検討する。自治会長の交友関係が広いほど，自治会の団体との連携も多いと考えられる。分析には，表5-6にみた項目のうち，地方行政幹部と議員を除き，表では割愛したその他を含めた8項目について，自治会長が知り合いとしてチェックした回答数を用いる。最大値は8であるが，全体での平均値は3.88である。

（6）　社会関係資本をめぐっては，地域社会における信頼やネットワークと地域外の普遍的な社会関係資本とを区別して相反的に捉える立場（Putnam 1993；山岸 1998）と，地域社会の社会関係資本が普遍的な社会関係資本へと発展するという立場（Newton 1997）がある。ここでは後者の立場に依拠し，地域内の社会関係資本が地域を基盤としない市民団体との連携を促すと想定している。

このほか，農林漁業や自営業といった地域で職業生活を営む人々の存在も重要である。これらの人々は地域社会へのコミットメントが強く，地域内に様々なネットワークを形成しているものと考えられる。したがって，農林漁業従事者や自営業主が中心となっている自治会ほど，さまざまな地域団体と連携しているだろう。これらの人々によるネットワークはボンディング型の社会関係資本を表している。自治会調査では，活動の主な担い手について2位まで質問している＜自治会調査問20＞。このうち，農漁業従事者または自営業主が1位であれば2点，2位であれば1点として得点化した。これは0から3の範囲をとるが，全体での平均値は0.76である。村落部や都市・旧型といった古くからある自治会で高い傾向にある。

(2)市区町村の地域振興策

近年の地方分権改革や市町村合併の動向を受けて，自治基本条例やまちづくり条例を制定し，地域における諸団体の活動を促す取り組みがみられる。その一環として，地域自治区や住民協議会などを設置し，地域の様々な既成団体や市民団体が連携する機会が提供されている（山崎 2003，2006；田島 2005；岡田・石崎編 2006）。地域の既成団体は条例制定以前から自治会と連携関係があるかもしれないが，新興の市民団体にとってはこうした条例の存在が自治会などの地域団体との連携の契機となることが考えられる。そこで，市区町村で地域自治組織を設置していることが，自治会と他団体との連携を促進するのかを検討する。1章で紹介した市区町村調査では，各市区町村に対して地域住自治組織を設置しているかどうかを質問している＜市区町村調査Q3＞。その結果，13.7％の市区町村で設置がみられた。ここでは自治会調査と市区町村を接合させて，自治会の所在する市区町村に地域自治組織が設置されているかどうかをダミー変数として分析に投入する（設置＝1）[7]。なお，地域自治組織がある市区町村に所在する自治会は，自治会調査と市区町村を接合したサンプルのうちの24.3％である（N＝12,014）。自治会類型による差はほとんどみられない。

（7） ただし，自治会の所在する地域に地域住民組織がある場合，自治会が加入して活動していることを前提として考える。自治会に調査したわけではないので，これらの点については明瞭にはわからない。

このほか，市区町村から自治会に対する補助金と情報の提供についても検討する。3節の分析から，自治会は情報と補助金・分担金をめぐって地域の既成団体と相互関係があることがわかる。これらが市区町村から十分に提供されるほど，団体間の連携が活発だと考えられる。分析には，4章と同じく，補助金と情報それぞれについての市区町村からの支援の重要度と満足度をもとに作成した尺度を用いる。詳しくは4章（94頁）を参照されたい。

(3)自治会・地域の特徴

自治会や地域の特徴を表す変数として，これまでに検討してきた自治会類型を用いる。図5-1でみたように，団体の種類によって自治会類型との関連の違いが予想される。分析には，村落型を基準カテゴリとして，他の各類型をダミー変数として用いる。

4.2. 分析

表5-7は，それぞれの団体と自治会との連携関係の主成分得点を従属変

表5-7　自治会と他団体との連携関係を従属変数とした重回帰分析

	市民活動団体		都市型既存団体		性別・年齢団体		旧来型既存団体	
	回帰係数	標準誤差	回帰係数	標準誤差	回帰係数	標準誤差	回帰係数	標準誤差
定数	-.845**	.092	-.845**	.078	-.806**	.083	-1.125**	.078
社会関係資本	.014**	.004	.007	.004	.026**	.004	.039**	.004
主な担い手：自営業	-.036*	.018	-.083**	.015	.069**	.016	.156**	.015
自治会長ネットワーク数	.156**	.008	.126**	.007	.089**	.007	.134**	.007
施設確保	-.008	.014	.027*	.011	.026**	.012	.018	.012
地域住民組織	.080*	.032	.086**	.027	.065*	.029	-.041	.027
自治会支援評価：補助金	-.010*	.004	-.004	.003	-.007	.004	-.019**	.003
自治会支援評価：情報	.007	.005	.015**	.004	.001	.004	.011**	.004
自治会支援：補助金30万円以上	.204**	.053	.310**	.044	.119*	.047	.282**	.044
自治会支援：補助金10-30万円	.035	.052	.222**	.044	.009	.047	.148**	.044
自治会支援：補助金10万円未満	-.029	.052	.096*	.043	-.096*	.046	.055	.044
自治会支援：なし（基準カテゴリ）								
自治会類型：非都市・新型	.090*	.045	.054	.038	-.277**	.041	-.588**	.038
自治会類型：都市・旧型	.115**	.038	.252**	.032	.035	.034	-.293**	.032
自治会類型：都市・新型	.094*	.040	.263**	.033	-.197**	.035	-.669**	.033
自治会類型：村落型（基準カテゴリ）								
自由度調整済み R^2	.091		.122		.090		.265	
N	5,317		5,317		5,317		5,317	

**：$p<.01$　*：$p<.05$

数とした重回帰分析（OLS 推定）の結果である。社会関係資本については，都市型既存団体を除いてプラスに有意な係数となっている。また，自治会長のネットワーク数については，どの団体との連携ともプラスに有意な係数となっている。主な担い手が農林漁業主や自営業主である場合，性別・年齢団体および既存団体と連携しているが，市民活動団体と行政協力団体とはむしろ連携しない傾向にある。これは自治会類型を統制してもみられる関係である。活動施設の確保については，都市型既存団体と性別・年齢団体において連携を促進している。

住民同士のつきあいや自治会活動への参加といった社会関係資本および自治会の主な担い手のつきあいが，自治会と団体との連携関係を促進していることがわかる。もっとも，農林漁業主や自営業主の人々のネットワークは，従来からあって地域内部で活動する団体との連携のみを促進することから，ボンディング型の社会関係資本の特徴を示している。

市区町村による支援策についてみていこう。地域住民組織の設置は，旧来型既存団体を除いて，連携を促進している。また，補助金がない場合と比べて，補助金額が多いほうが連携する傾向にある。しかし，補助金支援についての評価をみると，統計的に有意でないものも含めて全般にマイナスの係数である。つまり，金額が同程度だとすると，補助金に対する不満が高いほど自治会と他団体とは連携している。因果関係は逆になるが，他団体と連携関係にある自治会ほど，その関係の維持のために補助金のニーズが高いと考えられる。情報については，都市型既存団体と旧来型既存団体で有意に，プラスの係数となっている。前章で検討した社会関係資本と同じく，市区町村からの情報支援は団体間の連携をも促進する。

最後に，自治会類型についてみていこう。村落型と比べると，他の類型のほうが市民活動団体や都市型既存団体と連携している。一方で，性別・年齢団体と旧来型既存団体では村落型のほうが連携している。これは表5－1や図5－1で確認した結果と同様である。

5．NPO との連携

以上，自治会と様々な地域団体との連携について触れてきたが，今日，最も注目を集めているのが NPO との連携である（植野 2000；山崎 2003；新川 2005；小浜 2008 など）。1995年の阪神・淡路大震災におけるボランティア活

動を契機として継続的なボランティア活動の必要性に対する認識が高まり，98年に特定非営利活動促進法（NPO 法）が制定され，NPO に法人格が付与されるようになった。以来，日本全国で市民社会や公共セクターの担い手，あるいは，市区町村との協働のパートナーとして注目されている（神野・澤井 2004）。

NPO の活動は多岐に及ぶが，とりわけ地域福祉やまちづくりを活動目的とするものが多くみられる。2006-07年に筆者らの研究グループで行ったNPO 法人に対する全国調査（以後，NPO 調査）では，市区町村レベルで活動している団体が49.6％と半数近くにのぼる[8]。主たる活動については，内閣府によると，2008年9月30日時点で保険・医療が58.0％，まちづくりが40.7％である[9]。そのため，多くの NPO 法人が地域福祉やコミュニティ形成における重要なアクターとしてその活動が期待される。

自治会にとっても NPO や市民団体と連携することで，特定の分野における専門的な知識・技能を運営に活かすことができる。また，自治会については継続的な地域メンテナンスに大きな力を発揮するが，新規事業を展開しにくいことが指摘されている（谷口 2000；石原 2004）。事業志向が強い NPO と連携することは弱点を克服し，地域の問題解決能力を高めることにつながる（石原 2004）。さらに，特定の目的に基づいて結成している NPO は活動も広範囲であるため，地域内で閉鎖しがちな自治会に対して外部との仲介役になる。つまり，ブリッジング型の社会関係資本となるのである。

このように NPO の地域社会における期待が高まる中で，当事者としての自治会と NPO は相互連携を志向しているのだろうか。自治会調査と NPO 調査ではそれぞれに対する連携の志向性について質問している＜自治会調査問34，NPO 調査Q29＞。その結果，自治会が NPO・市民団体との連携を志向している割合は44.9％であるのに対して，NPO 調査では市区町村レベルで活動する NPO の自治会との連携志向性は91.5％であった。NPO のほうが自治会との連携をより一層求めていることがわかる。自治会についても半数弱は

（8） NPO 法人に対する全国調査は，2006年12月～2007年2月に全国の NPO 法人に対して行った。配布サンプル数は23,403（2006年6月時点。解散・住所不明を除く）で，回収サンプル数は5,127である（回収率21.9％）。

（9） 内閣府 NPO ホームページ（http://www.npo-homepage.go.jp）を参照。

NPO・市民活動団体と連携の意向をもっている。

　それでは自治会と連携することについて，NPOはどのようなメリットがあると考えているのだろうか。地域の情報が得られる，活動への協力が得られる，地域住民との親睦を図ることができるという3つの選択肢で尋ねたところ＜NPO調査Q30＞，最も期待が高いのが活動に際して協力が得られるという点であり，市区町村レベルで活動するNPOの46.1％に相当する。続いて，地域の情報が得られるという回答が31.4％，住民との親睦を図ることができるという回答が21.5％である。自治会のもつ地域資源を利用できることが，地域を基盤としないNPOにとっては殊更重要である。また，自治会のもつ地域の情報網に対する期待も高いことがわかる。

　自治会も半数弱がNPOとの連携を志向していたが，実際の連携関係はどのようになっているのだろうか。表5-8は，NPOと連携しているかどうか[10]とNPOとの連携を今後志向するかを組み合わせた分布である。NPOと実際に連携している自治会は全体の30.3％であり，連携を志向する自治会の44.9％よりも低い割合である。連携していないが連携を志向している自治会も22.2％と一定程度みられる（連携していない自治会の中では31.9％）。したがって，NPOとの連携に関心を示す自治会は多いものの，十分には連携が進んでいないようである。ただし，全体としてはNPOと連携していない自治会の方が多い。また連携を志向しない（独立志向）自治会は全体の47.4％と半数弱を占める。なお，自治会類型による分布の差はほとんどみられない。

　NPOと連携している自治会にとって，連携するうえでどのような問題点があるのだろうか。図5-3は，NPOと連携志向か独立志向か別に，NPOと連携する上での問

表5-8　自治会類型別NPOとの連携と志向性（単位：％）

	連携あり・連携志向	連携あり・独立志向	連携なし・連携志向	連携なし・独立志向	N
村落型	23.0	7.7	22.2	47.2	5,016
非都市・新型	22.8	7.4	23.5	46.3	1,607
都市・旧型	21.9	7.4	21.9	48.8	2,927
都市・新型	20.5	7.6	22.6	49.3	2,546
全体	22.7	7.6	22.2	47.4	12,096

---

(10)　NPOとの連携については，自治会調査で直接質問していない。NPOとの連携に際しての問題点を尋ねた質問（問35）における「連携していない」という選択肢に対する回答に基づいている。

題点として挙げられた項目の割合を示している＜自治会調査問35＞。

図5－3　NPOとの連携志向性と連携上の問題点

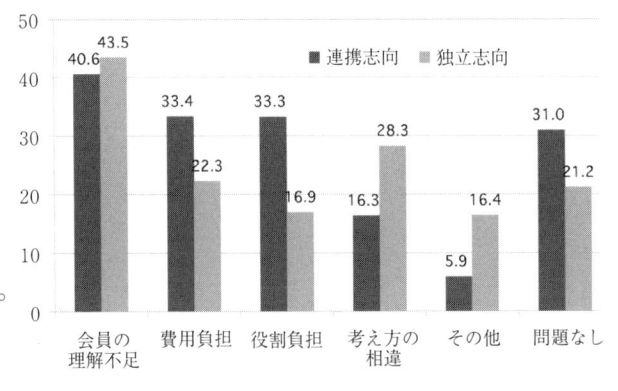

	連携志向	独立志向
会員の理解不足	40.6	43.5
費用負担	33.4	22.3
役割負担	33.3	16.9
考え方の相違	16.3	28.3
その他	5.9	16.4
問題なし	31.0	21.2

問題点として最も多く挙げられているのが，自治会の会員である住民の理解不足である。連携志向性の有無にかかわらず，40％以上の自治会が問題点だと認識している。NPOの地域社会への浸透度はまだ不十分なものである。社会関係資本という観点からみれば，ボンディング型の社会関係資本の中に新規に参入することの難しさを表しているといえる。

続いて，費用負担や役割分担といった実務上の問題は連携志向をもつ自治会で30％程度みられ，独立志向の自治会よりも多い。独立志向の自治会では考え方の相違を挙げる割合が28.3％と連携志向の自治会よりも高い。自治会が連携関係にあるNPOから離れたいと考える背景には，考え方の不一致という重大な問題が潜んでいることが考えられる。これに対して，費用負担や役割分担は実務上の問題であり，むしろ連携志向の自治会が前向きに検討すべき課題として挙げることが多いと考えられる。

なお，連携志向の自治会では31.0％，独立志向でも21.2％が問題なしと回答している。ある程度の自治会は特に問題点をかかえずに連携している。

6．本章のまとめ

本章では，自治会が地域社会の様々な団体とどのように連携しているのかに着目して分析を行った。自治会と他団体との連携関係は地域社会のローカル・ガバナンスの実態を捉えることにつながる。主な知見をまとめておこう。

第1に，自治会は様々な団体と連携しているが，子ども会，老人クラブ，社会福祉協議会，自治会連合会と連携している自治会は70％以上と特に多い。自治会と地域団体との連携をもとに主成分分析を行ったところ，市民活動団

体，都市型既存団体，行政機関，性別・年齢団体，旧来型既存団体の5つの成分が抽出された。自治会類型別にみると，都市部で規模の大きい自治会では，市民活動団体と都市型既存団体との連携がよりみられる。一方，発足時期の古い自治会では，性別・年齢団体と旧来型既存団体との連携がよりみられる。(地域団体と濃密に連携する自治会)

第2に，情報の授受に関して，自治会は行政に近い立場の団体からの情報を自治会内部の年齢・性別に基づく団体へと伝えるパイプ役を果たしている。一方，補助金や分担金の授受に関しては，自治会は広域で活動する団体には分担金を納め，自治会内部の住民からなる団体には金銭的にも助成している。つまり，自治会は地域社会における様々な活動を財政面で支えている。(自治会によるパイプとハブの役割)

第3に，自治会と地域団体との連携は，住民間の社会関係資本や自治会の主なアクターのつきあいによって規定される。団体間関係の基礎には所属者個人の関係があると考えられる。(基本としての人のつながり)

第4に，市区町村による支援策については，地域住民組織の設置，補助金の給付，情報の提供の十分さがそれぞれ連携関係とプラスに関連する。また，連携関係にあるほど補助金に対するニーズが高いと推察できる。

第5に，自治会とNPOとの相互連携については，NPOが非常に高い割合(90％程度)で志向しているのに対し，自治会は半数弱程度である。NPOとの連携に関心を示す自治会は多いものの，十分には連携が進んでいないようである。自治会にとってNPOとの連携上の問題点は，住民の理解不足が最も多い。NPOと連携していながら独立志向である自治会では，NPOとの考え方の相違を挙げる割合が高い。(NPOからの連携への積極性)

自治会と他の地域団体および市民団体・NPOとの連携は，地方分権やローカル・ガバナンスの時代に入り，ますます注目を集めている。このような団体間の連携の基礎には社会関係資本の存在が確認できる。また，市区町村の地域振興策の効果もみてとることができる。NPOとの連携については，関心の高まりに対して実際の連携が追いついていないようである。

前章と本章で検討した住民間の社会関係資本および団体間の関係は，自治会の活動とどのように関連しているのだろうか。このような自治会におけるネットワークが，自治会による社会サービスの供給や市区町村との関連にどのように影響するのだろうか。次章では，これらの課題に取り組んでいく。

第6章　自治会の社会サービス活動

1. はじめに

　今日の社会状況では，財政の逼迫により行政が社会サービスを独占的に供給するのは不可能となっている。その一方で，日本の地域社会には，少子高齢に伴う福祉対策，人々の体感治安の悪化（統計的な犯罪率悪化でなく）に伴う防犯対策，あるいは地震や台風などの大災害に対する防災対策など解決が求められる問題が山積している。こうした状況の下，地域社会における社会サービスの供給を担う主体が求められており，市民社会領域の活動が注目されている（辻中ほか 2007）。

　地域社会における社会サービスの供給主体として行政を除いて第1に考えられるのが自治会である。自治会はこれまでも地域社会に根差しながら様々な社会サービスの供給を行ってきた。それは何か特定のサービスに限ってではなく，住環境の整備，住民の親睦，地域社会の安全対策，住民の福祉など実に多様な活動に及んでいる。このように包括的な機能をもつことは自治会の特徴の1つとされてきた（中村 1965；中田 2007）。そして，自治会が地域の実情に応じて社会サービスを供給することは，行政では手の届かない細部に至るまで住民生活をケアし，地域社会のパフォーマンスの向上に寄与している。

　このように自治会が行政（市区町村）になり代わって社会サービス活動を行うことは従来から指摘されてきた（高木 1969）。詳しくは次章（7章）で扱うが，こうした自治会の活動に対しては市区町村からの支援があり，それにより活動が一層促進されているものと考えられる。

また、自治会は単に社会サービスを供給するばかりでなく、利用者である住民が地域における様々な資源を共同で管理することをとおして、自らを地域活動の担い手として主体形成していくプロセスが注目されてきた（中田 1993；中田・板倉・黒田 1998など）。これは地域活動に関わることで市民社会のメンバーとしての自覚を促すと言い換えることもできるだろう。このように、自治会による活動は実質的なサービスの供給にとっても、市民社会の主体形成にとっても重要な意義をもつものだといえる[1]。

　自治会の様々な活動の基礎にあるものと考えられるのが、前章までに検討した住民間の社会関係資本や自治会と他団体との相互連携である。住民同士の人間関係が円滑であり自治会活動に協力的であるほど、自治会は様々な活動を行うことができるだろう。また、包括的な機能をもつ自治会であるが、特定の問題に取り組む他団体と連携することで情報や資源を交換するなど互いの長所を活かした運営を展開できるだろう。

　そこで本章では、自治会が実際にはどのような社会サービスの供給活動を行っているのかを、データをとおして検討していく。まず、自治会がどのような社会サービス活動を行っているのか実施率をみていく（2節）。次いで、社会サービス活動の実施をもとに自治会の類型化を行う（3節）。ここから、高活動群、問題対処活動群、旧来型施設管理群、低活動群の4つの類型が析出される。続いて、これら4つの自治会類型が、社会関係資本、他団体との連携関係、市区町村からの支援などの要因とどのように関連しているのかを分析する（4節）。結論を先取りすれば、市区町村による補助金支援、社会関係資本、他団体との連携、財政規模といった要因が自治会の社会サービス活動と関連していることが明らかとなった。自治会の社会サービス活動の基礎として、経済的資源と自治会内外のネットワークという関係的資源が重要なのである。

2. 社会サービス活動の実施状況

2.1. 社会サービス活動の実施率

（1）ただし、残念ながら、このような活動を通しての主体形成については、自治会調査データでは検証できない。

自治会の社会サービス活動の実施状況をみていこう。

菊池・江上(1998)では全国の活発な自治会に対する量的調査において様々な社会サービス活動の実施状況を質問し，それらを主成分分析によって，(1)問題対処機能（交通安全，防犯・非行防止，防火・防災，生活改善，青少年健全育成，福祉，消費・資源），(2)親睦機能（祭礼，運動会，文化・学習），(3)施設管理機能（地域施設の維持整備，清掃・衛生，環境美化）という

表6－1　類型別自治会の社会サービス活動（単位：％）

	村落型	非都市・新型	都市・旧型	都市・新型	全体
住環境の整備・施設管理					
清掃・美化	87.1	89.3	88.3	91.0	88.5
生活道路の管理	86.7	79.3	91.0	89.4	87.2
ゴミ処理	67.2	68.6	70.9	73.1	69.5
集会所の管理	66.8	55.3	64.7	60.8	63.5
掲示板の管理	36.6	45.2	62.1	67.8	50.0
用水路の管理	48.8	27.1	31.1	18.6	35.7
墓地・寺社の管理	43.0	15.5	28.1	11.0	29.4
近隣トラブルの調整	11.7	19.2	19.9	23.8	17.1
上下水道の管理	15.7	13.0	11.4	13.3	13.8
親睦					
祭り	74.3	62.4	82.1	74.5	74.6
慶弔	73.2	61.2	66.2	68.0	68.9
スポーツ・文化イベント	58.7	63.9	72.6	74.5	65.8
問題対処：安全					
消防	60.2	50.8	65.0	59.1	59.8
防災	50.9	48.4	62.8	62.5	55.7
交通安全	49.7	46.4	63.8	55.8	53.8
防犯	42.2	50.0	64.7	66.3	53.4
問題対処：教育・福祉					
高齢者の支援	66.4	60.4	78.6	78.6	70.9
学校教育への協力	60.9	53.2	70.8	69.3	63.8
青少年の育成	45.5	46.9	62.5	61.7	52.9
教育の支援	26.2	27.9	34.1	35.6	30.1
障害者の支援	15.5	15.3	22.0	22.4	18.4
子育ての支援	10.9	11.9	21.2	20.8	15.4
男女共同参画	9.6	8.8	11.8	9.2	9.9
乳幼児の保育支援	3.9	3.1	7.4	6.5	5.1
問題対処：その他					
リサイクル	43.3	46.9	50.4	54.7	47.7
まちづくり	34.8	33.0	42.9	38.4	37.2
自然保護	25.0	19.8	24.5	21.1	23.4
伝統芸能	28.5	12.7	26.7	12.2	22.7
選挙での候補者支持	26.7	14.5	21.1	13.9	21.2
農林水産業の共同作業	27.0	12.2	11.1	3.0	16.5
公害防止	13.6	14.6	19.0	19.0	16.1
国際交流	2.4	2.3	3.5	2.7	2.7
N	6,613	2,086	3,607	3,064	15,370

3つの機能を析出している（菊池・江上 1998：90－92）[2]。

（2）　菊池（1973, 1990）ではこれに加えて，行政補完機能，圧力団体機能，町内の統合・調整機能が挙げられている。本書では，これらの機能について

自治会調査では，33の社会サービス活動を実施しているかどうかを質問している（自治会調査問17），菊池・江上（1998）の類型を参考に，住環境の整備・施設管理，親睦，問題対処：安全，問題対処：福祉・教育，問題対処：その他に大別してみていくこととする（その他については結果表記をを割愛する）（表6－1）[3]。

住環境の整備・施設管理 自治会の役割として親睦とならんで挙げられる割合が高いことからも（60％程度，表3－1），住環境の整備や施設管理は自治会活動にとっても最も重要な活動であることがわかる。清掃・美化活動と生活道路の管理（街灯の交換を含む）はそれぞれ全体で88.5％，87.2％と非常に高い割合で行われている。自治会類型による差もあまりみられない。これらはどの地域にも共通する最低限の住環境であり，自治会にとって最も基礎的な活動だといえる。ゴミ収集には，市区町村によるゴミ収集のサポートとしてゴミの集積所を管理したり，住民にゴミの分別回収を守らせるように指導したりすることなどが含まれる。これについては全体で69.5％の自治会で実施されている。自治会類型による差はあまりみられない。

集会所や公民館などの施設は自治会の活動拠点となるものである。これらの施設の管理は全体で63.5％の自治会が実施している。非都市・新型でやや実施率が低い。掲示板は住民に対して自治会の情報を周知するためのものである。全体では50.0％とちょうど半数の自治会で実施されている。もっとも，都市部で規模の大きい自治会では60％以上で実施されているのに対して，村落型や非都市・新型では40％前後とあまり実施されていない。都市部で大規模な自治会では対面的な情報伝達が難しいこととも関連しているだろう。用水路の管理，寺社・墓地の管理，上下水道の管理は，村落社会的な特徴をもった施設管理だといえる[4]。それぞれ，全体の35.7％，29.4％，13.8％の自治

は市区町村との関係を検討する後続の章で扱うこととする。
（3）　主成分分析などの分析手法を用いて活動を少数の次元に縮約することも試みた。しかし，あまり明瞭なものではないため，その結果を参考にしながらも理念的に分類することにした。
（4）　自由回答から，用水路等の施設管理と親睦活動を合わせた次のような活動が挙げられている。「部落組織（120戸）では，農家集落90％で，年間，水

会で行われている。用水路と寺社・墓地の管理は村落的地域で40％以上と高い実施率を示している。最後に，騒音など近隣トラブルの調整については，全体の17.1％とあまり行われていない。

親睦 続いて，親睦活動についてみていこう。これも多くの自治会に主たる役割として自己認識されている。また，すでに３章でみたように，親睦活動への取り組みが自治会の社会関係資本と大きな関連をもっている。祭りについては神社の行事ばかりでなく，地域住民の親睦を図るために様々な行事が含まれる[5]。全体で74.6％と高い実施率である。都市・旧型でやや実施率が高く，非都市・新型でやや低い。必ずしも伝統に基づかないため，都市・新型でも多く実施されている。スポーツ・文化イベントには，地域の運動会や文化祭，あるいは学習会やセミナーなど様々なイベントが含まれる。これらの活動は全体の65.8％で行われている。都市部で大規模な自治会で実施率が高い。慶弔は全体の68.9％の自治会で行われている。近年では，結婚式はもとより，葬式も業者に手配を依頼したり葬儀会館などで行う場合もみられるが，それでも自治会が関与する場合が多い。自治会類型による実施率の差はあまりみられない。

問題対処：安全 住環境の維持と親睦活動に対して，防災や防犯といった安全活動は地域社会の抱える問題を解決するための活動だといえる。阪神・淡路大震災以来，地域社会が災害時に対処できる体制を整えておくことの重要性が認識されている。また，近年，体感治安悪化の高まりを受けて防犯対策が焦眉の課題とされている。地域社会では見回り・パトロールや危険個所のマップ作成などの取り組みがみられる[6]。地方自治体や

> 路，農道整備等，年４回行い，盆踊り，獅子舞，祭り行事等，行って農村集落を支えている。」（滋賀県・彦根市）
> (5) 自治会調査における自由回答から，清掃と親睦を組み合わせた次のような活動が挙げられている。「公園の草刈り後，さなぶり，虫祭り大会，ドンガラ汁（豚肉の骨付），白モツの鉄板焼，焼肉で親睦会をし，語り合う。」（秋田県・羽後町）
> (6) 例えば，自由回答に次のような取り組みが紹介されている。「静岡は東海大地震がいつくるか解らない土地柄。特に我が町内会でも地震対策には力

警察でも「安全・安心まちづくり」と称した施策がとられ，地域社会との連携による対処が進められている。

　消防，防災，交通安全，防犯の4つの活動ともに50％台の実施率である。消防については自治会類型による実施率の差はあまりみられない。しかし，他の活動では，都市部で規模の大きな自治会ではおおむね60％以上の実施率なのに対して，非都市部で小規模な自治会では50％前後である。地域安全は都市部でより重大な問題だと認識され，取り組まれている。また，安全対策は広域な連携が必要なので，大規模な自治会のほうが取り組みやすいとも考えられる。

問題対処：福祉・教育　安全とならんで今日の地域社会の課題として挙げられているのが社会福祉や教育の問題である。少子高齢時代に入り，増え続ける高齢者に十分な福祉サービスを供給することは最重要課題の1つに位置づけられる。また，少子化対策ともあいまって，子育てや教育を行うことができる環境整備が求められている。その一方で，福祉行政は縮小傾向にあり，福祉領域は市民社会によるサービス供給が最も求められている分野であるといってもよいであろう。自治会をはじめとする地域社会でも，高齢者家庭の見回りや介護の補助など様々な取り組みが行われている[7]。

　高齢者福祉は全体の70.9％の自治会で行われており，問題対処活動の中では高い実施率である。都市部で規模の大きい自治会で78.6％と特に高い。障害者の支援は全体の18.4％，子育ての支援は15.4％であり，高齢者福祉と比べると実施率はかなり低い[8]。これらの活動についても，若干ではあるが都市部で大規模な自治会ほど実施率が高い。なお，福祉に関する活動として男女共同参画と乳幼児の保育支援についても質問したが，いずれも実施率は

　　　　を入れており，防災機材の買入，トイレ，消化器，可搬ポンプ，発電機，大型ジャッキ等に力を入れ，今年は町内として自主防災会を設立いたしましたし，防災訓練も実施しております。」（静岡県・静岡市）
（7）　例えば，自由回答では次のような活動が紹介されている。「高齢者の日常生活を支援するサークル『あいあいクラブ』を設立しました。買い物の手伝いや代行，話し相手などです。」（大阪府・吹田市）
（8）　さらに結果は割愛するが，乳幼児の保育支援は5.3％の実施率である。

10%に満たない。教育については，学校教育への協力は全体の63.8%，青少年の育成は52.9%，児童教育の支援は30.1%の自治会で実施されている。これらはどれも都市部で大規模な自治会では70%程度と実施率が高い。以上の結果から，福祉・教育活動についても，自治会規模の大きさというスケール・メリットの効果がみられる。

問題対処：その他の活動　その他の活動として，リサイクル，自然保護，公害防止，まちづくり，伝統芸能，選挙での候補者の支持，農林水産業の共同作業，国際交流を取り上げる。リサイクルはゴミの収集とも関連するが，新聞紙やビン・カンの回収を地域社会独自で積極的に進めている事例もみられる。また，自治会で独自のリサイクル・システムを運用しているという事例も報告されている（谷口・堀田・湯浅 2000）。リサイクル活動は全体の47.7%の自治会で行われている。同じく環境問題への対処といえる自然保護については全体の23.4%，公害防止については16.1%の自治会で実施されている。どれも自治会類型による差はあまりみられない。

　まちづくりとは多義的な言葉であり，地域によってその内容も異なるが，住民主体による地域社会の活性化に資する総合的な取り組みということができるだろう。全体の37.2%の自治会で行われている。自治会類型による差はあまりみられない。

　伝統芸能は全体の22.7%の自治会で行われている。伝統の継承ということもあり，村落型と都市・旧型の自治会で実施率が高い。農林水産業の共同作業は16.5%の実施率である。これは農林水産業を生業とする地域に限定されるためである。やはり村落型の自治会で実施率が27.0%と高い。自治会では地区推薦などのかたちで地域から市区町村議会の議員を輩出すべく選挙運動を行うこともある。全体では21.2%の自治会で行われており，発足時期の古い自治会でより行われる傾向にある。なお自治会の選挙運動については8章で詳しく扱う。最後に，国際交流であるが，全体の2.7%とほとんどの自治会が実施していない。外国人が居住する地域もみられるが，国際交流は行われていないようである。

　以上，自治会による社会サービス活動の実施状況についてみてきた。清掃・美化，生活道路の管理，祭り，高齢者福祉の各活動が全体で70%を超え，高い割合で実施されている。最低限の住環境・施設管理と親睦を基礎としな

がら，地域社会の抱える諸問題に対処するというのが自治会の基本的な活動スタンスといえるだろう。問題対処活動については，安全や福祉・教育に関して都市部で規模の大きい自治会ほど実施されている点は注目に値する。

重要な活動　　上記の活動の中で，自治会が重要だと認識しているのはどのような活動なのだろうか。自治会調査では実施している活動のうち，重要なものについて3位まで尋ねている＜自治会調査問18＞。これをもとに，各活動について1位30点，2位20点，3位10点，挙げられていない場合は0点として得点化し，主な活動について平均値を示したのが表6－2である。表では上段に各項目について実施しているという自治会の中での平均値を示している。下段はサンプル数（実施している自治会数）である。

清掃・美化の全体の平均値が14.2と突出して高い得点を示している。続いてゴミ収集（全体の平均値9.9），祭り（7.9），スポーツ・文化イベント（6.8），防災（5.9），生活道路の管理（4.5），防犯（4.5），慶弔（4.3），高齢者福祉（3.9）である。生活道路の管理と高齢者福祉は，実施率が高い割には重要度があまり高くない。むしろ，祭りやスポーツ・文化イベントといった親睦活動や防災や防犯といった安全活動が重視されている。

自治会類型別にみて特徴的な点を検討しよう。村落型はスポーツ・文化イベントで低く，慶弔で高い。旧来型の親睦活動のパターンをみてとることができる。また，清掃・美化では得点が高いが，防災，防犯，高齢者福祉といった問題対処活動については低い。

表6－2　自治会類型別社会サービス活動の重要度

		村落型	非都市・新型	都市・旧型	都市・新型	全体
清掃・美化	平均値	14.6	16.7	12.2	13.8	14.2
	N	5,772	1,871	3,194	2,789	13,626
ゴミ収集	平均値	9.7	10.5	9.6	10.0	9.9
	N	4,457	1,437	2,565	2,249	10,708
祭り	平均値	7.6	7.7	7.7	8.8	7.9
	N	4,922	1,309	2,965	2,282	11,478
スポーツ・文化イベント	平均値	5.9	8.1	7.1	7.0	6.8
	N	3,889	1,334	2,621	2,284	10,128
防災	平均値	5.1	5.9	6.7	6.3	5.9
	N	3,387	1,017	2,273	1,921	8,598
道路管理	平均値	4.7	4.1	4.5	4.4	4.5
	N	5,736	1,655	3,285	2,742	13,418
防犯	平均値	3.2	4.9	4.8	5.7	4.5
	N	2,802	1,049	2,341	2,038	8,230
慶弔	平均値	6.1	4.0	2.7	2.3	4.3
	N	4,841	1,277	2,389	2,083	10,590
高齢者福祉	平均値	3.7	4.4	3.6	4.3	3.9
	N	4,407	1,264	2,841	2,412	10,924

従来からの施設と親睦を守り，あまり積極的に活動を展開しようというわけではないようである。非都市・新型は，清掃・美化，スポーツ・文化イベント，高齢者福祉の重要度が高い。スポーツ・文化イベントについては実施率はあまり高くないが，新たな親睦の契機を創出しようとしていることがうかがえる。都市・旧型は清掃・美化で得点が低く，防災で高い。表6－1からもわかるように多くの活動を行っているために重要な活動が分散し，最も基礎的な活動である清掃・美化の得点が低いのかもしれない。最後に，都市・新型については，祭り，防災，防犯，高齢者福祉で得点が高い。問題対処活動を重視していることがわかる。

2.2. 支出の割合

活動の実施とは別の角度から検討しよう。市区町村人口規模や自治会規模で比較して，多くの支出をしている活動は力を入れている活動とみなすことができるだろう。自治会調査では，主な活動における年間の支出額について質問している＜自治会調査問8＞。表6－3では，それぞれの活動における支出割合の中央値を示している[9]（単位は万円）。活動によってお金がかかるものもあればそうでもないものがあるために，項目間の比較から重要度を推測することにそれほど意味はない。それでも全体の中央値をみると清掃・施設管理が総支出に占める割合が17.3％，親睦が20.3％と高い。このほか，安全活動が9.2％，福祉が5.8％である。その他が最も多く36.8％である。施設管理については，非都市部で規模の小さい自治会で割合が高い。親睦，安全，福祉につ

表6－3　自治会類型別支出の内訳（中央値）

(単位：％)

	村落型	非都市・新型	都市・旧型	都市・新型	全体
施設支出率	20.2	18.4	15.0	14.2	17.3
親睦支出率	20.8	22.0	19.2	20.0	20.3
安全支出率	8.7	8.2	10.0	9.5	9.2
福祉支出率	5.7	5.8	6.0	5.9	5.8
その他支出率	37.5	37.3	37.0	34.9	36.8
支出総額	80.0	87.0	200.0	159.0	118.0
N	5,072	1,640	3,012	2,622	12,346

(9) 清掃・施設管理は，清掃・美化，公共施設の管理に関する支出の合計が総支出額に占める割合を示している。同様に，親睦は，祭り，スポーツイベント，文化イベントの合計，安全は防災，防犯，交通安全の合計，福祉は介護・福祉の占める割合である。

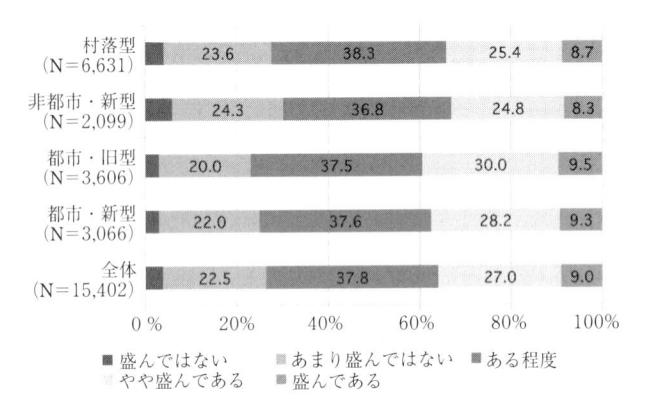

図6-1　自治会類型別にみる地域活動の活発さ

類型	盛んではない	あまり盛んではない	ある程度	やや盛んである	盛んである
村落型 (N=6,631)		23.6	38.3	25.4	8.7
非都市・新型 (N=2,099)		24.3	36.8	24.8	8.3
都市・旧型 (N=3,606)		20.0	37.5	30.0	9.5
都市・新型 (N=3,066)		22.0	37.6	28.2	9.3
全体 (N=15,402)		22.5	37.8	27.0	9.0

いてはあまり差がみられない。若干ではあるが,安全活動について,都市部で大規模な自治会ほど支出に占める割合が高い傾向にある。相対的にみれば,市区町村人口規模が小さく,自治会規模も小さい自治会のほうが施設管理というより基本的な活動を重視しているといえる。

2.3. 地域活動の活発さ

ところで,自治会の活動に限らず地域住民による活動は全般にどの程度活発なのだろうか。図6-1は,住民による地域活動の活発さについて自治会類型別にみたものである。全体では,「盛ん」あるいは「やや盛ん」であるという自治会が合わせて36.2%であるのに対して,「盛んでない」あるいは「あまり盛んでない」という自治会は25.9%である。どちらかといえば地域活動は活発だと認識されていることがわかる。都市部で規模の大きい自治会ほど盛んだという割合が高い。問題対処活動を行っていることが,地域活動が活発であるという認識につながるのかもしれない。

3. 社会サービス活動からみる自治会の類型

3.1. 活動実施からみた自治会の類型

自治会ごとでサービス供給に何か特徴がみられないだろうか。清掃・美化や生活道路の管理はほとんどすべての自治会で行われているとしても,自治会によっては安全に力を入れていたり,福祉に力を入れていたりと何らかの特色があるのかもしれない。そこで,それぞれの社会サービス活動の実施の

有無をもとに，自治会を類型化してみよう。

社会サービス活動の実施に関して欠損値を除くサンプル数は18,183であり，通常の社会調査データとしては非常に大規模である。そのため，非階層的クラスター分析（k平均法）によって各自治会を分類する。ここでは4つのクラスターを設定し，全体の社会サービス活動実施率が10％以上のものの実施の有無（実施＝1，非実施＝0）を基準に分類を行った[10]。分析に投入した変数は表6－4で示した活動項目を参照されたい。

表6－4は析出した4つのクラスターごとに社会サービス活動の実施率を示したものである。これにより各クラスターの特徴を考察していく。なお，ゴチック体になっているのは全体の実施率よりも10ポイント以上高いものであり，

表6－4 自治会活動クラスター別社会サービス活動の実施率　　　（単位：％）

	クラスター1	クラスター2	クラスター3	クラスター4	全体
清掃・美化	98.4	93.0	92.3	73.5	88.0
生活道路の管理	98.5	92.8	92.0	71.4	87.3
ゴミ処理	89.7	76.9	68.8	50.4	69.6
集会所の管理	90.8	62.7	82.9	33.7	63.7
掲示板の管理	69.1	67.9	37.1	26.9	49.2
用水路の管理	75.5	13.5	68.8	11.6	36.6
墓地・寺社の管理	64.1	9.5	59.8	9.1	30.6
近隣トラブルの調整	36.6	20.4	8.6	6.5	16.8
上下水道の管理	34.6	8.8	16.8	5.0	14.3
祭り	93.6	79.5	85.0	50.7	74.7
慶弔	82.3	70.0	76.9	53.0	68.7
スポーツ・文化イベント	91.2	78.8	61.3	37.4	64.9
消防	92.2	65.1	73.3	25.3	60.1
防災	87.7	65.3	53.7	27.1	55.6
交通安全	89.2	68.7	44.0	24.1	53.9
防犯	89.1	80.1	25.3	23.3	52.9
高齢者の支援	95.9	88.0	70.4	38.8	70.9
学校教育への協力	93.3	76.7	67.5	30.1	63.8
青少年の育成	86.3	71.8	35.5	25.5	52.8
教育の支援	72.9	31.2	19.9	9.9	30.3
障害者の支援	52.8	20.5	7.7	2.9	18.6
子育ての支援	41.0	18.1	6.0	3.3	15.4
リサイクル	72.0	61.3	38.2	24.1	47.2
まちづくり	75.9	43.7	25.6	15.9	37.6
自然保護	62.6	17.4	20.8	8.1	23.9
伝統芸能	58.4	12.7	30.6	6.2	23.3
選挙での候補者支持	40.5	13.6	33.8	9.8	21.9
農林水産業の共同作業	38.3	3.2	33.9	5.9	17.3
公害防止	41.9	14.3	10.9	6.1	16.4
N	3,458	5,337	3,921	5,467	18,183

ゴチック体：全体の実施率より10ポイント以上高いもの
斜体：全体の実施率より10ポイント以上低いもの

---

(10) カテゴリ数を4つに設定したのは，設定数を変えて試行錯誤した結果，最も妥当な解釈が可能だったからである。

斜体になっているのは10ポイント以上低いものである。

　クラスターごとの特徴が鮮明にわかる。まず，クラスター1はすべての項目において全体よりも10ポイント以上高い実施率を示している。しかも，29項目のうち，14項目が80％以上，21項目が60％以上の実施率である。そこで，これらの自治会を「高活動群」と名づける。クラスター2は，掲示板の管理，スポーツ・文化イベント，交通安全，防犯，高齢者の支援，学校教育への協力，青少年の育成，リサイクル活動で全体の実施率よりも10ポイント以上高い。これらの多くは安全や福祉・教育に関する活動である。もちろん，清掃・美化，生活道路の管理，ゴミ収集といった施設管理の実施率も高いのだが，問題対処活動に特色がある。その反面，用水路の管理，寺社・墓地の管理，農林水産業の共同作業では全体よりも10ポイント以上実施率が低い。そこで，このクラスターを「問題対処活動群」と呼ぶ。対照的にクラスター3は，集会所の管理，用水路の管理，寺社・墓地の管理，祭り，消防，選挙での候補者支持，農林水産業の共同作業の各活動の実施率が全体よりも10ポイント以上高い。反面，掲示板の管理，防犯，青少年の育成，児童教育の支援，障害者の支援，子育ての支援，まちづくりの各活動の実施率が全体よりも10ポイント以上低い。つまり，旧来からの施設管理が行われている一方で，今日の地域社会で問題視される安全や教育についての問題対処活動が弱い。このクラスターを「旧来型施設管理群」と呼ぶ。クラスター4は，クラスター1とは対照的に，ほとんどの項目において全体よりも10ポイント以上低い実施率を示している。これらの自治会を「低活動群」と名づけることとする。

　それぞれ4つのクラスターについて，自治会類型ごとに示したものが図6－2である。村落型は旧来型施設管理群が33.1％，低活動群が32.0％であり，これ

図6－2　自治会類型と自治会活動類型

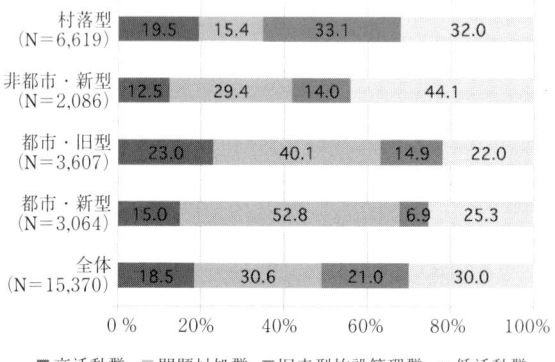

自治会類型	高活動群	問題対処群	旧来型施設管理群	低活動群
村落型 (N=6,619)	19.5	15.4	33.1	32.0
非都市・新型 (N=2,086)	12.5	29.4	14.0	44.1
都市・旧型 (N=3,607)	23.0	40.1	14.9	22.0
都市・新型 (N=3,064)	15.0	52.8	6.9	25.3
全体 (N=15,370)	18.5	30.6	21.0	30.0

らで全体の60％以上を占めている。非都市・新型は低活動群が44.1％を占め最も多い。村落型よりは問題対処群が多い。都市・旧型は問題対処群が40.1％と最も多い。高活動群も23.0％と他の類型と比べて多い。都市・新型は問題対処群が52.8％と最も多い。旧来型施設管理群が6.9％と非常に少ない。都市・旧型と比べて高活動群が少ないのは、旧来型の施設を管理する必要がないからである。全般に、都市部で規模の大きい自治会ほど高活動群や問題対処群という積極的に地域問題に関わる自治会が多い。これに対して、村落型は旧来からの施設を維持・管理するというタイプが多い。こうした結果は、先の分析で確認したとおりである。

3．2．自治会活動類型と地域の環境

さて、自治会の社会サービス活動は住民生活の向上のために行われるものである。それでは自治会活動が行われることで地域の環境は良好に保たれているのだろうか。自治会類型と地域の環境との関連をみていこう。図6－3は、自治会調査において地域環境について尋ねた質問[11]＜自治会調査問14＞の中から、自治会活動と関係のあるものとして住環境、地域の安全性、地域環境の5年前からの変化を取り上げたものである[12]。なお、質問は5段階の尺度で尋ねているが、そのうちの肯定的な

図6－3　自治会の活動類型と住環境に対する評価

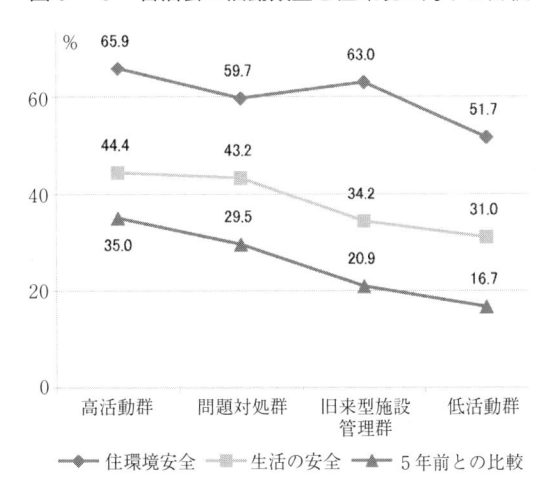

	高活動群	問題対処群	旧来型施設管理群	低活動群
住環境安全	65.9	59.7	63.0	51.7
生活の安全	44.4	43.2	34.2	31.0
5年前との比較	35.0	29.5	20.9	16.7

---

(11) 回答自体は自治会長の主観によるものであることには注意が必要である。客観的な環境はともかく、自治会活動を活発に行っている自治会長は地域環境を肯定的に評価するという可能性は否めない。

(12) このほか、生活の利便性、交通の利便性、自然環境、伝統文化についても尋ねているが、これらは自治会活動によって変わるというよりも、与件と

回答の割合（「優れている」「やや優れている」の和）を示している。

住環境については全体の59.1%が良好だと認識している。高活動群で65.9%と最も高く，低活動群が51.7%と最も低い。地域の安全については全体で37.8%である。これについては，高活動群44.4%と問題対処活動群43.2%で40%以上と，安全活動を活発に行っている2つの群で割合が高い。最後に，5年前からの地域環境の変化については，全体の24.9%が良好になったと回答している。高活動群では35.0%，問題対処活動群では29.5%であるのに対して，旧来型施設管理群では20.9%，低活動群では16.7%である，やはり自治会活動が活発であるほど環境が良化していると認識していることがわかる。このように，自治会活動が活発であるほど地域のパフォーマンスが良好であるといえる。

4. 自治会活動類型の規定因

4.1. 要因の検討

前節で析出した社会サービス活動に基づく自治会類型は，どのような要因と関連しているのだろうか。前章までに検討してきた自治会における社会関係資本，自治会と地域の他団体との連携といった自治会内外のネットワークは様々な活動の基礎となるものと考えられる[13]。また，市区町村による自治会活動に対する支援も活動を促進するだろう。これらの要因を中心に，自治会の特徴をも加えて総合的な検討を行っていく。

分析は，4つの自治会類型のカテゴリを従属変数とした多項ロジット分析を行う。多項ロジット分析とは，従属変数が3カテゴリ以上の名義尺度の場合のロジット分析である（Agresti 1996=2003など参照）。あるカテゴリを基準として，そのカテゴリと比較した他のカテゴリに対する独立変数の効果をみることができる。ここでは，低活動群を基準カテゴリとし，これと比較して他の3群でどのような要因との関連がみられるのかを検討する。

なる地域の条件だと考えられるので，ここでは結果の表示を割愛する。
(13) これらの要因はいずれも逆の因果の可能性も考えられる。すなわち，様々な活動を行う自治会だからこそ住民同士の関係が密接になったり，他団体との連携が盛んだったりするかもしれない。

(1) 市区町村の政策に対するニーズ・自治会活動への支援

前述のように，今日の社会状況では行政が社会サービスを十分に供給することが難しくなり，市民社会組織としての自治会によるサービス供給に期待がかかっている。また，7章で詳しく取り上げるが，自治会の社会サービス活動は市区町村の政策執行を補完したり，代行している側面がある（高木1969）。それならば自治会の側では市区町村の政策が不十分だと評価するほど，自らでサービス供給しなければならないために活動を行うと考えられる。

自治会調査では，市区町村の12の政策に対してそれぞれ重要度と満足度を尋ねている＜自治会調査問38＞。これらはともに，5段階の尺度（「重要ではない」～「重要である」，「満足ではない」～「満足である」）で質問している。重要度については，それぞれから1を引き，「重要ではない」＝0～「重要である」＝4となるように変換した。また，満足度については「満足ではない」＝5～「満足」＝1となるように変換した。つまり不満度が大きいほど得点が高いのである。政策ごとに両者を掛け算せ，さらに全政策について加算することでニーズを表す指数を作成した。たとえば，重要であるにもかかわらず満足ではない政策であれば4×5＝20であり，仮にすべての政策についてそうであるならば20×12＝240である。この値が指数の最大値である。重要ではない場合，得点が0なので最小値は0である。この指数が大きいほど重要性にもかかわらず満足度が低く，政策のニーズが大きいことを表している。なお，この値の全体での平均値は109.27であり，自治会類型間に大きな差はみられない。

他方，市区町村の側では支援を行うことで，自治会による社会サービス供給の補完や代行を促していると考えられる。そこで，市区町村の自治会支援策およびそれに対する自治会の評価を分析に投入する。市区町村から自治会への補助金額と，補助金および情報支援に対する評価については，これまでの章と同様に操作化している。詳しくは4章を参照されたい。

(2) 社会関係資本

様々な社会サービス活動を行うためには，地域住民の参加や協力が必要となる。協力が得られやすい自治会ほど様々な活動を行うことができる。住民の参加や協力の基礎にあるのが社会関係資本である。分析には4章で作成し

た自治会における社会関係資本指数を用いる。すなわち，住民間の関係と自治会参加に関する変数を加算した尺度を用いる（90頁）。

(3)他団体との関係

前章でみたように，自治会は地域社会の様々な団体と連携している。そして，個々の社会サービスの供給については，特定の目的に基づくこれらの団体とともに行っている。こうした様々な団体は地域問題に関わる利害当事者であり，これらの団体間の相互関係からなる社会サービスの供給は，ローカル・ガバナンスの基礎をなすものということができる。分析には，自治会が他団体と連携している数を用いる[14]。5章で取り上げたように，自治会調査では29種類の団体との連携関係を尋ねている。そのため最大値は29である。全体での平均値は9.63であり，都市部で規模の大きい自治会ほど多い。

(4)地域や組織の特徴

社会サービス活動を行うにあたっては，財源が必要となる。そこで，自治会の総収入を分析に投入する。これについては，分布を考慮し，100万円未満，100－199万円，200－399万円，400万円以上という4つのカテゴリを設けた。それぞれをダミー変数として投入し，100万円未満を基準カテゴリとした。なお，100万円未満は全体の38.7%，100－199万円は25.3%，200－399万円は20.8%，400万円以上は15.2%である。2章で確認したとおり，自治会の規模が大きいほど財政規模は大きい傾向にある。

また，自治会や地域の特徴を表す変数として，これまでに検討してきた自治会類型を用いる。これまでに確認したように，自治会類型によって社会サービス活動の実施状況に違いがみられるし，活動類型の分布にも差があった（図6－2参照）。分析には，村落型を基準カテゴリとして，ダミー変数として用いる。

---

(14) 前章では，自治会と他団体との連携をもとに5つの成分を抽出した。これらを分析に用いることも可能である。実際に分析してみたところ，5つの成分が自治会活動類型にもたらす効果はどれも連携団体数を加算したものとほぼ同じだった。

4.2. 分析

表6-5は，社会サービス活動に基づく自治会類型を従属変数とし，先に検討した各変数を独立変数とした多項ロジット分析の結果である。なお，基準カテゴリは低活動群である。

政策ニーズが高いほど，低活動群に比べて，高活動群と旧来型施設管理群に属するものが多い。確かに政策が不十分であるほど社会サービス活動を行っているといえるが，問題対処群との差がみられない。少なくとも新たな地域問題に対して政策対応が不十分なために活動しているというわけではないようである。

自治会支援については，補助金が30万円以上だと，低活動群よりも他の群に属するものが多い。問題対処群については，10-29万円でも多くみられる。一方で補助金支援が不十分だと認識しているほど，低活動群よりも旧来型施設管理群に属するものが多い。情報の支援については，十分である自治会ほど低活動群よりも高活動群に属している。

社会関係資本については，高い自治会ほど低活動群よりも他の群に属して

表6-5　自治会活動類型を従属変数とした多項ロジット分析

	高活動群		問題対処群		旧来型施設管理群	
	係数	標準誤差	係数	標準誤差	係数	標準誤差
切片	−9.665**	.316	−3.859**	.234	−4.385**	.257
社会関係資本	.220**	.013	.058**	.010	.161**	.011
他団体との連携数	.420**	.011	.239**	.009	.154**	.010
自治会支援評価：補助金	−.022	.012	−.002	.010	−.036**	.011
自治会支援評価：情報	.035**	.013	.006	.011	.010	.012
政策ニーズ	.008**	.001	.001	.001	.003**	.001
自治会支援：補助金30万円以上	.344*	.155	.537**	.128	.338*	.140
自治会支援：補助金10-30万円	.247	.143	.342**	.115	.213	.123
自治会支援：補助金10万円未満	−.081	.141	.000	.111	−.052	.118
自治会支援：なし（基準カテゴリ）						
自治会総収入：400万円以上	1.782**	.152	.692**	.129	1.128**	.145
自治会総収入：200-399万円	1.281**	.125	.683**	.101	.994**	.112
自治会総収入：100-199万円	.774**	.110	.478**	.084	.716**	.092
自治会総収入：100万円未満						
自治会類型：非都市・新型	−.464**	.126	.309**	.097	−1.119**	.109
自治会類型：都市・旧型	−.044	.112	.770**	.095	−.637**	.103
自治会類型：都市・新型	−.350**	.115	.982**	.091	−1.544**	.120
自治会類型：村落型（基準カテゴリ）						

−2LL＝18,813.8　χ^2＝4,976.9　df＝42　N＝8,747

基準カテゴリは低活動群　**p＜.01　*：p＜.05

いる。他団体との連携についても，連携数が多いほど他の群に属している。これらの個人間および団体間のネットワーク関係が豊富である自治会のほうが，社会サービス活動に積極的なタイプである。

自治会組織の特徴をみると，収入の多い自治会ほど，低活動群よりも，その他の群に属している。自治会類型については，村落型と比べて非都市・新型と都市・新型では，高活動群に属するものが少ない。旧来型施設管理群については村落型と比べて他の類型はいずれも少ない。これらは村落社会においてこそ維持・管理する必要のある施設であるためである。一方，村落型と比べてどの類型においても問題対処群に属するものが多い。こうした結果は図6-2で確認したとおりである。

以上の結果を総合すると，市区町村による補助金支援，社会関係資本，他団体との連携，財政規模といった要因が自治会の社会サービス活動と関連している。

5. 本章のまとめ

今日，市民社会組織に対して最も期待される役割が，市民・住民の生活に必要な社会サービスを供給することである。自治会は従来から地域住民のニーズに応えるべく様々な活動を行ってきた。自治会調査であらためて確認すると，次のような特徴がみられた。

第1に，ほとんどの自治会が清掃・美化と生活道路の管理を行っている。これらの活動が自治会の最も基礎的活動だということができる。その他には，祭り，高齢者福祉が70％を超えて高い割合で実施されている。最低限の住環境・施設管理と親睦を基礎としながら，地域社会の抱える諸問題に対処するというのが自治会の基本的な活動スタンスといえるだろう。なお，安全や福祉・教育といった問題対処活動については都市部で規模の大きい自治会ほど実施されている。(**基本としての住環境・親睦活動**)

第2に，社会サービス活動の実施をもとに自治会を分類すると，高活動群，問題対処活動群，旧来型施設管理群，低活動群の4つに類型化できる。なお，自治会活動が活発であるほど地域環境のパフォーマンスが良好である。(**自治会力の多様性**)

第3に，市区町村による補助金支援，社会関係資本，他団体との連携，財政規模といった要因が自治会の社会サービス活動と関連している。自治会の

社会サービス活動の基礎として，経済的資源と自治会内外のネットワークという関係的資源が重要である。なお，自治会は市区町村の政策が不十分であるために社会サービス活動を行っているわけではないようである。(**活動基礎としての資源とネットワーク**)

　前述のように，自治会の社会サービス活動は，市区町村による行政サービスと重複していたり，行政では不十分なサービスを補完していたりする。それでは，自治会と市区町村との活動をめぐっての連携や協働はどのように行われているのだろうか。次章では，自治会と市区町村との社会サービスをめぐる関係について考察を進めていく。

第7章　市区町村との協力・連携

1. はじめに

　本章と次章（8章）では，自治会と市区町村との相互関係について分析を行う。自治会はこれまでも市区町村と密接な関わりをもち，住民へのサービス供給や地域社会の意思を行政に伝える役割を果たしてきた。1章でも述べたように，自治会は単に地域の団体というだけでなく，住民と行政を媒介する「行政媒介型市民社会組織（straddling civil society）」としての役割を果たしている（Read and Pekkanen eds. 2009）。

　自治会と行政との関係については，高木（1969）によって次の5つに整理されている。第1に，行政内容の伝達・浸透である。自治会は広報誌の配布を受託したり，回覧板を通して行政からの情報を周知させたりしている。

　第2に，募金・負担金などの徴収・調達である。自治会は共同募金や社会福祉協議会会費などの徴収業務を代行している。

　第3に，行政の代行および補充・補助である。前章でみた自治会の社会サービス活動は，行政の供給する社会サービスと重なり合う部分が大きい。これらの中には，本来であれば行政当局がやるはずであるものをやむを得ず自治会がやっているという業務の代行にあたるものがある。また，行政の施策では不十分であるために自治会が支援しているという補充・補助にあたるものがある。補充・補助の例として，行政のゴミ収集に応じて自治会ではゴミ集積所の管理などの役割を担って連携していることなどを挙げることができる。

　第4に，地域住民の行政に対する要望のとりまとめ・陳情である。自治会

は地域を代表する団体として住民の意思を政策過程に反映させるために，市区町村に直接働きかけたり，懇談会の場などを通して要望を伝えている。

第5に，市区町村議会議員の選出母体としての機能である。自治会の特徴として保守的基盤の温存が挙げられてきたように，自治会はこれまで保守系議員にとっての集票マシンとなっていることが指摘されてきた（奥田 1960；松下 1961；Curtis 1971=1971）。自治会は自ら議員を輩出することにより，要望の伝達ルートを確保してきたのである。

以上のように，自治会は行政の施策の支援や協力を行うのと同時に，自らの要望伝達も行っており，政策過程へのインプットとアウトプットの両面において深く関わっている。さらに，行政の側でも自治会活動を円滑に遂行することができるように，様々な支援を行っている。自治会が市区町村と連携してサービスを供給することは，今日注目されている政策執行における協働であり，ローカル・ガバナンスの一部ということができる[1]。

また，行政学的視点からみると，自治会による行政協力は「最大動員システム」だということができる（村松 1994，森 2008）。つまり，リソースの少ない政府組織（弱い小さい政府）は民間組織を含むネットワークを形成し，手足を拡張することによって仕事量をこなしてきたのである。そして，民間組織が行政を補完するために，政府（市区町村）と民間組織の間の境界が不明確であるとされ（伊藤 1980；武智 1996），さらに，政府優位な不平等な権力関係にあるとされてきた（武智 1996）。自治会が行政の下請けや末端組織であるという批判（秋元 1971，1990；西尾 2000；松野 2004 など）は，このような日本の行政の特徴を反映してのものだといえる。

以上に挙げた，自治会と市区町村との関係は，現在でも確認できるのだろうか。社会環境の変化や地方分権の時代になり，両者の関係も変わりつつあるのだろうか。本章と次章では，自治会調査データから得られた結果からわかる両者の関係を描いていく。本章では，自治会と市区町村との関係のうち，市区町村の側からみた自治会の制度的位置や支援策と，自治会による市区町村の政策執行への協力（情報伝達，募金・負担金などの徴収，行政の代行お

（1） ただし，ローカル・ガバナンスにおいては利害関係者間の対等な関係が前提とされているが，自治会と市区町村との関係は不平等な権力関係にあるとされる（森 2008）。

よび補助・補完）を取り上げる。なお，本章では必要に応じて市区町村調査を併用して議論を進めていく[2]。

まず，主に市区町村調査データを用いて，自治会に対する制度的規定について検討する（2節）。次いで，行政協力の内容について，市区町村の側の業務委託の状況と，自治会の側の業務受託や活動の連携という双方の視点からみていく（3節）。そのうえで，自治会の行政協力が，市区町村からの支援，政策評価，社会関係資本，他団体との連携などとどのように関連しているのか探究する（4節）。最後に，市区町村による自治会支援策の実施状況と，自治会による支援策の評価を検討する（5節）。

2. 行政協力の制度

データをとおして実態をみる前に，自治会と市区町村との行政協力に制度的な規定があるのかどうかを確認しておこう。まず，自治会による市区町村への協力には下記のタイプがある。

第1に，自治会に対して依頼する方式である。これには単位自治会あるいは自治会連合会という組織に対して行政の業務委託や協力依頼を行う場合と，自治会長個人に対して依頼する場合がある（森 2001）。ただし，たとえ自治会長個人に対する依頼であっても，実質的には自治会組織の活動としてメンバーが動員される可能性がある。

第2に，行政連絡員や行政委嘱委員というかたちで依頼する方式である。これは自治会と無関係の場合もあれば，自治会長や役員が兼任することが条例や規則などで規定されている場合や，制度的に定められてはいないが実質的に自治会長や役員が兼任している場合もある（森 2001；日高 2007）。市区町村によっては自治会に相当する組織として，「行政区」や「区」といった行政協力組織としての性格が強い組織が置かれる場合もある。そして，この組織のリーダーである区長が行政の業務を受託している。日高（2007）は，以上のように市区町村が自治会長に行政との連絡調整役を割り当て，一定の行政事務の執行を補助させる仕組みを機関委任事務関係モデルと呼ぶ。

第3に，市区町村と自治会との間で事務委託契約を結ぶ方式である。これは従来の行政協力の内容，対象者，分量などが曖昧にされてきたため，自治

（2） 市区町村調査の概要については，1章を参照されたい。

会が下請けとなったり，業務委託が垂れ流し的に運用されてきたことへの反省に基づいている（森 2001）。契約内容については，業務を包括的に請け負う場合と，個別業務ごとに自治会と業務委託契約を結ぶ場合がある（日高 2007）。指定管理者制度もこのタイプに含まれる。

第 4 に，自治会に特化したものではなく，ボランタリー団体や地域団体，個人等にも開放されたオープンなパートナーシップ関係である（日高 2007）。自治協議会やまちづくり協議会など小学校区程度の範囲を単位とした組織を設置し，様々な団体が参加して地域運営を行うことが例として挙げられる。行政は個別の政策課題を解決することを目的として，このような地域自治組織と機能連携する。

このように，自治会による市区町村への協力といっても，その業務内容が包括的であるのか部分的であるのか，また，市区町村による統制が強いのか自治会の自律性が高いのかで協力のパターンが異なることがわかる。

それでは，行政協力についての制度的規定についてデータからみていこう。市区町村調査では，自治会による行政協力について，市区町村から自治会に対して委嘱委員の推薦を依頼しているか＜市区町村調査Q4＞と行政連絡員等の委託業務の相手方について条例や要綱を定めているかを尋ねている＜市区町村調査Q2＞。表7－1は，市区町村の人口規模別にこれらの分布を示したものである。

行政委嘱委員には，行政相談員，民生委員・児童委員，保護司，青少年指導員，体育指導員なども含まれる。正確には質問していないが，委嘱委員の推薦によって自治会長や役員がなる場合も含まれるものと推測される。少なくとも，何らかのかたちで自治会と関係のある人が推薦されると考えられる[3]。これ

表7－1　人口規模別市区町村から自治会への
　　　　業務委託に関する規定　　　　　（単位：％）

	委嘱委員の推薦	業務委託の相手方に対する規定				N
		1 条例	2 規則	3 要綱	4 なし	
1万人未満	30.0	9.5	1.1	15.6	73.8	290
1－3万人未満	43.0	9.4	6.0	21.5	63.1	323
3－5万人未満	42.3	12.5	4.5	19.3	63.6	182
5－20万人未満	43.8	9.9	5.0	19.1	66.0	299
20万以上	54.1	4.9	3.7	17.3	74.1	85
全体	40.7	9.7	4.1	18.8	67.4	1,179

出所：市区町村調査

（3）　自治会調査の自由回答から，このような委員の推薦が負担になっている

については，全体の40.7％が実施している。また，市区町村人口規模が大きいほど実施率が高く，1万人未満の市区町村では30.0％であるのに対して，20万人以上の市区町村では54.1％と半数を超えている。

業務委託に関する制度的規定についてみると，条例，規則，要綱といった何らかのかたちで制度的に規定している市区町村は全体の32.6％である。このうち要綱が最も多く18.8％である。市区町村人口が1万人未満と20万人以上で制度的に規定している割合は小さくなる。委嘱委員の推薦とあわせて考えると，人口1万人未満の都市では委嘱委員の推薦がなされていないために制度的規定もないのに対して，人口20万人以上の都市では制度的に規定されない委嘱委員が多くみられる。このように委嘱委員という方式での自治会の行政協力は，都市部を中心に一定程度多くの市区町村でみられる。

委嘱委員以外には，市区町村から自治会に対する直接の依頼，契約に基づく委託，まちづくり協議会などのオープンなパートナーシップ関係が考えられる。このうち，行政から自治会への委託が契約関係に基づくかどうかは自治会調査においても市区町村調査においても質問していない。そこで，旧自治省が1980年に行った調査（「自治会，町内会等のいわゆる住民自治組織の実態調査」（杉田 1981））をみると，5.2％の市区町村で委託契約を締結している。また，森（2001）による全国の人口20万人以上の市の中の上位100市と東京23区の人口上位3区に対して行った調査（回収数は73自治体）によると，19.6％の市区が委託契約制をとっている。委嘱委員と比べるとあまり導入されていないといえるだろう。

自治協議会やまちづくり協議会や個別の政策連携といったオープンなパートナーシップ関係も近年の動向であることを考えると，まだ全国に浸透しているとは考え難い[4]。したがって，具体的なデータは入手できていないので確定的な判断は下せないが，市区町村から自治会に対して直接依頼するとい

という指摘がある。「環境，防犯，防災，文化，スポーツ，福祉，健康等々，行政から地域に対し，役員人選の要請があり，全て自治会が推薦し本人に依頼するが，これもなかなか受け手がいない。」（三重県・津市）

(4) 市区町村調査では自治会よりも大きな範囲での近隣住民組織の存在について名称とともに尋ねている。このような組織があると答えたのは全体の29.8％（N=1,151）であり，さらに地域自治区やまちづくり協議会などを挙げた市区町村は全体の14.5％であった。

う形式が多いものと考えられる。

ローカル・ガバナンスの時代において，自治会による行政協力の方式についてはいろいろ提案されているものの，現状では自治会への依頼や，行政連絡員や委嘱委員に基づくものが多いと推察される。

3. 行政協力の内容

3.1. 委託の内容（市区町村調査）

続いて，市区町村はどのような業務を自治会に委託しているのかをみていこう。市区町村調査では，11の業務（お知らせの回覧，広報誌の配布，募金活動，道路等の整備，防犯・防災活動，委嘱委員の推薦，公共施設の管理，環境美化・清掃活動，リサイクル・廃品等の収集，街路灯・防犯灯の設置・管理，その他）について業務委託を行っているかどうか尋ねている＜市区町村調査Q4＞。これらのうち，どれか1つでも当てはまる自治会は全体の96.9％であり，ほぼすべての市区町村が自治会に対して業務の委託を行っている。

表7-2では，市区町村人口規模別にそれぞれの活動の委託状況を示したものである（ただし，先に示した委嘱委員の推薦とその他は割愛する）。回覧と広報誌の配布は高木（1969）が行政と自治会との関係について，行政内容の伝達・浸透として挙げていたものに相当する。市区町村の側からみると，市民・住民に情報を周知させるには多くの世帯が加入している自治会の協力を得たほうが効率的である。

表7-2 人口規模別市区町村から自治会への委託業務の内容

	1万人未満	1-3万人	3-5万人	5-20万人	20万以上	全体
回覧	82.8	85.8	86.3	74.9	70.6	81.3
広報誌の配布	89.7	86.4	85.7	68.6	49.4	79.9
清掃・美化	57.2	62.8	57.1	60.2	62.4	59.9
募金	55.5	58.2	61.5	56.9	45.9	56.8
街路灯・防犯灯の設置	49.7	50.2	58.8	59.9	56.5	54.3
防災・防犯	38.3	44.0	45.6	54.2	56.5	46.3
公共施設の管理	49.0	39.6	40.1	36.8	37.6	41.1
リサイクル	23.1	27.9	30.8	38.5	54.1	31.7
道路整備・補修	21.4	18.0	20.9	11.0	5.9	16.6
N	290	323	182	299	85	1,179

出所：市区町村調査

回覧される情報は自治会独自のものもある。しかし，筆者の1人が加入しているつくば市の自治会（区会）における2006

年度1年間の回覧内容の記録をまとめたところ，のべ121件の案件のうち59件（48.8％）がつくば市からの情報であった[5]。内容は市が主催または後援しているコンサートや演劇などのイベントに対する広告，予防接種，年金や保険の免除・控除，ごみ排出のしかたなどの行政サービスについての情報，そして，一斉清掃や防犯イベントなどつくば市が主催する地域イベントに関する情報などがみられる。一都市の単年度の例なので一般化には慎重にならなければならないが，それでも市区町村からの情報が多いと推測できる。

　回覧も広報誌の配布も全体の80％程度の市区町村で委託がなされている。非常に高い実施率であることから，最も基礎的な委託業務だといえるだろう。ただし，市区町村人口規模が大きいほど委託の実施率は低い。人口20万人以上の都市では，広報誌の配布が49.4％と非常に低くなっている。2，4章でみたように都市部で大規模な自治会ほど加入率は低下し，業務の委託がうまく機能しないために行われていないのかもしれない。広報誌を新聞折り込みにする市区町村もみられるようになっている。

　募金は，前述のように，高木（1969）が指摘しているものの1つである。自治会が受託する業務には「赤い羽根」や「歳末たすけあい」など共同募金運動の支援や各戸への社会福祉協議会費の協力依頼などがある。これらは行政からの委託ではなく，共同募金会や社会福祉協議会の事業に対する支援である。しかし，自治会の外部からの受託業務の代表例として挙げられるものであるし，上記の団体が行政協力的な団体であることから行政協力として論じられることが多い。自治会は会員である各世帯に対して個別に募金の協力を呼びかけ，集金を行っている[6]。募金は全体の56.8％の市区町村が自治会に委託している。人口20万人以上の都市で45.9％と低い割合を示している。

　自治会による社会サービス活動のうち，市区町村が委託業務としているものをみていこう。清掃・美化は59.9％，街路灯・防犯灯の設置は54.3％と半数以上の市区町村で委託されている。前章で確認したように，これらの住環

（5）　このほか，自治会からの情報が19件，地域団体や市民団体からの情報が18件，国からの情報が12件などとなっている。なお，回覧は年間で41回行われた。

（6）　募金は自発的に行うものであるのに対して，自治会が各世帯から集金することは，寄付を強要しているという批判もある。そのため，現在の自治会が抱える難しい問題の1つとなっている。

境の整備や施設管理は，自治会の社会サービス活動の中でも高い割合で行われていた。清掃・美化は市区町村人口であまり変わりはないが，街路灯・防犯灯の設置は市区町村人口が多いほど実施率が高い。このほか施設管理にあたるものとして，公共施設の管理は全体の41.1％，道路の整備・補修は16.6％の市区町村で委託が行われている。ともに市区町村人口が少ないほど実施率が高い。

問題対処活動では，防災・防犯が全体の46.3％，リサイクルが31.7％の市区町村で自治会への委託が行われている。これらの活動については，市区町村人口が多いほど委託が実施されている。人口1万未満の都市では防災・防犯が38.3％，リサイクルが21.4％なのに対して，人口20万人以上の都市ではそれぞれ56.5％，54.1％と半数を上回っている。6章で確認したように，問題対処活動は都市部で規模の大きい自治会で多く実施されているが，行政からの委託や連携のもとに実施されていることが多いと考えられる。

3．2．自治会における市区町村との連携（自治会調査）

市区町村からの受託業務　　　　一方で，自治会の側からみると，市区町村からの受託業務や活動の連携をどのように評価しているのだろうか。自治会調査では，市区町村からの受託業務について重要な順に4位まで答えてもらう形式で質問している＜自治会調査問24＞。4位までに含まれた割合は，回覧が94.9％，広報誌の配布が91.9％，募金が90.3％，委嘱委員の推薦が60.3％である[7]。これを実施率とみなすと，回覧，広報誌の配布，募金はほとんどの自治会で行われている[8]。

表7－3は，1位を40点，2位を30点，3位を20点，4位を10点として各項目を得点化し，自治会類型ごとにその平均値を示した結果である。なお，分析の対象としているのは，その活動を実施している自治会（4位までの中に各項目が含まれている自治会）である。

（7）　このほかに，保険料のとりまとめが7.5％，その他が7.7％である。これらは割合が非常に小さいので，ここでの結果の表記は割愛する。

（8）　ただし，1章で述べたように自治会調査は市区町村を経由して調査票を配布している。そのため，そもそも自治会との関係が強い市区町村が調査票の配布に協力している可能性が考えられる。その結果，これらの数値は実態とやや乖離しているかもしれない点には注意が必要である。

回覧と広報誌の配布はそれぞれ全体で33.5と34.5でほぼ同じである。自治会類型による差もあまりみられないが，広報誌の配布では都市・新型でやや得点が低い。募金は実施率でみれば情報の伝達とあまり変わらないが，重要度は全体で21.7と低い。非都市・新型

表7－3　自治会類型別市区町村からの受託業務の重要度の平均値

	村落型	非都市・新型	都市・旧型	都市・新型	全体
回覧	33.3	33.1	33.6	33.7	33.5
N	6,365	1,955	3,515	2,937	14,772
広報誌の配布	34.8	34.9	34.2	33.8	34.5
N	6,340	1,886	3,323	2,719	14,268
募金	21.1	22.4	21.7	22.6	21.7
N	6,037	1,857	3,344	2,815	14,053
委嘱委員の推薦	12.5	13.3	13.2	13.7	13.1
N	3,554	1,068	2,665	2,144	9,431

と都市・新型という発足時期が新しい自治会で重要度が高い。委嘱委員の推薦は全体で13.1である。実施率も低いが，実施している自治会の中での重要度でみても他の項目よりも低い。村落型で得点がやや低い。

市区町村との連携　続いて，社会サービス活動についての連携についてみていこう。自治会調査では，実施している社会サービス活動のうち，市区町村と連携して行っているものを主な順に5つまで挙げる形式の質問を行っている[9]＜自治会調査問19＞。このうち，5位までに含まれたものを市区町村と連携しているものとして，主な活動について割合を示したものが表7－4である。各項目には，全体における割合（上段）と活動を実施している自治会の中での割合（下段）を示している。もちろん，ここに挙がっている各項目の中にも市区町村からの受託業務として行われているものがある。しかし，これらの活動は自治会が独自に活動する余地のあるものだと考えられるため，連携という表現を用いることとする。

　表7－4から，清掃・美化や生活道路の管理のほうが実施率が高いにもかかわらず，ゴミ収集で連携している割合が最も高い。全体で43.2％の自治会で市区町村との連携が行われており，活動を実施している自治会の中でみると62.2％にも上る。ゴミ収集は市区町村の収集業務の補助という側面があるので，市区町村と協力しながら進められることが多い。なお，ゴミの分別収

---

(9)　5つまでしか尋ねていないので，6つ以上の活動で連携している自治会がある場合，それを捉えられないという点には留意する必要がある。

表7－4　自治会類型別市区町村との社会サービス活動実施の連携の割合　　（単位：％）

		村落型	非都市・新型	都市・旧型	都市・新型	全体
ゴミ収集	全体	42.8	41.8	42.5	45.8	43.2
	実施自治会	63.7	60.9	59.9	62.6	62.2
清掃・美化	全体	39.2	44.7	39.5	40.8	40.3
	実施自治会	45.0	50.0	44.7	44.9	45.6
生活道路の管理	全体	26.9	28.0	33.7	34.3	30.1
	実施自治会	31.1	35.3	37.1	38.4	34.6
防災	全体	19.1	17.8	24.9	24.7	21.4
	実施自治会	37.4	36.8	39.7	39.5	38.4
防犯	全体	8.3	13.6	15.3	16.8	12.3
	実施自治会	19.6	27.2	23.7	25.4	23.1
スポーツ・文化イベント	全体	16.0	16.5	11.5	10.1	13.8
	実施自治会	27.3	25.8	15.8	13.6	21.0
高齢者福祉	全体	15.8	14.0	15.7	16.6	15.7
	実施自治会	23.9	23.1	19.9	21.1	22.1
祭り	全体	5.0	4.4	5.5	4.5	4.9
	実施自治会	6.8	7.1	6.7	6.1	6.6
N		4,914	1,302	2,962	2,282	11,460

下段は実施している自治会の中での割合

集などを遂行するうえでも，自治会の果たす役割が大きいことが指摘されている（石垣 1999）。自治会類型別の差は確認できない。

　次に多いのが清掃・美化であり，全体で40.3％と，ゴミ収集とあまり変わらない。しかし，実施している自治会の中でみると全体で45.6％と，ゴミ収集ほどには連携していない。生活道路の管理については，全体で30.1％，実施している自治会の中でも全体で34.6％と連携率はあまり高くない。6章で確認したように，清掃・美化と生活道路の管理はほとんどの自治会で実施されているが，市区町村との連携の程度は異なることがわかる。なお，どちらも自治会類型による差はあまりみられない。

　親睦活動についてみていこう。祭りは全体の4.9％，実施している自治会の中では全体の6.6％である。6章で確認したように，祭りの実施率が74.6％であることからみると，非常に低い。祭りのような地域の伝統とも関わる行事には宗教的な側面もあるため，市区町村との連携にはなじまないのだろう。スポーツ・文化イベントについては，全体の13.8％，実施している自治会の中の21.0％と一定程度の連携がみられる。非都市部で小規模な自治会で連携している割合が高い。スポーツ・文化イベントは，市区町村から資金や講師

の紹介などのかたちで支援を受けつつ，共催するというかたちで行われていると推察できる。

このほか，防災，防犯という安全活動についてみていこう。防災活動では全体の21.4％，実施している自治会の中では38.4％が市区町村と連携しており，高い割合である。また，防犯活動でもそれぞれ12.3％，23.1％と一定程度の連携がみられる。安全活動，とりわけ，防災対策は広域的な取り組みが必要となるため，警察署や消防署と同じく市区町村との連携も重視されるのだろう。最後に，高齢者福祉については，全体の15.7％，実施している自治会の中では22.1％で連携している。実施率自体が70％を超えていることを考えると，あまり高くない。いずれの活動も，大きな差はではないが，不実施も含めて全体でみると都市部で大規模な自治会ほど連携が行われている。しかし，実施している自治会だけでみると連携率の差はあまりみられない。

以上の結果から，自治会の側で市区町村との連携が行われているのは，ゴミ収集と清掃・美化，および実施率を勘案すると高い割合とはいえないが生活道路の管理である。とりわけゴミ収集は市区町村の収集業務の補助という側面があり，連携している割合が高い。やはり住民生活にとって基本的な住環境の維持や施設管理は，市区町村とも連携がなされている。

ここで，5位まで尋ねた回答のうち1位を50とし，5位を10として得点化して，それぞれの活動の重要度をみておこう[10]。ゴミ収集の平均は27.4，清掃・美化は21.1，生活道路の管理は10.3となる（ただし，実施している自治会における平均値）。やはりゴミ収集における連携の重要性がみてとれる。このほか，防災活動は13.3であり，広域的な取り組みが必要な活動での連携が重視されている。一方で，祭りや高齢者福祉といった活動は実施率が高いにもかかわらず，市区町村との連携については重視されていない。重要度得点は祭りが2.3，高齢者福祉が5.4と非常に低い。これらの活動は自治会が独自に行っているものだと考えることができる。

なお，6章でみた自治会活動の重要度でもゴミ収集と防犯活動は実施率に比して高い値となっていた。一方で，生活道路の管理と高齢者福祉はあまり高い値ではなかった。ここから，自治会活動に対する重要度の認識と，市区

---

(10) ここで言及しなかったものでは，防犯が6.6，スポーツ・文化イベントでは7.2である。

町村との連携との間に関連をみてとることができる。つまり市区町村と連携しているものほど自治会活動の中でも重要度が高いとされているのである。ただし、祭りやスポーツ・文化イベントといった親睦活動は自治会活動としての重要度は高いが、自治会との連携は行われていない。

3.3. 委託業務に対する評価（自治会調査）

最後に、市区町村からの受託業務に対して、自治会がどのように評価しているのかを確認しておこう。自治会調査では、市区町村からの委託業務が円滑に行われているかどうかを質問している＜自治会調査問36＞。また、自治会の側から見た受託業務に対する重要性と満足度についても質問している＜自治会調査問37＞。これらの質問は5段階で質問している。表7－5には、それぞれの項目について肯定的な回答の割合（例えば、「円滑である」＋「やや円滑である」）を示している。また、重要度と満足度をもとに委託業務に関する評価指数を作成した。これは、補助金と情報の支援について4章以降の分析で用いてきた指数と同様の方法で作成しており[11]、最大値8～最小値－8の間の範囲をとる。

受託業務を円滑に遂行しているという自治会が51.1％と半数を超えている。自治会類型による差はみられない。委託業務の評価については、重要だという自治会が全体の28.0％であるのに対して、満足だという自治会は15.4％にすぎない。どちらもあまり高い割合ではないが、重要度が満足度を超過している。評価指数でみると全体の平均値は0.09と、ほぼ0付近である。これらの比率や値はいずれも自治会類型によ

表7－5 自治会類型別受託業務遂行の円滑さと評価

	村落型	非都市・新型	都市・旧型	都市・新型	全体
円滑（％）	53.3	49.4	50.1	49.0	51.1
重要（％）	28.5	27.3	28.4	26.9	28.0
満足（％）	15.8	15.6	14.2	15.7	15.4
評価指数（平均値）	0.12	0.11	0.02	0.09	0.09

---

(11) 重要度については、「5 重要」～「1 重要ではない」のそれぞれから1を引く。それにより、最大値（重要）を4、最小値（重要ではない）を0とする。満足度については、「5 満足」～「1 満足ではない」のそれぞれから3を引く。つまり、中間の回答を0とし、満足であるものをプラス（2, 1）、不満足であるものをマイナス（－2, －1）になるようにする。そのうえで両者を掛け合わせて、委託業務に対する評価の指数とする。

る差がみられない。

4. 市区町村との協力・連携の規定因

　それでは，市区町村に対する協力や連携は，どのような自治会でより行われるのだろうか。業務を受託したり，連携して活動を行う上で，市区町村から支援を得ることは重要である。これとともに，市区町村への信頼や政策ニーズといった要因も関係しているだろう。また，様々な社会サービスの供給活動と同様に，自治会が市区町村からの受託業務を行う上でも社会関係資本や地域の他団体との連携が基礎となる。これらの諸要因に加えて，自治会組織や地域の特徴を加味して総合的に検討しよう。

　ここでは，前節にみた市区町村からの受託業務と連携して行う活動の和を従属変数として重回帰分析を行う。市区町村からの委託業務は4つ，連携している活動は5つまで回答する形式である。これらを合わせた9つが最大値となる（最小値＝0）。なお，全体での平均値は6.3である。

4．1．要因の検討
(1)市区町村政策に対するニーズ

　前述のように，自治会の社会サービス供給活動や市区町村からの業務受託には，市区町村の政策に対する補充や補助という側面がある。それならば自治会の側では市区町村の政策が不十分だと評価するほど，業務受託や連携を行っているものと考えられる。分析には，6章において市区町村政策の重要度と満足度をもとに作成した政策ニーズ指数を用いる（137頁）。

(2)市区町村の自治会支援

　自治会と市区町村との連携関係にとって重要だと考えられるのが，市区町村から自治会活動への支援である。自治会が市区町村から受託した業務を遂行するうえで，補助金，資材あるいは情報などの資源は不可欠なものである。6章で自治会による社会サービス活動を取り上げた際にも，補助金額の効果がみられた。分析には，これまでの章と同じく，市区町村から自治会への補助金額と，補助金および情報支援に対する評価を用いる。これらの変数の操作化についてもこれまでの章と同様である。詳しくは4章を参照されたい。さらにここでは，委託手数料額についても検討する。当然ともいえるが受託

手数料が多いほど，自治会は市区町村に対して協力したり，連携して活動したりするものと考えられる。これについては，「なし」「10万円未満」「10万円以上」の3カテゴリとして用いる[12]。なお，受託手数料がないのは全体の22.8%，10万円未満は35.9%，10万円以上は41.3%である。

このほか，市区町村からの業務を受託したり，連携して活動するうえで信頼関係が重要である。市区町村と連携できるのに，そうしないで自治会が自主的に活動を行っているというのは，市区町村への信頼があまり高くないからかもしれない。ここでは自治会調査において質問した市区町村への信頼を変数として用いる＜自治会調査問43＞。この質問は5段階（「信頼できない」〜「信頼できる」）の質問であり，それを量的変数として分析に投入する（信頼できる＝5）。全体での平均値は3.78と，信頼する傾向にある。

(3)社会関係資本

6章で検討したように，自治会による社会サービスの供給にとっては，地域住民の参加や協力が必要となる。そして，住民の参加や協力の基礎にあるのが社会関係資本である。これは市区町村からの受託業務や連携にとっても同様である。分析には4章で作成した自治会における社会関係資本指数を用いる。

(4)他団体との連携

他団体との連携についても，社会関係資本と同じく，6章において自治会による社会サービスの供給に対して影響が確認されている。市区町村からの委託やそれとの連携であっても，地域問題に関わる利害当事者との相互連携がみられるものと考えられる。分析には，6章で用いたように各地域団体との連携数を用いる（138頁）。

(5)地域や組織の特徴

自治会や地域の特徴を表す変数として，自治会の役割認識を用いる。行政への協力を自治会の主たる役割だと認識している自治会ほど委託や連携が活

---

(12) 委託手数料は総額であり，個別の業務に対する手数料額は調査において質問していない。

発だと考えられる。このほか，これまでに検討してきた自治会類型を用いる。分析には，村落型を基準カテゴリとして，各類型をそれぞれダミー変数として用いる。

4. 2. 分析

表7-6は，市区町村との委託・連携数を従属変数とした重回帰分析（OLS推定）の結果である。政策ニーズはプラスの係数になっている。つまり，政策が不十分だと認識しているほど，自治会は市区町村と連携しているのである。ここから，自治会は政策遂行の補完として市区町村に協力しているといえる。

自治会への支援については，補助金がない場合に比べて，30万円以上と10-29万円では連携が行われている。委託手数料については10万円以上だと，ない場合よりも連携が行われている。ある程度以上の支援が業務の委託や連携を促進している。自治会支援策の評価については補助金も情報もともに関連はみられない。市区町村に対する信頼についてはプラスの係数である。やはり，委託や連携を行ううえでは信頼関係が重要となる。

その他の変数はどうであろうか。社会関係資本は連携関係との間で関連がみられない。一方，他団体との連携が多いほど市区町村とも連携が行われている。地域社会における利害関係者の相互連携からなるローカル・ガバナンスをみてとることができる。

自治会の役割として，

表7-6　市区町村との連携数を従属変数とした重回帰分析（OLS推定）

	回帰係数	標準誤差
定数	4.429**	.225
政策ニーズ	.005**	.001
自治会支援：補助金30万円以上	.466**	.092
自治会支援：補助金10-30万円	.291**	.092
自治会支援：補助金10万円未満	-.004	.093
自治会支援：補助金なし（基準カテゴリ）		
委託手数料：10万円以上	.172*	.073
委託手数料：10万円未満	.045	.077
委託手数料：なし（基準カテゴリ）		
自治会支援評価：補助金	-.015	.008
自治会支援評価：情報	.020	.009
市区町村に対する信頼	.143**	.034
社会関係資本	.002	.009
他団体との連携数	.129**	.006
自治会の目的：行政への協力	.089	
自治会類型：非都市・新型	.017	.094
自治会類型：都市・旧型	-.205**	.073
自治会類型：都市・新型	-.260*	.076
自治会類型：村落型（基準カテゴリ）		
自由度調整済み R^2	.120	
N	4,391	

行政への協力を挙げる自治会は連携数とは特に関連していない。目的として掲げていても、それほど積極的なものではないようである。自治会類型については、村落型と比べて、都市・旧型と都市・新型で連携が少ない。これまでの分析からは、このような自治会類型による差は確認されてこなかったが、他の変数を統制すると、村落型では市区町村との委託・連携がより行われていることが明らかとなった。

5. 市区町村の自治会支援策

5.1. 自治会支援策の実施状況（市区町村調査）

　最後に、市区町村から自治会に対する支援の実施状況をみておこう。これまでに幾度も言及しているように、自治会の社会サービス活動や市区町村からの委託や市区町村との連携活動を行う際に、活動の支援は重要だと考えられる。これまでの分析でも、市区町村からの情報や補助金が自治会の様々な側面に及ぼす影響を確認してきた。では、このような市区町村から自治会への支援はどのくらい行われているのだろうか。同時に、市区町村の側では自治会の動向をどのくらい管理しているのだろうか。市区町村調査では、自治会に対する支援や管理を行っているかどうかを尋ねている＜市区町村調査Q5＞。

　表7－7は、市区町村人口規模別に、市区町村の自治会の支援策の実施状況をみたものである。補助金や資材の提供は全体の84.0％と非常に多くの市区町村で行われている。自治会が活動を行ううえで金銭や資材とともに欠かせないのが、情報や活動拠点（集会所など）である。助言や情報の提供は全体の55.0％、活動拠点については47.9％と、半数前後の市区町村で提供され

表7－7　市区町村調査による人口規模別にみる自治会への支援策

(単位：％)

	補助金・資材	助言・情報提供	活動拠点の整備	行事の共催	加入働きかけ	結成・役員交代の把握	N
1万未満	77.6	47.9	41.0	27.9	12.8	47.6	290
1万以上3万未満	83.0	55.7	43.0	18.6	20.7	52.6	323
3万以上5万未満	83.0	50.0	42.3	17.6	25.3	61.0	182
5万以上20万未満	90.0	58.5	57.2	23.1	44.1	64.5	299
20万以上	90.6	74.1	69.4	43.5	56.5	70.6	85
全体	84.0	55.0	47.9	23.7	28.0	57.0	1,179

ている。これらはいずれも市区町村人口規模が大きいほど実施率が高い傾向がみてとれる。大規模で財政的にも余裕のある市区町村ほど自治会への支援策も充実していると考えられる。

　自治会との連携とも考えられるが，行事を共催している市区町村もみられる。これは全体の23.7％とあまり高い実施率ではない。しかし，市区町村人口規模による差が明瞭であり，人口20万人以上の都市では43.5％と高い割合を示している。

　2，4章でもふれたように，今日の自治会の最大の問題の1つと位置づけられるのが加入率の低下である。これに対して，市区町村の側からも新入者に対して自治会への加入を勧めたり，パンフレットを配布するなどの加入勧奨が行われている。これは全体の28.0％とあまり高い実施率ではない。しかし，市区町村人口規模による差が明瞭であり，人口1万人未満の市区町村では12.8％であるのに対して，人口20万人以上の都市では56.5％と半数を超えている。都市部ほど自治会への未加入を深刻な問題とみて対策がとられている。

　自治会に対する支援策の他にも，市区町村のほうで自治会の動向の管理が行われている。自治会の結成や役員交代については全体の57.0％と半数以上の市区町村が把握している。自治会は住民による任意団体でありながら，多くの市区町村でその運営を管理していることがわかる。市区町村人口規模が大きいほど実施率が高い。

　以上のように，市区町村から自治会に対する支援策と管理の実態をみてきたが，全般に都市規模の大きい市区町村のほうが自治会に対する支援がなされており，同時に，結成や役員交代の管理もなされている。十分に高い加入率を維持できない都市部の自治会においては，行政からの支援を得て様々な活動を行っているのである。

5.2. 自治会支援策に対する自治会の評価（自治会調査）

　続いて，市区町村の支援策に対して，自治会はどのように評価しているのだろうか。自治会調査では，自治会の側から見た市区町村からの支援策に対する重要度と満足度について質問している＜自治会調査問37＞。これらの項目は，すでに自治会支援の十分さを表す指標として各章の分析で用いてきた。ここで，あらためて分布を確認しておこう。これらの質問は5段階で質問し

表7－8 自治会類型別自治会支援策に対する評価

		村落型	非都市・新型	都市・旧型	都市・新型	全体
補助金	重要(%)	68.8	67.3	72.1	68.8	69.4
	満足(%)	19.2	26.8	24.9	26.5	23.0
	評価	−1.07	−0.40	−0.46	−0.17	−0.65
情報	重要(%)	80.6	79.0	77.6	76.5	78.9
	満足(%)	44.5	42.7	41.6	38.9	42.4
	評価	1.64	1.44	1.42	1.19	1.47
支援全般	重要(%)	65.0	62.8	67.4	64.6	65.2
	満足(%)	19.6	22.5	21.8	22.6	21.1
	評価	−0.31	−0.17	−0.14	−0.01	−0.19
N		5,938	1,889	3,256	2,798	13,881

ているが，表7－8にはそのうちの肯定的な回答の割合（例えば，「重要である」＋「やや重要である」）を自治会類型別に示している（委託業務に対する評価は先にあげたので除く）。また，これまで各章の分析で用いてきた評価指数（注11，154頁参照）も併記している。

補助金については，重要だという自治会が全体の69.4%であるのに対して，満足だという自治会は23.0%である。重要だという自治会に比して満足だという自治会が非常に少ない。評価指数もマイナスの値を示していることから，補助金については不十分だと考える自治会が多い。自治会類型ごとにみると，村落型で満足度が低く，評価指数も低い値となっている。これは表7－7において人口規模の小さい都市で補助金や資材提供を行っている市区町村が少ないことと符合する。

情報については全体の78.9%の自治会が重要だと認識し，42.4%が満足している。重要度，満足度ともに補助金よりも高い。評価指数もプラスの値を示している。自治会の側では物的支援よりも情報を重視し，ある程度はそれに満足しているようである。村落型の自治会で満足度と評価指数がやや高く，都市・新型で低い傾向にある。

最後に，支援全般についてみておこう。全体の65.2%の自治会が重要だと認識し，21.1%が満足している。各項目と同じく，重要だという割合のほうが高く，支援全般が不十分だと捉えられている。評価指数は0付近であるが，わずかながらマイナスの値を示している。自治会類型による差はあまりみられない。

以上の結果から，全体的に自治会は市区町村からの支援を非常に重要なものだと認識している。しかし一方で，支援については十分な満足が得られていないことが鮮明に表れている。ただ，いずれも表7－5にみた委託業務と比べると重要度はかなり高く，満足度も高い。当然ともいえるが，自治会は

委託業務よりも支援のほうに価値をおいている。

6. 本章のまとめ

本章では，社会サービスの供給における自治会の行政協力について分析を自治会調査と市区町村調査の2つを用いて行った。自治会による社会サービスの供給は，行政サービスの代行や補充，補助とみなされる（高木1969）。また，自治会が市区町村と連携してサービスを供給することは，政策執行における市民参加ということができる。これは日本の行政に特徴的な最大動員システムだともいえるし，今日的文脈ではローカル・ガバナンスの一部だということもできる。さらにいえば本来の意味での住民自治と考えることもできる。本章の主な知見を整理しておこう。

第1に，市区町村による自治会への業務委託はほぼすべての市区町村で行われている。自治会による行政協力の方式についてはいろいろ提案されているものの，現状では自治会への依頼や行政連絡員・委嘱委員に基づくものが多いと推察される。

第2に，市区町村からの業務の委託については，様々な種類の活動で行われている。中でも回覧や広報誌の配布という情報の伝達がほとんどの市区町村で行われている。このほか，募金や住環境の整備も半数以上の市区町村で行われている。

第3に，自治会の側からみても，情報の伝達や募金活動はほとんどで行われている。このうち，情報の伝達が重要だと認識されている。また，ゴミ収集，清掃・美化，生活道路の管理といった住環境の整備および防災活動で市区町村と連携している自治会が多い。

第4に，市区町村からの業務受託・連携は，自治会が市区町村の政策が不十分だと認識しているほど行われる。その意味で，自治会は政策遂行の補完として市区町村に協力しているといえる。また，補助金や委託手数料が一定程度以上あることや市区町村を信頼しているほど委託や連携が行われている。そのほか，社会関係資本とは関連がみられないが，自治会と他団体との連携がなされているほど，市区町村とも委託や連携がなされていることが明らかとなった。

第5に，補助金や資材などの物的支援，情報，活動拠点の提供といった市区町村から自治会への支援も多くの市区町村で行われている。一方で，自治

会の結成や役員交代の把握など，市区町村の側で自治会の動向を管理する側面もみられる。支援策について，自治会の側では重要だと認識しているものが多いが，満足だという自治会は少ない。自治会の側では，市区町村の支援策は不十分だと認識している。

　以上のように，自治会は市区町村からの情報伝達，募金，住環境の整備などの行政協力活動を行っている。そして，こうした協力活動は市区町村の政策補完として行われており，かつ，自治会支援策や市区町村への信頼との関連が確認できる。このように自治会は政策のアウトプットにおいて市区町村と協力し，有効な働きをしていることがわかる。これに対して，自治会の側からの主張や要望は市区町村の政策にどの程度反映されているのだろうか。次章では，自治会による政治参加を取り上げ，自治会と市区町村との関係を別の視点から検討する。

第8章　自治会による政治参加

1. はじめに

　前章に引き続き，自治会と政治・行政との関係を検討していこう。本章では，市区町村に対する主張や要望と選挙運動を取り上げ，政治参加の実態を捉えることを試みる。前章でも述べたように，高木（1969）は町内会・自治会と行政との関係を整理する中で，地区住民による市区町村に対する要望のとりまとめ・陳情と，市区町村会議員の選出母体であることを主要な機能として挙げている。

　自治会は地域を代表する組織として，日常的に住民生活に関わる要望を政治や行政に伝えている[1]。また，地域において重大な社会問題が発生した際には，住民運動の主体となって活動することもある（McKean 1980；早川 2007など）。このように自治会は住民の声を政策過程に反映させる機能（ロビイング機能）を担ってきた。ローカル・ガバナンスにとって市民による地域社会運営への参加は重要な要素とされる。したがって，自治会を通しての政治参加は本書の目的からいっても見逃せない側面である。

　もっとも，Pekkanen（2006＝2008, 2009）は国際比較の見地から，日本の市民社会組織を「アドボカシーなきメンバーシップ（membership without advocacy）」だと特徴づけている。自治会への高い加入率からもわかるように，

　（1）　市区町村によっては地域からの要望を自治会で一元化することを求める場合もみられる。市区町村調査ではこのことを質問しているが，26.3％の市区町村が住民の要望の窓口を自治会に一元化している（市区町村調査Q５）。

日本では市民社会組織に加入している人々が多いにもかかわらず,政策提言的な活動はあまり行わないのである。

これに対して,辻中ほか(2007)は,筑波大学のプロジェクトにおける調査データを用いて,社会団体とNPO法人という他の種類の市民社会組織との比較から,自治会と政治・行政との関わりを分析している。その結果,自治会は,社会団体やNPO法人に比べて,市区町村の担当課への働きかけが多く,要求が受け入れられた経験をもっている。また,自己の政策への影響力も高いと認識している。こうした結果をふまえると,市民社会組織の中でも自治会は市区町村に対する働きかけが活発であるといえる[2]。

自治会による圧力団体機能は従来から指摘されてきたものの(高木1960;菊池1973;倉沢1990),その特徴についてはこれまで詳細な分析が行われてこなかった。そのため,どの程度活発に要望活動が行われているのかについては十分に明らかにされていない。例えば,自治会の主張や要求がどのようなルートで行われるのかや,それを規定する要因などについては,管見の限りでは十分な分析が行われていない。そこで本章では,自治会調査データを用いて上記の課題に取り組んでいく。これにより,市区町村の政策執行への協力とならんで,日本における政治社会と市民社会との接触面の諸相を明らかにすることができるだろう。

自治会による政治参加には,市区町村への要望伝達ばかりでなく市区町村会議員など政治家との関わりもある。地方選挙において自治会が議員の支持や推薦を行うことは,かつて指摘されてきたことである(居安1983;春日1996)。こうした自治会の選挙運動は保守的な政治勢力の温床であるなどと批判的に捉えられることもあるが(奥田1964;松下1961),議員を経由するという行政とは異なる政治へのアクセス・ルートだとみることができる。こうした自治会による選挙運動および議員に対する陳情などの要望伝達は,どの程度行われているのだろうか。本章では,この点についても分析を行う。

さらに,このような政治や行政との接触により,要望が達成される程度や

---

(2) ただし,Pekkanen (2006=2008) は日本の市民社会組織のアドボカシーの弱さとして専従スタッフの存在に注目している。その点では,アドボカシーに関する専従スタッフを雇用することのない自治会はやはりアドボカシー機能が弱いといえる。

政策に対する自己の影響力認知が高まるのだろうか。地域住民の代表的組織であり，ローカル・ガバナンスの担い手である自治会が，地域社会の運営に際してどの程度の影響力を発揮できるのかを明らかにすることは，実質的な市民参加の浸透を捉えるうえで重要な課題である。

　本章では，まず要望のルート，内容，市区町村への対応の評価，動員型活動についての実態を把握する（2節）。次いで，それぞれの要望活動に影響を及ぼす諸要因について検討する（3節）。特に，市区町村や市区町村会議員との関係に着目し，要望伝達がこれらに規定されていることを示す。続いて，自治会の地方選挙における支持や推薦（4節），要望の程度と受け入れられた経験や政策に対する自己の影響力認知を取り上げる（5節）。結果を先取りするならば，自治会は政策執行への協力に対する交換として要望伝達を行っている。また，市区町村にアクセス可能であったり，信頼していることが要望伝達を促している。さらに，市区町村との接触は自治会の政策に対する影響力をも規定する。これに対して，市区町村会議員への要望は，行政への要望が十分に受け入れられないと見込まれるときの代替的手段に位置づけられる。このように自治会を通して地域政治をみると，行政偏重的な傾向が鮮明に浮かび上がる。

　また，3～5節の分析から，首長の党派性や市区町村議会の構成において自民党勢力が強いことと，自治会の政治参加との間に正の関連はみられなかった。データからは，自治会が保守勢力の基盤であり，その下で政治参加を行っているということは確認できない。

2．自治会による要望活動（ロビイング）

2．1．要望活動のルート

　まずは，自治会がどのような手段で要望を行うのかをみていこう。表8－1は，7つの対象への要望の頻度について，市区町村人口規模と加入世帯数別の分布を示したものである＜自治会調査問27＞。自治会調査では5段階で質問しているが，「頻繁」＋「やや頻繁」＋「ある程度」という回答の割合の和を示している。

　市区町村の担当課との接触は，全体の84.1％の自治会で行われている[3]。つまり，ほとんどの自治会が市区町村の窓口になる部署へ要望を伝えている

のである。なお，自治会が接触するのは総務課や市民活動課といった自治会を担当する部署ばかりではなく，道路補修の問題であれば土木，ゴミの処理については環境など，要望の内容に応じて必要な部署に働きかけている。自治会類型による差はあまりみられないが，非都市・新型で若干低い傾向にある。

市区町村との意見交換は，定期的な会合，懇談会や住民説明会を通しても行われる。このような場の設置については市区町村調査において質問しており＜市区町村調査Ｑ５＞，全体の66.0％の自治会で行われている。多くの市区町村は自治会に政策の説明をしたり，要望を聞き入れるためのルートを用意しているのである。なお，人口規模が小さい市区町村ほど実施している割合が高い。

表8－1の自治会調査の結果からは，全体の68.0％の自治会が懇談会で要望を伝達している。これも自治会類型による差はあまりみられないが，都市・旧型で若干低い。これは前述のように，小規模な市区町村において，懇談会などの場がより多く設けられていることと符合する。

担当課や懇談会からより進んだ上位レベルへの働きかけとして，市区町村の幹部への働きかけがある。これは全体の45.5％の自治会で行われている。村落型と都市・旧型という発足時期の古い自治会で割合が高い。

この他の行政への接触手段として，近年用いられるものにパブリックコメントがある。パブリックコメントとは，行政など公的機関が意思決定に際して，一般市民に意見や情報などを求める手続きである。これについての

表8－1　自治会類型別政治・行政への働きかけ （単位：％）

	村落型	非都市・新型	都市・旧型	都市・新型	全体
市町村担当課	84.6	80.7	85.2	84.1	84.1
市町村との懇談会	70.4	66.7	64.9	67.2	68.0
市町村幹部	48.7	41.7	46.5	40.2	45.5
パブリックコメント	22.9	23.1	22.0	23.3	22.8
市町村議員	47.4	38.2	46.3	40.0	44.4
議会への請願	31.6	22.8	26.0	22.2	27.2
有力者	22.9	16.1	21.1	15.2	20.0
自治会連合会	44.2	47.8	59.0	61.7	51.8
N	6,341	1,997	3,471	2,955	14,764

（3）　第1章で述べたように，自治会調査は市区町村の紹介を経て，各自治会に調査票を配布している。そのため，サンプル全体において市区町村との接触が頻繁である可能性がある。

実施率は全体の22.8%であり、他の行政接触の手段と比べると低い割合である。自治会類型による差はあまりみられない。

冒頭で述べたとおり、自治会の接触先は行政ばかりではなく、市区町村会議員へも働きかける。全体の44.4%の自治会が行っている。これは市区町村幹部との接触とほぼ同じ程度である。また、議員への働きかけとして、議会に対する請願という手段もある。これについては全体での実施率が27.2%とあまり高くはない。どちらも、発足時期が古い自治会ほど割合が高い。

このほか、行政や議員以外への働きかけとして、地域の有力者と自治会連合会が考えられる。有力者については全体の20.0%である。発足時期が古い自治会で割合が高い。現在、政策に影響を及ぼしうるような有力者がいる地域は限られているのかもしれない。

自治会連合会は全体の51.8%と、行政の担当課と懇談会に次いで高い実施率である。連合会は自治会の上位組織であるので、何か問題が生じたら最初に相談するというのは当然のことだろう。特に、自治会の要望内容が必ずしも単位自治会の範囲内でおさまるものではない場合には、自治会連合会が他の自治会と調整して行政に要望する。都市・旧型と都市・新型という都市部で大規模な自治会ほど割合が高い。これは5章の分析において都市部で大規模な自治会ほど連合会との連携がなされていたことと同様の結果である。

以上のことから、ほとんどの自治会が市区町村の担当課や懇談会といったお役所の日常業務や構えない場での行政接触を行っている。前章でみた行政協力も勘案すると、自治会と行政との関係の深さを知ることができる。なお、市区町村幹部、市区町村会議員、地域有力者への接触は、発足時期の古い自治会ほど頻繁に行われている。古くから地域社会に根ざす自治会ほど、権力を保持するエリートとの接触がより可能となるのだろう。これに伴う自らの影響力評価については、後で詳細に分析する。

2.2. 市区町村の対応への評価

市区町村と接触して要望を伝えるにあたり、自治会はその対応をどのように評価しているのだろうか。1つに考えられるのが要望を伝える機会についての評価である。自治会は市区町村に説明を求めたり自らの意見を表明したりする場をどのくらい重要だと感じ、現状にどのくらい満足しているのだろうか。また、要望を伝えても市区町村の側が真摯に受け止めなければ、受け

表 8－2　自治会類型別市区町村の対応に対する評価

		村落型	非都市・新型	都市・旧型	都市・新型	全体
誠実な対応	重要（％）	76.1	72.6	72.1	71.3	73.7
	満足（％）	30.2	30.7	32.6	33.8	31.6
	評価指数	.123	.305	.509	.655	.345
協議の場	重要（％）	59.0	58.2	58.8	57.0	58.4
	満足（％）	23.0	23.6	23.3	24.4	23.4
	評価指数	.257	.175	.255	.249	.244
N		5,928	1,881	3,226	2,773	13,808

入れられることはないだろう。このような行政の対応の誠実さについて自治会はどのように評価しているのだろうか[4]。

表 8－2 は，自治会類型別に市区町村の対応への評価を示したものである[5]。これらは 5 段階での質問であるが，そのうちの肯定的な回答の割合（例えば，「重要である」＋「やや重要である」）を示している。また，7 章の委託業務や自治会支援に対する評価と同様に，評価指数も算出している（算出法は 4，7 章参照）。

　誠実な対応については，全体の73.7％の自治会が重要だと回答している。これは前章でみた補助金や情報の支援と同じ程度である。これに対して，満足だという自治会は31.6％であり，重要度と満足度の開きが大きい。若干ではあるが非都市部で小規模な自治会のほうがその傾向にあり，評価指数をみてもこれらの自治会のほうが低い値となっている。

　協議の場の提供については，全体の58.4％が重要だと認識しており，誠実な対応と比べると低い。満足と回答しているのは全体の23.4％であり，やはり重要度と比べて満足度が非常に低い。自治会類型による差はみられないが，評価指数は非都市・新型で低く，協議の場に不満のようである。

2. 3. 動員型の活動

　以上にみたような平時の要望活動の他に，自治会は地域の社会問題の解決のため人々を動員する活動に立ち上がることもある[6]。McKean (1980) は，自

---

(4)　自由回答には行政の対応の誠実さについて次のようなものがあった。「末端行政は町民の意見等を全て自治会長に依存し，行政に関わる職員が自分の職務と考え問題を処理しようとしない行政では，信頼をなくしてしまう。」（福岡県・吉富町）

(5)　要望のルート（市町村担当課との接触，懇談会への出席，幹部との接触）と評価との関係について相関係数を求めたが，いずれも0.1前後の弱い値しかみられなかった。

治会が基本的には保守的であり，公害反対などの住民運動には親和的ではないものの，あまりにも地域への被害が大きい問題の場合には住民運動に転化する場合があることを指摘している。玉野（2005）は，1970年代に東京都区部における母親たちの子どもセンター建設請願運動に，町会がどのように関与したのかを描いている（玉野 2006：第4章）。近年の住民運動においても，早川（2007）は栗東産廃処分場問題において地域の各集落がどのように関与したのかを描いている。また，神田（2002）は鹿児島県の産廃処理施設の建設反対運動において，自治公民館が果たした役割について論じている[7]。このほか，新聞からは，米軍司令部の移転反対に関して『自治会主導で20万署名　相模原』（朝日新聞神奈川版 2005年8月11日）や，『市立宇和島病院の指定取消撤回を　地元自治会が署名提出』（産経新聞 2008年2月15日）といった記事などがみられる[8]。このような地域をゆるがす大問題はそう多くの地域でみられるものではないだろうが，地域住民の生活維持・向上を目指す自治会としては避けられない問題である。

　自治会調査では，市区町村人口規模と加入世帯数別に，要望書，署名，集会，会員を動員しての電子メール，手紙や電話をする，直接請求・監査請求のそれぞれの手段を用いたことがあるかどうかを尋ねている＜自治会調査問29＞。これらの行為はそれほど頻繁に用いられるものではないので，一度でも行ったことがあるかどうかを質問している。

　表8－3は，市区町村に対する自治会類型別のそれぞれの項目の実施経験

（6）　様々な課題解決における自治会の関与についての諸研究は伊藤（2007）が的確にレビューしている。

（7）　以上に挙げた事例も含め，自治会が地域問題に関与することが必ずしも住民運動にとってのメリットとなるばかりではない。むしろ自治会が行政側に立って住民運動と対立するケースも指摘されている（久冨 1976；広原 1989；森 1996など）。また，5章でも触れたように，自治会調査では住民運動と連携しているかどうかについても尋ねているが（問31），全体の5.2％しか連携していない。

（8）　さらに，自由回答には次のようなものがあった。「本年，町内にある私鉄の駅（ローカル線）が廃止になるという会社側の通告があった。そこで市及び市議会と歩調を合わせ，近隣町内会と連携を取りながら廃止反対運動を展開した。…中略…住民が一致団結し，市行政の金銭的支援を受けて，80年続いている駅存続を勝ち取った。」（石川県・金沢市）

表8－3 自治会類型別動員型活動の実施経験
(単位：%)

	村落型	非都市・新型	都市・旧型	都市・新型	全体
署名	17.4	18.2	22.5	24.3	20.1
要望書	69.8	62.2	69.5	67.6	68.3
集会	18.4	15.1	16.8	14.7	16.9
会員動員	13.6	15.9	18.5	18.7	16.1
直接請求・監査請求	7.1	6.6	6.4	6.9	6.8
N	6,688	2,110	3,633	3,094	15,525

を示したものである。要望書の提出は全体の68.3％と高い割合を占めている。要望書は公共施設や道路の修理など日常的な陳情で用いられることもあるため，実施経験が高い。非都市・新型で割合が低い。

署名は全体の20.1％，集会は16.9％，会員の動員は16.1％の自治会で行われている。全体からみると決して多いとはいえないが，一定程度の自治会で動員型の活動が行われている。署名と会員動員については，都市部で大規模な自治会で実施経験が高い。集会については，発足時期の古い自治会で高い。直接請求や監査請求といった制度的権利を用いた行動は全体の6.8％とほとんど行われていない。

2.4. モニタリング

近年の市民参加の議論では政策の決定や執行ばかりでなく，評価における市民の参加も重視されている(佐藤2005)。すなわち，市民には市区町村に要望を伝えるだけでなく，政策がきちんと執行されているのかを注視し，それを評価することが求められている。市民・住民の代表としての自治会は，このようなモニタリングをどのくらい行っているのだろうか。

図8－1 自治会類型別モニタリングの実施状況

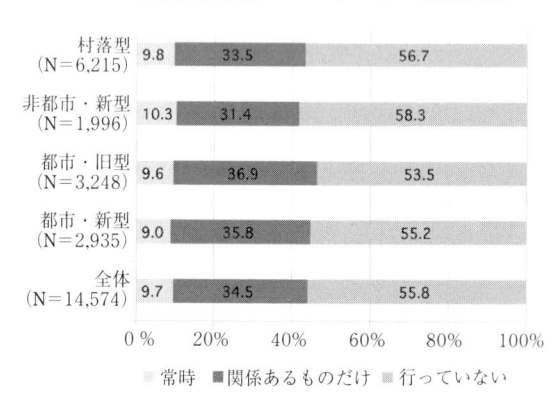

類型	常時	関係あるものだけ	行っていない
村落型 (N=6,215)	9.8	33.5	56.7
非都市・新型 (N=1,996)	10.3	31.4	58.3
都市・旧型 (N=3,248)	9.6	36.9	53.5
都市・新型 (N=2,935)	9.0	35.8	55.2
全体 (N=14,574)	9.7	34.5	55.8

自治会調査では，政策のモニタリングについて，自ら関心のあるものだけ行っているのか，常に行っているのか，それとも行っていないのかを質問している(自治会調査問26)。図8－1はその結果を

自治会類型別に示したものである。全体の9.7%が常時行っており，34.5%が関係のあるものだけ行っている。合せて44.2%と，半数弱の自治会がモニタリングを行っている。政策の執行や決定で市区町村との関係が深いことや，自らが多様な社会サービスを供給していることもあり，市区町村が提供する公共サービスに対して関心をもつ自治会が多いようである。なお，自治会類型による差はほとんどみてとることができない。

3. 要望ルートの規定因

3.1. 要因の検討

前節にみた自治会の要望活動はどのような要因に規定されるのだろうか。第1に考えられるのが，市区町村の政策に対するニーズである。自治会は地域に対する市区町村の政策が不十分であるから要望伝達を行うものと考えられる。また，市区町村からの業務を受託したり，連携して活動しているほど要望も伝達しやすいだろう。市区町村会議員への要望の場合には，選挙運動への協力などで関係があることが要望活動にも関連するものと考えられる。

このほか，市区町村の幹部や市区町村会議員などに要望を伝えるためには，これらの人々にアクセスできなければならない。また，これらの人々が自治会の要望を聞き入れてくれるかどうかも重要である。このような政治・行政アクターとの関係が要望活動の手段に影響を及ぼすものと考えられる。これらの諸要因に加えて，社会関係資本，他団体とのネットワーク，自治会組織や地域の特徴を加味して総合的に検討していく。

従属変数は要望のルートであり，市区町村を対象としたもの（担当課，懇談会，幹部，パブリックコメント）と市区町村会議員を対象としたものとをそれぞれを分析する。市区町村を対象とした要望については，それぞれの項目について5段階の回答を量的変数とみなして加算した。変数間の内的整合性については，クロンバックの $\alpha = .717$ であり，一次元の尺度とみなしても問題はない。4項目について加算したので，最大値は $5 \times 4 = 20$ である。最小値は $1 \times 4 = 4$ である。全体での平均値は10.09であり，範囲のほぼ中央付近である。一方，市区町村会議員は5段階の回答をそのまま量的変数として用いる[9]。分析には重回帰分析を行う。全体での平均値は2.33である。どちらも村落型や都市・旧型といった古い自治会でやや高い傾向にある。

以下に，関連する要因を検討していこう。

(1) 市町村政策に対するニーズ

自治会が市区町村に対して要望を伝える必要があるのは，市区町村の政策が不十分だと認識しているからである。そのため，政策に対するニーズが高いほど頻繁に要望活動を行うものと考えられる。分析には，6，7章において市区町村政策の重要度と満足度をもとに作成した政策ニーズ指数を用いる。また，モニタリングを行い，政策の執行状況を注意深く監視しているほうが，政策の不十分な点を要望するものと考えられる。分析では，モニタリングを行っているかどうかをダミー変数（常時，関係のあるものだけ＝1）に再コードして用いる。これら2点は，いずれも政策の不十分さのために要望を行うという動機に基づいた活動を想定している。

(2) 市区町村および市区町村会議員との関係

自治会が政治や行政アクターとのつきあいがあり，アクセスが容易であるほうが，そのアクターへの要望活動を行いやすい。一方で，あるアクター（例えば，市区町村）へのアクセスが制限されているために，アクセス可能な他のアクター（例えば，議員）に対して要望を行うことも考えられる。このような政治的エリートへのアクセス可能性は，社会運動論において政治的機会構造として概念化されている(Tarrow 1998＝2006など)。分析には，自治会長が市区町村幹部，地方議員，政治団体役員とつきあいがあるかどうかをダミー変数（つきあいあり＝1）として用いる。

アクセスとともに，市区町村や議員への信頼も重要である。自治会が市区町村や議員を信頼しているほど，自らの要望が受け入れられると考え，それぞれに対する要望を行うものと考えられる。一方で，あるアクターに対する信頼が低いために，他のアクターに要望活動を行うことも考えられる。分析には，市区町村および議員への信頼を尋ねた5段階（「信頼できない」〜「信頼できる」）の質問を，それぞれ量的変数として分析に投入する（信頼できる

（9）市区町村会議員との接触と請願についてはクロンバックの $\alpha = .622$ と，内的整合性があるとはいえない。そこで，市区町村会議員との接触のみを用いる。

= 5）。市区町村については7章でみたように全体での平均値は3.78である（156頁）。これに対して市区町村会議員については3.27と中程度の値である。

自治会は市区町村の政策執行を補助する代わりに，要望が受け入れられるという交換関係を想定することができる（上田 1989；森 2008）。また，市区町村と関わって活動する中で，要望すべき事柄も生まれてくるだろう。したがって，市区町村に対する要望は，政策執行における連携や業務受託を行っているほど行われる。分析には，前章でみた市区町村からの受託業務や連携して行っている活動の数を用いる。これについては，7章で従属変数として用いたものであり，委託業務4つと連携活動5つの最大9つからなる。

市区町村会議員についても，自治会が選挙において特定の議員を支持・推薦する代わりに，議員の側で自治会の要望を政策過程に反映させるという交換関係を想定することができる（春日 1996）。したがって，自治会が選挙運動を行うほど，議員に対する要望活動が多いと考えられる。自治会調査では，地方議員選挙の自治会の推薦・支持活動についての質問＜自治会調査問23＞を，「いつも」「最近」「するときもしないときも」を合わせて実施，「以前はしていた」「していない」を不実施というダミー変数（実施＝1）として分析を行っている。なお，選挙運動を行っているのは全体の38.0％である。自治会における選挙運動については，4節で詳しく取り扱う。

(3) 市区町村の政治環境

市区町村長の党派性・市区町村議会の構成も自治会の要望活動に影響を及ぼすものと考えられる。自治会については，保守政治の基盤であったという議論がみられる（奥田 1964；松下 1961）。こうした議論が現在においても妥当なものだとしたら，保守系の市区町村長や保守勢力の強い市区町村の自治会のほうが，要望が受け入れられる可能性は高く，自治会はより活発に政治や行政への働きかけを行うものと考えられる。

市区町村調査では，首長の党派性と市区町村会議員の議席構成を質問している＜市区町村調査 Q15, 18＞。首長の党派性については，首長が直近の選挙でどこの政党から支援を受けたかを複数回答で尋ねている[10]。ここから，

---

(10) 選択肢は，自民党，公明党，民主党，社民党，共産党，地域政党，受けていない，その他の8つである。

自民党の支援，自民党以外の支援，政党の支援を受けない（無党派）という3カテゴリの変数を作成する。分析に際しては自治会調査と市区町村調査のデータを接合して用いる。なお，自民党の支援を受けた首長のいる市区町村に所在する自治会は全体の28.3％，他党は25.4％，支持を受けない無党派は46.4％である[11]。自民党以外の支援を受けている首長を基準カテゴリとして，それぞれをダミー変数として用いる。

議会の構成については，各政党が占める割合を数値で尋ねている。このうち，自民党系の議席率が2／3以上，過半数〜2／3，過半数未満というカテゴリに分けて分析に用いる[12]。なお，自民党系が2／3以上の議席率である市区町村に所在する自治会は全体の52.8％，過半数〜2／3が20.1％，過半数未満が27.1％である[13]。分析では，過半数未満を基準カテゴリとし，他のカテゴリをダミー変数として用いる。

(4) 市区町村からの支援

この他の政治的要因として，市区町村からの補助金や情報の支援が考えられる。これらは直接的に要望を促進するものではないが，支援を受けている自治会ほど活動がさかんであり，要望を行うものと考えられる。分析には，これまでの章と同じく，市区町村から自治会への補助金額と，補助金および情報支援に対する評価を用いる。これらの変数の操作化についてもこれまでの章と同様である。詳しくは4章を参照されたい。

(5) 社会関係資本

集会など会員を動員する形態ではないので，住民同士のつきあいから生じる社会関係資本は直接的には要望活動に影響しないと考えられる。しかし，住民が密に連絡を取り合ったり自治会活動に協力しているほど，自治会内部

---

(11) 市区町村調査においては，自民党の支援を受けた首長のいる市区町村は16.8％，他党は19.5％，支持を受けない無党派は63.5％である

(12) 市区町村調査では，議員の議席について，政党所属ではなく「自民党系」のように系列で尋ねている。そのため，無所属議員であっても自民党に近い立場にある議員は自民党系に含まれる。

(13) 市区町村調査においては，自民党系が2／3以上の議席率である市区町村は全体の49.1％，過半数〜2／3が20.5％，過半数未満が30.5％である。

の合意を得ることができ，自治会の総意として要望活動を行うことができると考えられる。分析には4章で作成した自治会における社会関係資本指数を用いる。

(6)他の地域団体との関係

6章と7章の分析から，自治会と地域の他団体との連携関係は，社会サービスの供給や市区町村との受託・連携と関連している。このように地域に関わる活動を他団体との連携によって行うなかで，政治や行政に要望する事項も生じるだろう。5章でみたように，自治会は地域社会の中心的位置を占める団体であり，地域社会の総意として要望活動を行うことが考えられる。分析には，6，7章で用いたように各地域団体との連携数を用いる。

(7)市区町村の社会サービス活動

市区町村が社会サービス活動を積極的に行うほど，市区町村に対応を求める事項も多いと考えられる。これは特に，安全や福祉・教育といった地域の問題対処活動を行う自治会に当てはまる。分析には，6章で析出した自治会活動類型を用いることとする。低活動群を基準カテゴリとし，他の類型をそれぞれダミー変数として用いる。

(8)地域や組織の特徴

自治会や地域の特徴を表す変数として，自治会の役割認識を用いる。行政に対する要望を自治会の主たる役割だと認識している自治会ほど委託や連携が活発だと考えられる。役割認識については，主なものを2位まで順位づけで質問している＜自治会調査問6＞。他章と同じように，行政への要望が2位まで含まれていれば「多い」，それ以外は「少ない」というダミー変数（多い＝1）として分析に投入する。

また，自治会類型についても分析に投入する。表8－1（166頁）でみたように，市区町村幹部，市区町村会議員，地域有力者との接触は，発足時期の古い自治会ほど頻繁に行われている。このような相違がみられるのかを確認しよう。分析には，村落型を基準カテゴリとして，他の各類型をダミー変数として用いる。

3.2. 分析

　表8－4は重回帰分析（OLS推定）を行った結果である。市区町村への要望の規定要因から結果をみていこう。政策に対するニーズ，モニタリング，市区町村からの社会サービス活動の受託やそれとの連携数，選挙運動の実施，市区町村幹部へのアクセス，市区町村への信頼といった要因がそれぞれプラスの係数になっている。政策に対するニーズや関心および市区町村や議員との日常的な関係は要望活動を活発化させる。首長の党派性については，他の政党から支持を受けている場合に比べて自民党から支持を受けている首長であるほうが，自治会の要望活動は少ない。しかし，議会については関連が認められない。こうした結果からは，自治会が保守政治の基盤であると定かにいうことはできない。

　続いて市区町村から自治会への支援についてみていこう。補助金支援を受けていない場合に比べて，30万円以上ないし10－30万円であれば要望が頻繁に行われる。補助金に対する評価は関連しないが，情報に対する評価はプラスの係数である。

　政治的要因以外では，社会関係資本と他の地域団体との連携数がともにプラスの係数である。要望活動においても，これらのネットワークが基礎となっている。また，自治会の役割を行政への要望と認識している自治会ほど要望活動が行われている。自治会類型については，村落型と比べて，非都市・新型で要望活動が頻繁である。その他の類型とは要望活動に差がみられない。表8－1からは，発足時期が古いほうが市区町村幹部への要望が頻繁であった。古くからある自治会は，戦前からの経緯もあり市区町村と様々な関係を形成していると考えられる。そのために要望活動が多くみられたのだが，他の要因を統制するとむしろ要望が頻繁ではないことが明らかとなった。

　市区町村会議員についての結果をみておこう。政策に対するニーズとモニタリングはプラスの係数である。選挙運動の実施，市区町村会議員へのアクセス，議員への信頼についてもいずれもプラスの係数になっている。ここでも政治的アクターとの日常的な関係や政治的機会構造の影響がみられる。市区町村の信頼についてはマイナスに影響している。つまり，行政を信頼していないほど議員に対して要望を行っているのである。ここから，議員への要望は，市区町村への要望が十分に受け入れられないと予想される場合の代替手段だということができる。

表8－4　市区町村と市区町村会議員への要望活動の規定因（重回帰分析）

	市区町村への要望		市区町村会議員への要望	
	回帰係数	標準誤差	回帰係数	標準誤差
定数	3.608**	.357	.707**	.129
市区町村政策へのニーズ	.005**	.001	.001*	.000
モニタリング	1.086**	.081	.101**	.029
市区町村との委託・連携数	.082**	.021	－.013	.007
選挙運動	.201*	.084	.306**	.030
市区町村幹部と知り合い	.882**	.087	－.027	.031
市区町村会議員と知り合い	.091	.089	.290**	.032
市区町村への信頼	.357**	.054	－.147**	.020
市区町村会議員への信頼	.030	.047	.423**	.017
首長の党派性：自民党	－.416**	.111	－.040	.040
首長の党派性：無党派	－.145	.105	.029	.037
首長の党派性：他党（基準カテゴリ）				
市区町村議会：自民党2／3以上	.154	.096	.016	.035
市区町村議会：自民党1／2～2／3	.054	.122	.001	.044
市区町村議会：自民党過半数未満（基準カテゴリ）				
自治会支援：補助金30万円以上	.720**	.147	.031	.053
自治会支援：補助金10－30万円	.485**	.144	－.002	.052
自治会支援：補助金10万円未満	.132	.143	－.065	.052
自治会支援：補助金なし（基準カテゴリ）				
自治会支援評価：補助金	－.005	.012	－.002	.004
自治会支援評価：情報	.030*	.014	－.010*	.005
社会関係資本指数	.100**	.012	.013**	.004
他団体との連携数	.076**	.010	.021**	.004
自治会活動類型：高活動群	.708**	.145	.100	.052
自治会活動類型：問題対処群	.383**	.120	－.020	.043
自治会活動類型：旧来型施設管理群	.300	.134	.102*	.047
自治会活動類型：低活動群（基準カテゴリ）				
自治会の役割：行政への要望	.549**	.101	.156**	.036
自治会類型：非都市・新型	.327*	.131	.034	.047
自治会類型：都市・旧型	－.215	.113	－.014	.041
自治会類型：都市・新型	.129	.119	－.061	.043
自治会類型：村落型（基準カテゴリ）				
自由度調整み R^2	.315		.284	
N	3,201		3,453	

＊＊：p<.01　＊：p<.05

　首長の党派性や市区町村議会の議席率は要望活動と目立った関連がみられない。また市区町村から自治会への支援については，補助金および補助金に対する評価との関連はみられない。情報に対する評価が低いほど議員への要望が行われている。これについては市区町村から十分な行政情報の提供を受けていない場合に，議員との接触を強めるものと考えることができる。この

ほか，社会関係資本，市民団体との連携，地域の団体との連携がプラスの係数である。自治会類型については差が見いだせない。

　以上の結果から，自治会による要望活動は市区町村や議員との日常的関係と政治的機会構造によって規定される。日常的に関係があり，さらに要望が受け入れられる可能性が高いほど要望活動が行われるのである。議員への要望はさらに，市区町村への信頼が低かったり，情報提供が不十分なときに代替手段として行われるという側面がある。表8－1で確認したように，自治会の要望活動は市区町村に対するものが多いが，そこで満たされない場合に議員との接触というルートが現れるのである。なお，首長や議会の党派性についての結果からは，市区町村と議員のいずれであっても，自治会が保守（自民党）政治の基盤であり，それにより活発に要望活動を行っているとはいえない。

4．自治会の選挙運動

4.1．選挙運動の実態

　自治会と政治との関わりについては，地方議員の選挙運動という点でも注目されてきた。自治会は地域出身や地域の利益を代弁する議員を選挙において推薦したり，支持したりする。議員の側でも安定した支持を得るために，政策形成において自治会の主張を反映させるように活動する。このように自治会と議員の間には相互に交換関係が成立している[14]（居安 1983；春日 1996；Pekkanen 2006＝2008）。とりわけ，自治会は古くから保守的伝統の温存基盤といわれてきた（奥田 1964；松下 1961；Curtis 1971＝1971 など）。自治会が主に自民党系議員の選挙運動を手伝ってきたことは，これまでもたびたび指摘されている。

---

　(14)　春日（1996）は，地方における有権者と政治家の相互関係を「政治的相互作用空間」としてモデル化している。有権者の投票には集合準拠によるものと個別準拠によるものがある。また，地縁・血縁・心縁などによる基礎的関係による投票と，仕事・趣味・信仰による機能的関係によるものがある。政治家が供給する利益にも，私的世話，名誉，政策の実現，権益がある。地区組織（自治会）は，このうち集合的準拠と基礎的関係に基づき，名誉と政策の実現を期待して投票行動を行う。

春日（1996）は鳥取県を事例に地区組織（自治会）における地区推薦について詳細な実証研究を行っている[15]。また，谷口（2003）は，連合自治会を対象としているが，選挙制度変更後も選挙運動が有効に機能していることを示している。

議員の側からみても自治会による推薦は重視されている。若田（1994）は，地方政治家が地盤を作ろうとするうえで最も重要な組織は自治会だと主張する。Curtis（1971＝1971）は，1960年代に自民党が支持を集めるために自治会をどのように利用したのかを描いている。Pekkanen（2006＝2008）は，国会議員，地方議員，自治会長へのインタビューをもとに，議員が自治会の会合などに参加することによって有権者に触れ合う場があることを指摘している。議員にとって自治会は自らの集票組織ではないが，多くの有権者と触れ合う場を提供してくれるのである。

それでは，自治会調査データから，自治会による選挙運動がどのくらい行われているのかをみていこう。自治会調査では，地方議員選挙における推薦・支持について，「いつも行っている」「最近始めた」「する時もしない時もある」「以前はしていた」「したことがない」という選択肢で質問している＜自治会調査問23＞。図8

図8－2　自治会類型別選挙運動の実施状況

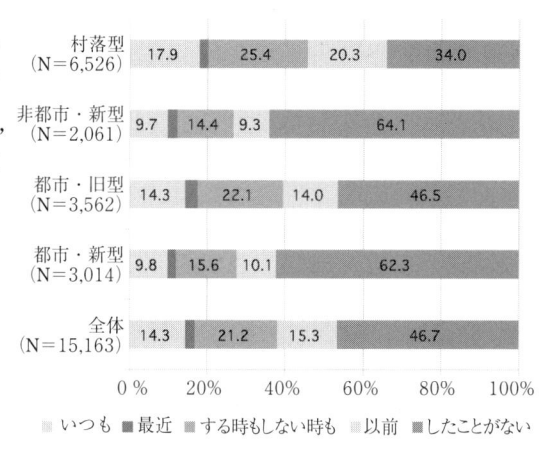

類型	いつも	最近	する時もしない時も	以前	したことがない
村落型（N=6,526）	17.9		25.4	20.3	34.0
非都市・新型（N=2,061）	9.7		14.4	9.3	64.1
都市・旧型（N=3,562）	14.3		22.1	14.0	46.5
都市・新型（N=3,014）	9.8		15.6	10.1	62.3
全体（N=15,163）	14.3		21.2	15.3	46.7

---

(15) 最近の新聞記事にも次のようなものがある。「最後の頼みは地縁血縁になりそうだ。藤枝市は昭和の大合併で旧藤枝町と旧青島町に周囲の6村が加わってできた。市内を流れる瀬戸川を境に旧2町の対立意識は根深く，『南北戦争』と言われてきた。北村氏は旧藤枝町，松野氏は旧青島町をそれぞれ地元にしていて，各町内会では投票の呼び掛けが盛んになっている」（傍点は筆者）（『保守分裂，乏しい争点　他党，中立の構え　藤枝市長選，あす告示』朝日新聞静岡版2008年5月17日）。

−2は，自治会類型別にその分布を示したものである。

　選挙運動を少しでも行ったことがある自治会は全体の53.3%と半数を超えている。行ったことがある中では，いつも行っている自治会が全体の14.3%，する時もしない時もある自治会が21.2%である。一定程度の自治会が以前から現在まで選挙運動を継続していることがわかる。その一方で，最近になってはじめたという自治会は全体の2.5%であり，ほとんど存在しない。また，15.3%の自治会が以前は行っていた選挙運動をやめている。これらのことから自治会による選挙運動は減少傾向にあることがわかる[16]。

　自治会類型別にみると，村落型と都市・旧型という発足時期が古い自治会で実施されていることがわかる。特に，村落型では49.3%が現在でも行っている。自治会が選挙活動を直接行うというのも旧来の風習に近いものだと考えることができるだろう[17]。しかし，僅差で勝敗が分かれる候補者にとっては，自治会はなお重要な集票組織であるとみることもできる。

4.2. 選挙運動の規定因

　それでは，どのような要因が自治会の選挙運動を規定するのだろうか。直接的な要因として考えられるのが，自治会と議員との関係である。まず，議員とのつきあいがあれば，その議員を支持する可能性が高い。自治会が推薦・支持する議員は地域の代表でもあるわけなので，その議員を知っていることが前提となる。

　そのうえで議員の信頼の影響が考えられる。有権者は議員に政治の運営を負託するのだから，推薦・支持する議員に対する信頼感は重要である。また，要望活動の規定要因について分析したように，自治会が議員を信頼しているほど，要望を聞き入れてくれると思っているものと解釈できる。自治会と議

---

(16) 明るい選挙推進協会による有権者に対する調査でも，地方選挙における地元推薦が減少傾向にあることが示されている。1983年の統一地方選挙時には33.30%であったのが，2007年の統一地方選挙時には25.09%となっている（明るい選挙推進協会 2008：53）。

(17) 選挙活動の実施と各社会サービス活動の実施との間の相関係数（ϕ係数）を求めると，用水路の管理，寺社・墓地の管理，農林水産業の共同作業との値が高い。ここからも，選挙活動が旧来的な村落活動と親和的であることがわかる。

員の相互作用関係を想定すると，このような要望の受け入れ可能性が選挙運動の実施にも影響するものと考えられる。

また，自治会が保守政治の基盤であったという従来の議論から，自民党系議員であるほど選挙運動が行われるものと考えられる。これに加え，市区町村長の党派性についても同時に確認しておこう。

このほか，政策への関心を表す政策ニーズとモニタリング，さらに，社会関係資本，他団体との連携，自治会類型も加味して選挙運動の規定要因を総合的に探究しよう。従属変数の選挙運動の実施については，「いつも」「最近」「する時もしない時も」という現在選挙運動をやっているものと，そうでないもの（「以前はしていた」「したことがない」）に再カテゴリ化する。そのうえで，実施と不実施のダミー変数（実施＝1）として用いる。独立変数については，3節で行った要望ルートの分析と同様の操作化を行っている。

表8−5は，選挙運動の実施を従属変数としたロジスティック回帰分析の結果である。政治団体役員との交際や議員への信頼はプラスの効果をもっている。しかし，議員本人と知り合いであるかどうかには関連がみられない。議員よりも役員との関係のほうが選挙運動の実施と関わりをもっている。首長の党派性については，他党の支持を受けている首長と比べて，政党から支持を受けていない首長でのほうが選挙運動が行われている。自民党系の首長については統計的に有意な関連はみられないが，選挙運動をより行っていない傾向がみてとれる。市区町村議会の自民党系議席率

表8−5　自治会による選挙運動の実施
（ロジスティック回帰分析）

	回帰係数	標準誤差
政治団体役員と知り合い	.424**	.065
市区町村会議員と知り合い	.067	.069
市区町村議会への信頼	.249**	.033
首長党派性：自民党	−.103	.086
首長党派性：無所属	.215**	.080
首長党派性：他党（基準カテゴリ）		
議会自民比率：2／3以上	.131	.073
議会自民比率：過半数〜2／3	−.002	.092
議会自民比率：過半数未満（基準カテゴリ）		
モニタリング	.330**	.061
政策ニーズ	.000	.001
社会関係資本	.067**	.009
他の地域団体との連携数	.024**	.007
自治会類型：非都市・新型	−.532**	.099
自治会類型：都市・旧型	−.186*	.082
自治会類型：都市・新型	−.585**	.088
自治会類型：村落型（基準カテゴリ）		
定数	−2.855**	.228

$-2LL = 6{,}563.6$
Cox-Snell $R^2 = .087$
$N = 5{,}267$

**：$p<.01$　*：$p<.05$

については目立った影響がみられない。政策に対するニーズについては関連がみられない。モニタリングはプラスの効果をもつことから、政策への関心が高い方が実施している。自ら選出した議員に関わる政策形成と執行を注意深く見守っているのである。

このほか、社会関係資本が高いほど選挙運動を行っている。選挙で地域住民に投票を呼びかけるには、地域住民の人間関係が良好であったり、自治会活動に協力的であることが重要だと考えられる。また、他の地域団体と連携しているほど選挙運動を行っている。自治会類型については、村落型と比べると、他の類型はいずれも選挙運動を行っていない。これは先に確認したとおりの結果である。

以上の結果から、自治会による選挙運動の実施には、政治団体役員へのアクセスや議員への信頼が影響する。このように議員との関係が密接であることが選挙における推薦や支持といった行動につながるのである。地域の政治色について、これまで言われてきた保守の支持基盤という議論は、ここでの結果からは支持されない。自治会は現時点において、少なくとも自民党にとっての有力な支持基盤とはなりえていない。

5. 自治会の自己影響力

5.1. 要望活動と成功経験・自己影響力

本章では、自治会による政治・行政への要望と選挙運動の実態について分析を進めてきた。最後に、こうした政治参加により、自治会はどのくらい地域についての要望を達成し、さらには政治的影響力を獲得しているのかを検討しよう。自治会がローカル・ガバナンスの担い手であるならば、地域社会の運営に際してどの程度の影響力を発揮できるのかを明らかにすることは重要な課題である。自治会調査では、自治会が市区町村によって要望を受け入れられた経験＜自治会調査問28＞と、自治会が政策に対してどの程度影響力を及ぼすことができるのかを尋ねている＜自治会調査問30＞。どちらも自治会の影響力を表しており、主観的な影響力に対して、要望の受け入れ経験は影響力を実際に行使した頻度だと考えられる。

自治会は多くの世帯が加入する地域を代表する組織であり、行政との関わりも強いことから、影響力をもつことが指摘されている。鳥越（1994）によ

れば，自治会が一致して公共事業に反対すれば実施されることは通常ありえず，自治会から市議会に提出した請願は採択されることが多い。玉野（2005）は，東京都区部の新興の自治会リーダー層が行政の政策執行に対する協力を蓄積させながら影響力を増大し，選挙運動を行うことで議員を介して政策を変更できるようになったと論じる。また，平川（1987）は，札幌市の連合町内会を中心に地域権力構造を分析し，旧中間層が土地とそれに伴うネットワークと情報によって権力を維持しつつも，地域変動に伴って弱化していく様子を分析している。さらに，量的調査では，前述のように辻中ほか（2007）において，社会団体やNPO法人と比べて，自治会の自己影響力認知が高いことが示されている。このように，自治会が地域社会において影響力を保持してきたことがわかる[18]。

　ここでは，市区町村幹部および市区町村会議員との接触と，要望の受け入れ経験および自治会自身の政策への影響力との関係をみていく。多くの自治会が行っているお役所の日常の要望活動よりも，上位レベルの対象への働きかけのほうが，受け入れ経験や自己影響力と関連するものと考えられる。

　図8－3は，市区町村幹部と市区町村会議員のそれぞれごとに，要望の頻度によって，受け入れられた経験および自己の政策への影響力の程度を示したものである[19]。要望の頻度は，表8－1と同じように，5段階の回答のうち「頻繁」「やや頻繁」「ある程度」とそれ以外に分類している。また，受け入れられた経験と自己影響力については，それぞれ「受け入れられない」～「受け入れられた」，「弱い」～「強い」までの5段階の尺度で質問しているが，ここでは肯定的な回答の割合（例えば，「受け入れられた」「やや受け入れられた」の和）を示している。

　受け入れられた経験については，市区町村幹部の場合，要望が頻繁な自治会は62.9％，頻繁ではない自治会は45.2％である。議員の場合は頻繁な自治会は58.4％，頻繁ではない自治会は49.4％である。市区町村幹部と議員のど

---

(18) 市区町村調査では様々なアクターの政策過程における影響力を質問している＜市区町村調査Q24＞。その中で自治会は，NPO・市民団体，環境団体，福祉団体などと比べて高い影響力を示している。詳細は久保（2009）を参照されたい。

(19) 自治会類型ごとの受け入れと影響力についても確認したが，ほとんど差がみられなかったため表示を割愛する。

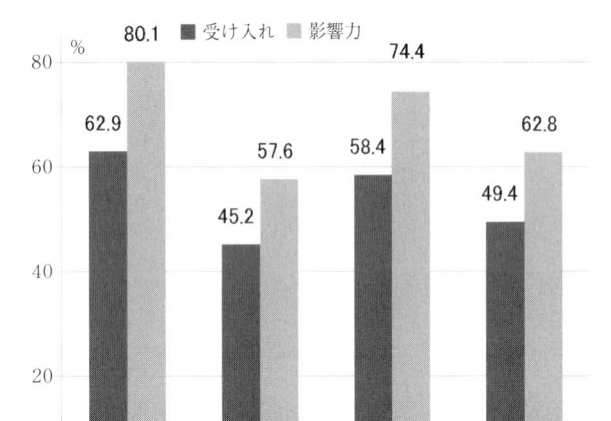

図8－3　要望活動の実施と受け入れ状況・自己影響力評価

　　　　　　　　　　　　　　　　　　　　　　　　ちらに対する要望についても，頻繁に行っているほうが要望が受け入れられた経験が多い。政策に対する自己の影響力についても同様の傾向をみてとることができる。市区町村幹部の場合，要望が頻繁な自治会は80.1％，頻繁ではない自治会は57.6％である。議員の場合は頻繁な自治会は74.4％，頻繁ではない自治会は62.8％である。上位レベルへの要望活動が，自治会の地域社会における権力の増大へとつながっている。

　なお，市区町村幹部に頻繁に働きかける自治会のほうが，要望が受け入れられた経験が多く，自己の影響力も強いと認知している。地域社会では行政との結びつきがより重要となることを示唆している。

5．2．受け入れ経験・影響力の規定因

　他の様々な要因も含めて，受け入れ経験と自己の影響力認知を総合的に分析しよう。上記にみた要望活動を直接行っていなくても，自治会が政治的アクターにアクセスできるだけでも影響力を感じていたり，信頼して委任していても期待通りの政策が執行されているため影響力を感じているのかもしれない。このほか，市区町村の政策執行への協力を行うことで市区町村に対する発言力が増していくことも考えられる（築山 1996）。また，社会関係資本の高さは自治会が地域住民の総意の下で活動していることを表すし，他団体との連携関係は地域において自治会が調整機能をもつことを表す。社会サービスの実施なども，地域社会における自治会の存在感を表し，影響力を高め

るだろう。

表8－6は，受け入れ経験と自己の影響力認知をそれぞれ従属変数とした重回帰分析（OLS推定）の結果である。各変数は5段階の質問への回答を連続変数とみなして用いている。独立変数については，3節で行った要望ルートの分析と同様の操作化を行っている。

表8－6　要望の受け入れ経験・影響力を従属変数とした重回帰分析

	受け入れられた経験		自己の影響力	
	回帰係数	標準誤差	回帰係数	標準誤差
定数	1.130**	.142	.422*	.166
市区町村への要望	.065**	.007	.097**	.008
市町村議員への要望	−.011	.019	.023	.023
市区町村との連携数	.027**	.008	.027**	.010
政策に対するニーズ	.000	.001	.001	.001
モニタリング	−.009	.032	.282**	.038
選挙運動	.022	.033	−.007	.039
市区町村幹部と知り合い	−.024	.034	.025	.040
市区町村議員と知り合い	.024	.035	−.027	.041
市区町村への信頼	.281**	.022	.193**	.025
市区町村議員への信頼	.059**	.020	.049*	.024
自治会支援：補助金30万円以上	.074	.057	−.020	.067
自治会支援：補助金10−30万円	.044	.056	−.042	.066
自治会支援：補助金10万円未満	.045	.056	−.035	.065
自治会支援：補助金なし（基準カテゴリ）				
補助金	.026**	.005	.016**	.005
情報	.016**	.005	.021**	.006
社会関係資本	.016**	.005	.018**	.006
団体連携数	−.001	.004	.025**	.005
自治会活動類型：高活動群	.056	.057	−.089	.068
自治会活動類型：問題対処群	.034	.047	−.055	.055
自治会活動類型：旧来型施設管理群	.001	.052	−.191**	.062
自治会活動類型：低活動群（基準カテゴリ）				
自治会類型：非都市・新型	−.037	.051	−.073	.060
自治会類型：都市・旧型	.085	.044	.028	.052
自治会類型：都市・新型	.112*	.046	.025	.054
自治会類型：村落型（基準カテゴリ）				
首長の党派性：自民党	−.072	.043	.012	.051
首長の党派性：無党派	−.008	.041	−.029	.048
首長の党派性：他党（基準カテゴリ）				
市区町村議会：自民党2／3以上	−.049	.037	.022	.044
市区町村議会：自民党1／2〜2／3	.053	.047	.070	.056
市区町村議会：自民党過半数未満（基準カテゴリ）				
調整済み R^2	.214		.224	
N	3,135		3,114	

**：$p<.01$　*：$p<.05$

要望の受け入れ経験からみていこう。市区町村への要望，市区町村からの受託・それとの連携活動数，市区町村および市区町村会議員に対する信頼がプラスの効果をもつ。また，補助金額とは関連がみられないものの，補助金と情報の支援に対する評価が高いほど受け入れられている[20]。これらのことから市区町村との関係が強いほど要求が受け入れられている。議員については信頼こそプラスの効果をもつものの，要望活動は影響しない。図8－3では議員への要望が頻繁であるほど影響力があるという結果が得られたが，他の変数を統制するとその効果はみられない。

市区町村の政治環境については，首長の党派性や議会構成といった市区町村の政治環境とは関連していない。自治会が保守政治と密接に関わるという結果はここでもみてとることができない。市区町村から自治会への支援（補助金，情報）と社会関係資本についてはプラスの効果をもつ。この他では，社会関係資本の効果と，村落型と比べて都市・新型で受け入れられた経験が多いという結果が得られている。地域の他団体との連携や自治会の社会サービス活動については関連がみられなかった。

自己の影響力認知についてみていこう。やはり市区町村への要望を行うほど高い。このほか，市区町村との活動の連携数，モニタリング，市区町村および市区町村会議員それぞれへの信頼が効果をもつ。議員については信頼を除いて影響力に対して効果をもたない。また，市区町村幹部や議員と知り合いであるかも関連はみられない。首長の党派性や議会構成はやはり関連がみられない。

このほか，市区町村から自治会への支援に対する評価（補助金，情報），社会関係資本，他の地域団体との連携数の効果がみられる。市区町村から十分な支援を受けている方が，自らの影響力が強いという認識につながっている。また，自治会をとりまくネットワークが自治会の地域社会における代表性を高め，影響力を強めていると考えられる。社会サービス活動の実施については，低活動群よりも旧来型施設管理群のほうが影響力を低く認知している。高活動群や問題対処群と低活動群では差がみられないことから，地域の問題対処活動に積極的に取り組んでいるからといって影響力を高く認知している

---

[20] これについては，要望が受け入れられた結果，十分な支援が得られているという逆の因果関係も考えられる。

わけではないといえる。なお，自治会類型による差はみられない。

　以上のように，要望の受け入れにも自己の影響力認知にも，市区町村への要望や市区町村との活動の連携が影響するのに対して，議員への要望や選挙運動の影響はみられない。ここでの結果からは，自治会は行政との接触によってのみ政策に影響を及ぼすことができる。先に見た接触頻度と併せて考えると，地域社会における行政偏重の傾向をみてとることができる。なお，信頼については市区町村についても議員についても影響力を規定している。要望活動を行っているかどうかにかかわらず，政治・行政を信頼して委任できるほどに思い通りの政策が執行されていることで影響力があると考えているのかもしれない。

6. 本章のまとめ

　本章では，自治会による政治参加として，要望，選挙運動の実施，政策に対する自己影響力について分析を行った。これらはローカル・ガバナンスの担い手として，自治会が地域社会の運営にどの程度携わっているのかを明らかにするうえで重要な論点である。

　本章の分析で明らかになった知見をまとめておこう。

　第1に，自治会の要望活動は主に市区町村に対して行われる。担当課との接触や懇談会への参加は多くの自治会によって行われている。このほか，市区町村幹部，市区町村会議員，自治会連合会との接触も半数以上の自治会で行われている。

　第2に，自治会による要望活動は，市区町村や議員との日常的な関係（市区町村との政策執行の連携，議員の選挙運動など）によって規定される。日常的に関係があり，さらに要望が受け入れられる可能性が高いほど要望活動が行われるのである。議員への要望はさらに，市区町村への要望の成功可能性が低いときに行われる。なお，市区町村と議員のいずれの場合であっても，市区町村長や議会の政治色は要望活動に影響していない。

　第3に，市区町村会議員の選挙運動を（直接的に）行ったことがある自治会は全体の半数以上である。選挙運動は，政治団体役員へのアクセスや議員への信頼が影響する。地域の政治色については，これまで言われてきた自治会が保守の支持基盤という議論は支持されない。また，村落型でより行われており，候補者にとってはなお重要であると推察されるが，徐々に衰えつつ

あるものと考えられる。

　第4に，要望の受け入れにも自己の影響力認知にも，市区町村への要望や市区町村との活動の連携が影響するのに対して，議員への要望や選挙運動の影響はみられない。自治会は行政との接触によってのみ政策に影響を及ぼすことができる。もっとも，市区町村と議員に対する信頼はともに影響力を規定する。

　以上，自治会は政策に対するインプットにおいても市区町村と密接に関わっている。従来から指摘されてきたように（上田1989；森2008），政策執行への協力に対する交換として要望伝達が行われていることがうかがえる。また，市区町村にアクセス可能であったり，行政を信頼していることが要望伝達を促している。さらに，市区町村への接触は自治会の政策に対する影響力をも規定する。これに対して，市区町村会議員への要望は，行政への要望が十分に受け入れられないと見込まれるときの代替的手段に位置づけられる。このように自治会を通して地域政治をみると，行政偏重的な傾向が鮮明に浮かび上がる。

　なお，自治会による要望活動も選挙運動も地域の政治色による差がみられない。これは従来の自治会に対する保守支配的なイメージを覆すものといえる。以上のように，地方の政治構造という視点からも，本章ではいくつかの興味深い結果を提示することができた。

第9章 結論
地域ネットワークと行政媒介型市民社会組織

　本書の目的として，今日の日本の多様な自治会組織の像をできるだけ正確に描き出し，人々のもつ自治会に対するステレオタイプ化したイメージの当否をデータによって検証すること，自治会という組織が高まる期待にどのように応えているのか，または応えていないのかを体系的に検討することを挙げた。

　また私たちは，国家と対になっている市民社会を描く（記述し比較し特徴づける）ことで，日本の「国家の形」を知るという問題意識を背後にもっている。自治会は日本最大の市民社会組織であり，国家（政府，特に市区町村）との間にも深い相互作用関係がある。そのため，全国調査データを用いて自治会の様々な側面を描き出すことを試みた。

　まず，自治会の特徴を確定する作業から始めたい。

1. 自治会類型ごとにみる特徴

　本書では，市民社会の担い手として注目される自治会がどのような特徴を有しているのかを様々な角度から分析を行ってきた。その際，市民社会組織がもつべき機能として，社会関係資本，他の地域団体とのネットワーク，社会サービスの供給，市区町村との協力や連携，政治参加という5つの側面に着目した。それぞれの分布の確認に際しては，2章で設定した自治会類型（村落型，非都市・新型，都市・旧型，都市・新型）ごとにみていくというかたちをとった。ここでは，分析に際しての各類型の共通点と相違点を確認し，そこからみえる自治会像を析出する。

1．1．共通する自治会像

　まずは自治会類型を超えて共通した特徴を挙げていこう。ここでは一部の例外を除き，どの類型においても70％以上の自治会に当てはまるものを取り上げる。これらは全国的に見ても共通する自治会の典型像ということができる。

　まずは4章で取り上げた加入率である。自治会調査からは75％程度の自治会が加入率90％以上となっている。同様の質問を市区町村に行った結果や「明るい選挙推進協会」の有権者に対する調査（1章）では，これほど高い加入率ではない。しかし，他の市民社会組織と比べると抜群に高い加入率は自治会の特徴の1つだということができる。

　続いて自治会長の属性（3章）である。**自治会長はほとんどが男性であり，年齢も50代以上と高齢**である。地域への居住年数も生まれてからずっと住んでいるか，30年以上という人が多い。役員や主な担い手も退職者が多い。自治会は多くの地域住民が加入しているにもかかわらず，組織の運営（トップ）は「**退職した高齢男性**」に担われていることが多い。

　他の地域団体との連携関係（5章）では，**子ども会と老人クラブと連携している自治会が多い**。こうした年齢に基づく集団は自治会の内部組織となっている場合もみられるが，どの地域でも連携関係にあることが多い。このほか，**社会福祉協議会**についても類型にかかわらず連携している自治会が多く，自治会長自身も社会福祉協議会の役員や民生委員・児童委員と知り合いであることが多い。このように福祉をめぐっての連携関係をみることができる。なお，近年注目されるNPOとの連携については，それほど多くの自治会で行われていない。また類型による差はみられなかった。

　社会サービス活動（6章）については，清掃・美化と生活道路の管理，ゴミの収集・処理を行う自治会が多い。また，祭り，慶弔といった親睦活動も多くで行われている。清掃・美化や生活道路の管理といった**最低限の住環境・施設管理と親睦を基礎とするのが自治会の基本的なスタンス**だといえる。

　行政との関係（7章）については，回覧や広報誌の配布といった情報の伝達と募金活動への協力はほとんどの自治会で行われている。また，要望伝達活動（8章）についても，市区町村の担当課や懇談会を通して要望を伝達する場合が多い。また行政へのモニタリングも行っている。このように**自治会は地方行政において政策入力（要望）だけでなく政策出力（実施協力），フィ**

ードバック（モニタリング・要望）の全過程で，地域の利益実現のための関係を構築している。

以上にみられる特徴は，一般に人々が自治会について持つ，いわば常識的知識の範疇であろう。ここで強調すべきは，これらの特徴が全国でも7割以上（項目によっては9割）に当てはまり，全国的に共通する自治会像，ということである。これは全国規模の調査を行うことなしには確認できない。常識的な像を検証し裏付けた点は本書の分析による成果だということができる。

1．2．都市部・大規模と非都市部・小規模自治会の相違

続いて，類型ごとにみられる特徴を検討しよう。本書では4つの類型を設定して分析してきたが，いくつかの項目で，都市部・大規模自治会（都市・旧型と都市・新型）と非都市部・小規模自治会（村落型と非都市・新型）との間に明確な差異がみられた。都市部の2類型は自治会数では4割強だが，世帯数では8割を占めることに留意しておきたい。まずはこの両者の対比から結果を要約しておこう。

まず財政規模（2章）は大規模な自治会ほど大きい。これは加入世帯が多いために会費収入も多く，また，補助金や助成金も多く得られるからである。もっとも，1カ月あたりの自治会費は小規模自治会のほうが高く，小規模自治会は自治会活動の維持により大きなコストを負担している。

地域と規模による差は自治会運営にも表れる（3章）。非都市部で小規模な自治会では，会員に占める役員の割合が高く，会長や役員を選挙やもちまわりで選出するものが多い。これに対して，都市部で規模の大きい自治会では，会長選出は役員会の推薦，役員選出は会長の指名が多い。また，会長は全般に高齢者であるものの，都市部で大規模な自治会のほうがより高齢であり，さらに会長の在任期間が長い傾向にある。以上のことから，非都市部で小規模な自治会ほど，多くの会員が自治会の運営に参加している。これに対して，都市部の大規模な自治会では少数の人々に自治会運営の負担が集中していることが推察される。すなわち，**非都市部自治会の参加性の高さ，都市部の低さ**が裏付けられた。

自治会への加入率は先に述べたように全般に非常に高いが，非都市部で小規模な自治会ではより高い傾向にある（4章）。また，住民の自治会活動への参加についてもやはり高い傾向にある（4章）。社会関係資本は非都市部で

小規模な自治会で高いといえる。

　一方，他団体との連携関係については，都市部で大規模な自治会のほうが連携している（5章）。防犯協会，警察署，消防署など地域安全に関わる団体や，自治会連合会，他の自治会など自治会間の広域連携，そして，介護・福祉団体，スポーツクラブ，趣味のサークル，まちづくり団体など市民活動団体との連携が行われている。**都市的な地域のほうが多様な団体が存在し，自治会はこれらの団体と連携しながら活動を展開している。**

　社会サービス活動についてみていくと，防災や防犯など地域安全に関する活動，および，福祉や教育に関する活動などは都市部で大規模な自治会ほど実施している（6章）。このように地域における問題対処活動は都市部で大規模な自治会で積極的に行われている。財政規模が大きいことに加えて，安全や福祉に関わる他団体との連携関係にあるからだと考えられる。

　なお，市区町村との関係については，社会サービス活動の連携や協力，市区町村からの支援策に対する評価，要望伝達について，どれもそれほど大きな差はみられない（7, 8章）。他の側面とは異なり，自治会が所在する地域や組織規模によって，行政との関係は大きくは変わらない。この点については，後であらためて考察する。

1. 3. 村落型の自治会

　自治会類型のなかで突出したパターンを示すのは自治会数で4割強，世帯数を1割強を占める村落型である。村落型は先に見た都市規模と自治会規模の特徴に加えて，発足時期が古いことによる特徴もみられる。前述したが，**住民同士のつきあいの親密さと円滑さは村落部でより顕著である**（4章）。住民の自治会活動への参加から，非都市部で小規模な自治会ほど社会関係資本は高いといえるが，発足時期の古い村落部ではさらに高いということができる。

　他の地域団体との連携においては，婦人会，氏子会，消防団，農漁協との連携率が高い[1]（5章）。また，社会サービス活動では，用水路の管理，墓地・寺社の管理，農林水産業の共同作業が行われている（6章）。農林水産業や地域の信仰に関わる団体との連携や活動がさかんである。旧来からの村落社

　（1）　婦人会，氏子会，消防団との連携は都市・旧型でも高い。

会が行う伝統的な活動というのは，現在ではこれらが中心であるようだ。このほか，都市・旧型もやや高いが，村落型では選挙時の推薦や支持が行われている割合が他の型よりは高い（8章）。

2. 自治会からみる日本の市民社会

自治会からみた日本の市民社会を分析・考察しよう。1章では，日本の市民社会の特徴として，「社会関係資本の豊富さ」と「政府の強さ」という2つの点を取り上げた。それぞれについて分析結果をもとに再度考察してみよう。

2.1. 地域内外のネットワークの中における自治会

社会関係資本や他の地域団体とのネットワークは，自治会の他の諸側面と関連している。自治会は自身の内外のネットワークを基礎とし，様々な社会サービス活動を行い，市区町村との関係を取り結んでいる。日本の市民社会の特徴として指摘される社会関係資本の豊富さも自治会に体現されている。自治会からみた日本の市民社会組織は，住民間，自治会と他団体との相互ネットワークからなる世界なのである。このような地域社会の様々なアクターの相互連携は，まさに今日注目される市民社会組織によるローカル・ガバナンス（多様なアクターの相互調整による統治機能）を表している。

もっとも，自治会ごとに，ネットワークのパターンが異なることも本書の分析から明らかとなった。住民間の社会関係資本については村落型が強いのに対して，他の地域団体との連携は都市部で大規模な自治会でより多くなされている。つまり，自治会内外のネットワークが自治会類型間で異なっているのである。ここから，ローカル・ガバナンスの基礎にある2つのネットワークのメカニズムをみてとることができる（図9－1参照）。

非都市部では地域社会に多様な団体は存在しないが，住民間の密接なつながりがあるために，社会サービスの供給などの自治会活動が賄われている（図9－1の上部を参照）。このことは，非都市部で規模の小さい自治会において，多くのメンバーが参加する形態で自治会組織が運営されていることからもわかる。非都市部の小規模な自治会では，地域社会を自治会が包摂し，地域住民をまるごと参加させ動員しているのである。

一方で，都市部で規模の大きい自治会組織では，社会関係資本は低いものの，組織規模に由来する保有資源量の多さと，地域社会に多様な団体が存在

図9−1　自治会内外のネットワークと自治会活動

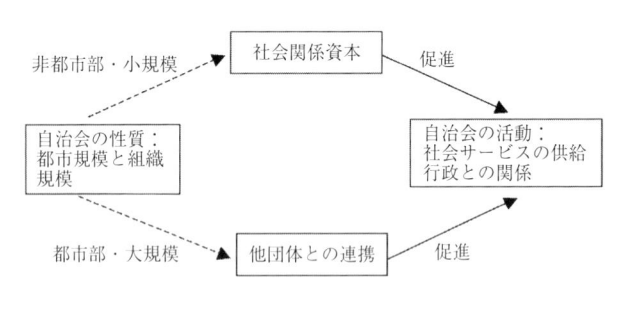

```
非都市部・小規模 ──→ 社会関係資本 ──促進──┐
                                              ↓
自治会の性質：                          自治会の活動：
都市規模と組織                          社会サービスの供給
規模                                    行政との関係
                                              ↑
都市部・大規模 ──→ 他団体との連携 ──促進──┘
```

（注）概念間の関係は注目すべきところのみを表している

するために他の様々な団体と相互連携を取り結んで活動を行うことができる（図9−1の下部を参照）。このような外部との連携が社会関係資本の不足を補う効果をもっている。問題対処行動などではむしろ，都市部で大規模な自治会のほうが活発に行われている。ただし，自治会組織の運営については都市部の大規模自治会でより寡頭制的な特徴がみられた。つまり，一部の人々のコミットメントによって都市部の自治会活動は成り立っているといえる。

　このように自治会類型ごとに異なるメカニズムが働いて，様々な高いレベルの自治会活動に結びついていると考えることができる。もっとも，これらのメカニズムはともに，今日，大きな問題点を抱えている。非都市部では人口流出により社会関係資本が弱化することが考えられる。4章の分析から，地域の人口減少は社会関係資本の程度には影響しないが，地域住民のつきあいの活発化とはマイナスに関連していた。一方で，都市部においては，一部の人々が過重な負担を背負うというメカニズム自体が問題である。また，特に都市部の担い手には高齢者が多いことをふまえると，団塊世代の参入など高齢社会の進展によるプラスの要因（シニア市民社会組織化）と逆に高齢者依存による自治会活動の停滞の二方向が考えられる。

2．2．制度遺産としての，行政媒介型市民社会組織

　市民社会と政府（国家）との関係について改めて検討しよう。
　一連の分析から，高木（1969）が挙げた自治会と市区町村との相互関係（情報伝達，共同募金，行政の代行や補充・補助，要望のとりまとめ，選挙運動）は，選挙運動を除いて40年後の現在においてもなお確認することができた。選挙運動との関連も，村落型や都市・旧型の自治会では一定程度残存し

ている。行政の末端組織と非難されることもあるが，このような自治会と行政との密接な関係は，「最大動員システム」(村松 1994)の一部として効率的な社会サービスの供給に寄与し続けてきたのである。そして，交換関係として地域社会の要望を市区町村に伝達し実現してきた。このように政府(行政・市区町村)と住民との間をとりもつ組織は，市民社会と政治社会を「媒介する市民社会組織」であり，他の市民社会組織と同様の利益媒介機能 (Interest Intermediation) を果たしている。加えて，行政と市民の 2 つの世界に足をかける，という両義性をもった性格にも注目して，共著者の一人が，行政媒介型市民社会 (Straddling Civil Society)」と命名し比較検討を行ってきた (Read with Pekkanen eds. 2009)。

地域ネットワークや社会サービスの供給とは異なり，こうした政府(市区町村)との関係については自治会類型による差をみてとることはできない。つまり，市区町村との関係や評価について，都市規模や組織規模および発足時期といった自治会の外形的な特徴による差がみられないのである。

その理由として，全国規模で規定する中央政府(国家)の歴史的な政策の影響が考えられる。2 章で触れたように，現在に至る経緯のなかで，地域自治組織や地方自治をめぐっては，明治期の市町村制の導入と自治体の大合併，戦時下における翼賛体制への組み込み，敗戦直後における解散命令，昭和の市町村大合併，1970 年代のコミュニティ政策，平成の市町村大合併など，様々な全国的政策が実施されてきた。そして，そのたびごとに地域の自治組織は組織形態を大きく変え，それによって現在の自治会が形成されてきたのである。日本の地方自治に対して中央政府のコントロールが強かったかどうかは議論の分かれるところであるが，日本の政府が地方の地域自治組織に深い関心をもちつづけ，直接間接のこうした一連の政策が自治会と市区町村との関係を規定してきた側面は否定できない。言い換えると，政府がその時々の状況に応じて，市民社会からのリソース動員も可能にする工夫の結果として，今日まで全国に共通した行政と住民自治組織との関係がみられるのである。このように考えると，Pekkanen (2006=2008) が特徴づけたように，日本の市民社会は国家からの影響 (statism) が強いといえるかもしれない。ここでは，それを国家政策の遺産，制度遺産 (institutional legacy)[2] として考えておきた

---

(2) 遺産すなわち Legacy はいうまでもなく，歴史的制度論ではしばしば登

い。制度遺産という概念については，現在までのところ様々に用いられており，その定義にコンセンサスが得られていない。しかし，フォーマルな制度ばかりでなく文化や慣習といったものも含めて，現在の社会にも強い影響力をもつ事前に存在する社会構造的要因ということができる。ここでの文脈で言えば，前述の自治会をめぐる全国的政策が制度遺産となり，現在の行政－自治会関係を規定しているといえる。

2. 3. 地方自治政策と市民社会組織としての自治会

もっとも，国家の制度遺産という上記の議論は私たちにとっても仮説的な推論にすぎない。それでは，上記の政策がどのように自治会と市区町村との関係に影響を及ぼしていったのだろうか。また，本当に市区町村や自治会ごとに差がみられないといえるのだろうか。この点を明らかにするには，全国の様々なタイプの自治会を視野におさめながら，日本の地方自治政策と行政（市区町村）－住民（自治会）関係について歴史的経緯をふまえて追っていく必要がある[3]。いうまでもなく一旦成立した関係や制度は，その地域の制度遺産として経路依存的な影響を与えていく可能性がある。

場する用語（Pierson 2004）であり，path dependency が生じるメカニズムを表現している。1940年の内務省訓令による町内会・部落会の市町村の下部組織化（国家制度化）の時点が制度論的に言えば，決定的な転機（Critical Juncture, Collier and Collier 1991）であった。制度遺産となると，依然未確定な部分が大きい概念のようである。制度遺産が概念として引用されるきっかけは，Jowitt (1992) および Crawford and Lijphart. eds. (1997) と推察される。Pop-Eleches (2007) は，制度遺産のうち，文化的・宗教的伝統（cultural/religious heritage），経済的遺産（economic legacies），制度的遺産（institutional legacy）を区別して使用している。また，「遺産（legacy/legacies）」という概念は旧社会主義圏の民主化過程の分析で使用されている。特に，レーニン主義的な諸制度の影響が民主化を阻んでいる文脈で使用され，Historical legacies という用語法が多い。歴史的制度論を整理した Peters (2005) では制度遺産については記述がない。しかし，Kitschelt 他 (1999) など政治体制やマクロレベルの政治変動を分析している研究者が取り組んでいる点で，比較の枠組みについて発展可能性をもつだろう。

（3）この点は自治会研究ですでに注目されており，鳥越（1994）や玉野（1993，2005）などの優れた業績が産出されている。

例えば，現在進行しているとされる地方分権改革（第一期1995年－2000年，第二期2007年以後）では地方に権限を委譲することがメインに据えられており，本書でも触れたように市区町村独自の地域運営（ローカル・ガバナンス）に向けての取り組みが試みられている。このように，地域ごとに異なる政策が行われることで，自治会と市区町村との関係にも差異が生じるかもしれない。歴史的にみても各地域，都道府県レベルや市区町村レベルでも，自治組織への政策対応が異なっていた可能性が大きい。現に都道府県や市区町村レベルで自治会を観察すれば，その量的質的な多様性に驚かされるのである。今後，地域間の差異とその説明は注目すべき研究のポイントである。

ところで，市区町村との委託・連携や要望伝達活動はどの自治会でも行っているわけではない。自治会ごとの業務受託・連携や要望伝達の実施率に差異をもたらしているのは，市区町村からの「支援」と「信頼」である。補助金額が多いことばかりでなく，市区町村に対する信頼があることが業務受託・連携や要望伝達に結びついているのである。また，活動の協力や連携を行っているほど，要望伝達などの直接的な接触がなされており，自治会と市区町村との間の交換関係が推察される。以上のことから，自治会と市区町村との日常的な関わりあいが重要であることがわかる。このことは，市区町村の誠実な対応を重視する自治会が全体の73.7％もあり，補助金を重視する自治会と同程度であることにも示されている。自治会と市区町村との関係が制度的に規定されてきたとしても，実質的には直接的でソフトな関係の形成が重要なのである。こうした関係を市区町村との間の社会関係資本ということができるかもしれない。

これからいえることは，自治会の，行政対応組織としてではなく，市民社会としての側面がより強くなってきていることを意味する。政策の影響を受けるのはどの市民社会組織でも同様であり，自治会のより主体的な側面が，行政と自治会の関係を規定しているのである。

3. 今後の課題と展開の可能性

本書は自治会に対する初めての全国規模の質問紙調査をもとに，自治会の現状と市民社会組織としての機能の解明をめざしてきた。もっとも，本書は自治会調査データを用いた初めてのまとまった成果ということもあり，データの記述的な紹介と推論に力点を置いてきた。今後，理論的検討とともにさ

らに詳細な分析を展開することが課題となる。その際、ポイントとなる点についてさらに検討しておこう。第1の課題はすでに2.2, 2.3で述べたように、歴史的な経緯を追いつつ、経路依存的に形成される自治会と国、都道府県、そして市区町村との関係を解明し、再び地域別のデータに戻って検証を行うことである。その他については4点取り上げる。

3. 1. 市区町村と関係のない地域に存在する自治会との比較

自治会と市区町村との間にかなり密接な関係が観察されたのは、本書のもととなる自治会調査自体が市区町村の協力を得て行われたものであるからかもしれない。また、市区町村による自治会支援策の効果がはっきりとみられなかったのも、そのためかもしれない。調査方法自体は、日本の自治会の性格から、自治会の全国名簿や地域レベルの名簿などが存在しない状況ではやむを得ない選択であるが、一定のバイアスの存在は避けられないところである。

自治会に対する政府（市区町村、そして国家）政策の影響を検証するには、さらに市区町村と関係のない地域に存在する自治会などの組織との比較分析を行う必要があるだろう。自治会調査の準備段階において全国の市区町村に協力を依頼したところ、21の市区町村は同地域での自治会を「行政として把握していない」（0回答、調査拒否を含む）ということだった。しかし、これらの市区町村の地域にも全く自治会がないというわけではない。いくつかの市区町村では行政が関知しないところで自治会が活動しているとのことだった。このような地域の自治会と他の地域の自治会を比較してみることで、市区町村、その制度や政策が、ひいては国家が自治会に及ぼす影響を明確に捉えることができる。

このほか近年、注目される近隣住民組織としてマンション等の管理組合がある。こうした組合は自治会と比べると市区町村との関係は弱いものと考えられる。また、自治会とは異なる原理で住民自治活動が営まれ、地域の自治会に関与していない場合も存在する。マンション管理組合については、竹井(2005)などの研究がみられ、「集合住宅デモクラシー」[4]という概念が提唱さ

---

(4) 国際的には広く見られる（高い壁と門によって囲まれた）ゲイティッド・コミュニティや集合住宅による私的政府の問題とも関連する。

れている。こうした組織と従来の自治会組織との比較分析により，行政との関係やその影響はもちろん，自治会活動やネットワークの形成パターンについても様々な発見があるものと期待できる。

3.2. 政策パフォーマンスとの関係

　序章でも述べたように，現代社会の抱える大きな問題として社会サービスをどのように供給するのかを挙げることができる。本書の一連の分析から，サービス供給主体としての自治会の重要性が確認された。それでは，自治会が様々な活動を行うことが地域社会や市区町村のパフォーマンスをどの程度，維持，向上させるのだろうか。

　現代の時代背景を受けて，市区町村の政策パフォーマンスを捉えようという試みがみられる（日本経済新聞社・日経産業消費研究所 2005 など）。また，社会関係資本をめぐる研究では，社会関係資本が治安，経済，福祉などの様々な社会的パフォーマンスをどの程度改善するのかが注目されてきた。自治会は社会関係資本を基礎におきながら様々な活動を行っていることから，その社会的パフォーマンスに及ぼす効果を検証することは市民社会の機能を明らかにするとともに，社会関係資本研究に対する貢献が期待できる。

　本書でも一部で利用した市区町村調査（辻中・伊藤編 2009）において，市区町村の新規に取り組んでいる政策や革新的な市民参加の制度の導入などパフォーマンスにかんする項目についての質問を行っている（柳 2009 参照）。また，市区町村の側からみた自治会との接触頻度や政策過程における自治会の影響力についての質問も設けている。したがって，本書でも一部の分析で用いたように自治会調査と市区町村調査のデータを組み合わせることで，自治会活動が市区町村の政策やパフォーマンスにどのような影響を及ぼしているのかを明らかにすることができる。

3.3. 他の市民社会組織との比較

　1 章で述べたように，自治会は数や加入率でいえば日本最大の市民社会組織であるものの，その他にも様々な市民社会組織が存在する。今日注目を集めているところでいえば，NPO などの市民活動団体が挙げられる。また，経済団体，農業団体，労働団体など職業的利益や政策受益を求める各種団体も様々な活動を展開している。これらの団体はそれぞれ代表する利益も異なれ

ば，おかれている環境も異なる。自治会は地域住民の利益を代表し，最もローカルなレベルで活動する団体だということができるが，他の団体と比べたときに，このコミュニティ・レベルの団体がどのような特徴を持っており，政治社会との接触の仕方にどのような相違があるのだろうか。こうした課題は日本の市民社会の特質を知るうえで重要だと考えられる。

特に，近年，自治会とは異なるかたちでコミュニティ・レベルの活動を志向する市民活動団体が増加している。これらの団体との活動の比較や相互連携関係を解明し，地域社会におけるローカル・ガバナンスの構造をより多角的に捉えることが可能となる。

この課題に対しては，筑波大学のプロジェクトの一環として行った社会団体とNPO法人に対する全国調査を用いた比較分析が可能である。すでに辻中ほか（2007）において，政策関心分野，政治・行政との接触，政治に対する自己の影響力認知などの比較分析を試みているが，今後より詳細な分析を行う必要があるだろう（辻中・森編2009の報告書を参照）。

3. 4. 住民自治組織の国際比較

最後に，自治会のような住民自治組織の国際比較研究である。自治会のような地域住民組織は欧米には存在しないという点がよく指摘され，通説のようになっている。確かに，加入率の高さや，日本中のあらゆる地域にあるという特徴を備えた組織は世界でもまれであるかもしれない。しかし，地域住民による相互扶助組織の存在は世界各地で観察されている（中田編2000；吉原2000；Read with Pekkanen 2009；ダダバエフ2006）。これら世界の住民団体と住民間の社会関係資本，社会サービスの供給，市区町村との関係を比較することで，日本の市民社会や住民自治の姿をより明確に描くことができるだろう。また，世界各国でローカル・ガバナンスに対する期待が高まる中（Denter and Rose eds. 2005），地域住民からなる団体の働きを国際比較で捉えることの重要性が高まっている。

筑波大学の研究プロジェクトでは，これまでに挙げた日本国内の調査の他に，韓国，アメリカ，ドイツ，中国の4カ国でも様々な市民社会組織の調査を2次（1997～2009）にわたり行った。その他の諸国を含め合計13カ国の比較市民社会組織調査がこれまで行われてきている[5]。これらの諸外国で行った市民社会組織調査と比較することで，日本の市民社会や住民自治組織の特

徴をより比較政治的に把握することができる。4カ国との比較では，韓国や中国という東アジア諸国と，アメリカやドイツという欧米諸国との比較を行うことで，アジアにおける異同と欧米との異同を捉えることができる。これにより包括的な視点から，日本の住縁によるアソシエーションの特徴を描くことができるだろう[6]。

このような多面的な市民社会組織の比較研究によって初めて，日本の市民社会の形が比較政治学的に浮き彫りになり，日本社会を特徴づけることができる。またそのことが市民社会と対になっている日本の「国家の形」を描く（記述し比較し特徴づける）ことになるであろう。市民社会を描くことはその形に影響を与え，市民社会と相互作用する国家自体を描くことにほかならない[7]。

（5） 1997年から2009年にかけて，日本，韓国，アメリカ，ドイツ，中国，トルコ，ロシア，フィリピン，ブラジル，バングラデシュ，ウズベキスタンの11カ国調査が基本的に同一の枠組みで遂行された。日本，韓国，アメリカについては辻中 (2002a, 2002b)，辻中・廉 (2004)，Tsujinaka (2003)。特にフィリピンまでの8カ国調査については Tsujinaka et. al. (2007) を参照。バングラデシュまでの各国についてはコードブックも作成されている。http://tsujinaka.net/tokusui/ 2009年度にはエストニア，ポーランド調査を完了する予定。
（6） 住民自治組織の国際比較に関しては，近く別巻を編集・出版する予定である。
（7） 市民社会と国家が対であるというアイディア自体は自明なことかもしれないが，筆者のひとりは Peter Katzenstein (Cornell University) および首藤もと子（筑波大学）の両氏（との会話）にこのアイディアを負っている。

補論　低加入率・小規模自治会のすがた

1. 問題の所在

　近年の自治会をめぐる諸問題の中でも，加入率の低下と自治会活動を維持することが困難なくらい小規模な自治会が出現していることが大きく取り上げられている。前者は主として都市部の問題として取り上げられている。加入率が著しく低いということは，自治会が地域を代表する正当性を失うことにつながる。また，住民の協力を得られなければ様々な自治会活動を行ううえでも支障を来すものと考えられる。

　一方，極端に小規模な自治会は村落部の問題として取り上げられている。山間部や中山間部などでは高齢化と人口流出が続き，地域における居住人口が大幅に減少することで，コミュニティを維持することが困難となっている地域がみられる。このような地域は「限界集落」と呼ばれ（大野 2005），その存続が危惧されている。国土交通省の2006年の調査によると，1999年から消滅した集落は191である。全国の過疎地域の62,273集落のうち，10年以内に消滅する集落は423（0.7％），いずれ消滅のおそれがある集落は2,220（3.6％）である[1]。

　自治会調査からは，このような自治会は少数しかみられない。加入率が50％未満の自治会は2.2％（368自治会）であり，加入世帯数が20世帯未満の自治会は6.6％（1,215自治会）である。しかし，これらの自治会には，多くの自治会にとっての現在あるいは将来の問題が端的に表れているものと考えられる。たとえば，自治会の社会サービス活動の実施が困難になる場合，ど

---

(1) 国土交通省ホームページ http://www.mlit.go.jp/kisha/kisha07/02/020817/01.pdf 参照（最終閲覧日 2009年5月2日）。

のような活動から行われなくなるのだろうか。また，役員の引き継ぎや活動資金など，どのような点に問題が生じるのだろうか。これらの点を明らかにすることは，低加入率や小規模自治会の支援策を考えるうえでも，自治会の今後を占ううえでも重要な課題である。

そこで，ここでは補論として，低加入率の自治会および小規模な自治会の実態がどのようなものなのかを検討していくこととする。なお，操作的に低加入率の自治会とは，加入率が50％未満の自治会，小規模な自治会とは加入世帯数が20世帯未満の自治会として分析に用いる。

2. 低加入率・小規模自治会の実態

地域分布と自治会類型　まずは，低加入率自治会や小規模自治会がどのような地域に多いのかをみていこう。表1は，低加入率の自治会と小規模な自治会が多くの割合を占める都道府県上位5つを挙げたものである。低加入率の自治会は全体でわずか2.2％でありながら，沖縄県では23.2％，東京都では15.5％と非常に高い割合を占めている。このほか，大阪府，青森県や宮崎県でも低加入率の自治会が多い[2]。

小規模な自治会も全体では6.6％であるが，香川県の31.5％をはじめ上位5県は15％以上と高い割合を示している。そして，上位には香川県，岡山県，高知県，島根県と中国・四国地方が多い。この地方の自治会規模が小さいことは2章でも確認したとおりである（51頁）。

続いて，低加入率または小規模な自治会は，どのような地域や組織の特徴をもった自治会が多いのだろうか。本書で用いた自治会類型の分布をみていこう（図1）。低加入率自治会では，都市・旧型と都市・新型が多く，これらを合わせて全体の72.6％にのぼる。ちなみに低加入率自治会のうち50.6％が200世帯以上で

表1　地域分布（上位5位までの都道府県）

順位	低加入率	カッコ内はサンプル数	小規模	カッコ内はサンプル数
1位	沖縄県	23.2％ (125)	香川県	31.5％ (349)
2位	東京都	15.5％ (613)	岡山県	27.9％ (233)
3位	大阪府	6.7％ (796)	高知県	20.3％ (138)
4位	青森県	6.0％ (265)	島根県	18.2％ (368)
5位	宮崎県	4.9％ (285)	福井県	17.6％ (296)

(2)　神奈川県や愛知県の割合が高くないのは，横浜市や名古屋市からの調査協力が得られなかったためだと考えられる。

あり，これらの自治会の規模がある程度大きいことがわかる。また，数値は割愛するが，全体を比べて，農林水産業地が少なく，商店と集合住宅が多いという傾向がみられる。これらのことから，低加入率自治会はやはり都市的地域で多いといえる。

一方，小規模な自治会は80.3％と大半が村落型である。やはり，低加入率が主として都市部の問題であり，小規模が村落部の問題であることが明確に表れている。なお，全体と比べて，農林水産業地が多く，集合住宅が少ないことが特徴である。

社会関係資本　それでは，本書でも取り上げた市民社会組織の5つの側面についてみていこう。図2は，社会関係資本を表す変数から，住民のつきあいの程度について示したものである。立ち話程度が50％台であるということに変わりはないが，低加入率自治会ではあいさつ程度が31.5％，小規模自治会では生活面での協力が34.6％でそれぞれ多いことがみてとれる。

自治会活動への参加についてもみていこう（表2）。どの活動についても，小規模自治会の参加率が高く，低加入率自治

図1　低加入率，小規模自治会と自治会類型

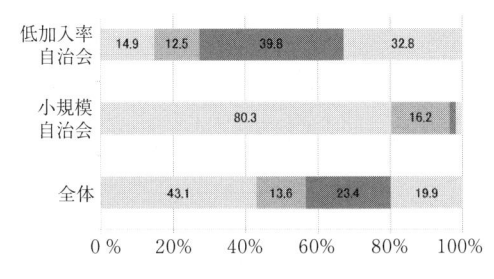

	村落型	非都市・新型	都市・旧型	都市・新型
低加入率自治会	14.9	12.5	39.8	32.8
小規模自治会	80.3			16.2
全体	43.1	13.6	23.4	19.9

図2　低加入率，小規模自治会と住民同士のつきあい

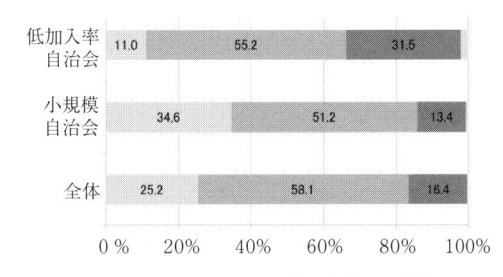

	生活面	立ち話	挨拶程度	つきあいなし
低加入率自治会	11.0	55.2	31.5	
小規模自治会	34.6	51.2	13.4	
全体	25.2	58.1	16.4	

表2　低加入率，小規模自治会と自治会活動への参加率（平均値）

	低加入率	小規模	全体
総会	44.2%	84.6%	62.5%
	368	1,215	18,023
清掃・美化	46.6%	81.5%	68.0%
	396	895	15,314
祭り	51.3%	77.4%	62.1%
	268	665	12,903
イベント	37.5%	62.3%	49.6%
	237	378	11,219
防災	31.6%	60.2%	44.4%
	195	356	8,677
見回り	25.5%	49.4%	34.4%
	253	425	11,450
交通安全	24.6%	49.3%	33.8%
	185	307	8,565

会が低い。低加入率自治会は，祭りを除いてどれも参加率の平均値が50％を切っている。これらの自治会は，そもそも自治会自体への加入もままならないほど社会関係資本が低いために，住民のつきあいや参加率が低いのは当然のことだともいえる。一方，小規模自治会は住民同士のつきあいが深く，自治活動にも協力的である。このことは4章で，村落部の社会関係資本が高いという点を確認したとおりである。

他の地域団体との連携　続いて，他の地域団体との連携関係についてみよう（表3）。全体よりも10ポイント以上大きいものはゴチック体，10ポイント以上低いものはイタリック体で表している。低加入率自治会は，全体と比べて他団体との連携率は同程度である。防犯協会，警察署，消防署との連携率は全国よりも10ポイント以上高い。一方，小規模自治会については，ほとんどの団体との連携率が全体よりも低い。それも10ポイント以上低いものが大半である。農漁協との連携だけは例外であり，低加入率自治会で連携率が低く，小規模自治会で高い。しかし，これはそれぞれの地域特性を表してのものである。こうした結果も5章で確認したとおりであり，都市部の大規模自治会は多くの団体と連携関係にある。

表3　低加入率，小規模自治会と他の地域団体との連携 (単位：％)

	低加入率	小規模	全体		低加入率	小規模	全体
老人クラブ	78.9	*56.0*	78.8	まちづくり団体	22.5	14.7	21.1
子ども会	71.6	*46.5*	78.3	スポーツクラブ	21.9	*8.8*	20.7
社会福祉協議会	80.9	62.4	77.9	青年団	21.9	14.7	20.4
自治会連合会	78.1	53.0	70.7	趣味のサークル	18.8	9.2	16.2
PTA	73.6	*47.2*	69.1	商店会	20.5	7.4	14.8
消防団	60.4	53.1	68.3	環境団体	13.2	9.3	13.3
防犯協会	**74.4**	*39.4*	58.4	障害者団体	9.6	5.7	9.6
他の自治会	60.1	36.2	51.3	企業・工場	14.6	2.6	9.2
婦人会	50.8	40.6	50.9	政治団体	7.3	7.7	7.8
体育協会	48.9	33.7	50.1	育児サークル	10.4	1.7	6.0
警察署	**71.3**	26.5	49.5	住民運動団体	4.8	5.8	5.3
消防署	**64.9**	23.8	46.8	生協	1.7	2.5	1.8
氏子会・檀家組織	36.2	44.2	44.5	労働組合	0.6	0.1	0.3
農漁協	*8.4*	**42.6**	25.9	N	356	1,092	17,094
介護・福祉団体	24.2	12.5	21.2				

社会サービス活動　社会サービス活動の実施状況についてみよう。これも全体よりも10ポイント以上高いものはゴチック体，10ポイント以上低いものはイタリック体で表している。低加入率自治会は，全体の実施率とあまり変わらない。目立って実施率が高いのは掲示板の管理である。その他，集会所の管理，用水路の管理，墓地・寺社の管理などでは実施率が低い。都市的地域にあるため，これらを管理する必要がないからである。なお，6章で析出した社会サービス活動に基づく自治会類型では，50.8％が問題対処群に含まれる。低活動群に属するのは30.2％であり，全体の29.5％とほとんど変わらない。

　小規模自治会については，大半の活動が全体の実施率よりも低い。生活道路の管理やゴミ処理といった基本的な住環境整備や施設管理や祭りの実施率が低く，基礎的な活動が損なわれつつあることを示している。もっとも，用水路の管理，墓地・寺社の管理，農林水産業の共同作業といった旧来型の施設管理や共同作業では全体よりも実施率が高い傾向にある。自治会の社会サービス活動類型では，低活動群が54.5％と半数を超える。次に多いのは旧来型施設管理群の31.0％とあわせると，80％以上にのぼる。地域社会の問題対処活動を行うのは難しい状況にあることがわかる。

表4　低加入率，小規模自治会と社会サービス活動の実施（単位：％）

社会サービス	低加入率	小規模	全体	社会サービス	低加入率	小規模	全体
清掃・美化	80.3	84.3	88.3	用水路の管理	*13.5*	42.4	37.0
生活道路の管理	78.6	*70.5*	87.5	墓地・寺社の管理	*12.9*	37.7	30.8
祭り	76.9	*59.3*	74.9	教育の支援	34.6	*12.5*	30.5
高齢者の支援	72.5	*50.9*	71.3	自然保護	18.1	20.7	24.1
ゴミ処理	61.3	56.8	69.8	伝統芸能	22.3	14.4	23.5
慶弔	69.0	77.9	69.1	選挙での候補者支持	15.9	26.7	22.1
スポーツ・文化イベント	66.8	*33.9*	65.4	障害者の支援	19.5	9.4	18.7
学校教育への協力	68.7	47.0	64.2	農林水産業の共同作業	4.1	26.5	17.5
集会所の管理	*48.1*	46.5	64.1	近隣トラブルの調整	19.2	7.6	16.9
消防	58.0	42.8	60.4	公害防止	19.2	8.6	16.4
防災	58.0	*41.8*	55.8	子育ての支援	20.9	6.3	15.4
交通安全	56.6	*32.3*	53.9	上下水道の管理	7.4	15.1	14.4
防犯	62.4	*23.4*	53.8	男女共同参画	6.6	5.1	10.2
青少年の育成	65.4	*26.7*	52.8	乳幼児の保育	4.9	1.9	5.3
掲示板の管理	**66.2**	*21.9*	49.4	国際交流	3.6	1.6	2.8
リサイクル	46.4	31.5	47.4	N	364	1,176	17,831
まちづくり	35.7	24.3	37.6				

表5 低加入率，小規模自治会と受託業務の実施状況 (単位:%)

	低加入率	小規模	全体
回覧	92.7	94.6	95.1
広報誌の配布	81.5	93.1	92.1
募金	87.2	88.3	90.6
委嘱委員の推薦	60.6	33.7	60.8

表6 低加入率，小規模自治会と市区町村との連携 (単位:%)

	低加入率	小規模	全体
生活道路の管理	34.3	22.9	34.1
清掃・美化	39.1	39.0	45.2
ゴミ処理	49.3	54.0	61.3
防災	37.0	30.3	37.9
防犯	28.6	19.3	22.8
スポーツ・文化イベント	14.8	23.8	20.9

市区町村との協力 市町村からの委託業務の実施状況をみよう（表5）[3]。回覧，広報誌の配布，募金についてはいずれも高い割合であるが，広報誌の配布において低加入率自治会の実施率が低い。また，委嘱委員の推薦については，小規模自治会で著しく低いことがわかる。

表6は，自治会が社会サービス活動のうち，市区町村と連携しているものの割合を示している[4]。低加入率自治会については，清掃・美化，ゴミ処理，スポーツ・文化イベントでの連携率が低い。一方で，防犯活動では連携率が高い。小規模自治会では，スポーツ・文化イベントを除いて連携率が低い傾向にある。低加入率，小規模自治会のどちらも，住環境整備での連携があまりなされていないことがみてとれる。

要望伝達 市区町村や議員への要望伝達についてはどうだろうか。表7は様々な対象への要望伝達活動の割合を示したものである[5]。小規模自治会で担当課への要望と自治会連合会への要望が少ないくらいで，全般に割合はあまり変わらない。もっとも，政策過程における自己の影響力につ

---

(3) 7章でもふれたように，自治会調査において，市区町村からの受託業務の実施状況を主な順に4位まで尋ねる形式で質問している。表4では，このうち4位まで含まれた割合を示している。

(4) 7章でもふれたように，自治会調査では，社会サービス活動のうち市区町村を連携しているものについて，主な順に5位まで質問している。ここでは，ある社会サービス活動を実施している自治会の中で，市区町村と連携しているものとして5位までに挙げられた割合を示している。つまり，活動そのものを行っていない自治会は分析から除外されている。

(5) 5段階の質問のうち，頻繁，やや頻繁，ある程度までを合わせた割合である。自己の影響力評価についても同様である。

いては，低加入率自治会では69.4％と全体の67.7％とあまり変わらない。これに対して小規模自治会では56.8％であり，影響力を認知している自治会が少ないことがわかる。

市区町村からの支援　最後に，市区町村からの支援や対応についての満足度をみよう（表8）。それぞれの項目は5段階で質問しているが，そのうち肯定的な2段階（満足，やや満足）の割合を示している。低加入率自治会では全体と比べてそれほど特徴的な差異をみてとることはできない。小規模自治会については，誠実な対応，協議の場の提供など市区町村の自治会に対する対応について，小規模自治会では満足な自治会が少ないことがわかる。市区町村からの支援全般についても，満足である割合が低い。

表7　低加入率，小規模自治会と市区町村との連携　　　　（単位：％）

	低加入率	小規模	全体
市町村担当課	80.2	68.9	84.6
市町村懇談会	62.9	63.1	68.9
市町村幹部	41.0	36.8	46.6
パブリックコメント	21.3	18.2	22.9
市町村議員	40.4	44.4	45.3
陳情・請願	24.1	27.1	28.1
有力者	20.3	22.1	20.7
自治会連合会	53.1	42.1	51.5
N	339	1,085	17,090

表8　低加入率，小規模自治会と市区町村の支援・対応への満足度
（単位：％）

	低加入率	小規模	全体
補助金	21.7	16.3	22.6
情報	37.0	40.1	42.3
委託業務	14.8	13.9	15.3
誠実な対応	29.2	21.6	31.4
協議の場	22.6	19.1	23.5
支援全般	21.3	14.8	21.1
N	323	998	16,051

3．まとめ

　以上，自治会の存続が危ぶまれている低加入率自治会（加入率50％未満）と小規模自治会（加入世帯数20世帯未満）について，自治会調査からどのような特徴がみられるのかを検討した。

　低加入率自治会は都市部で多くみられ，組織規模は大きい。住民同士のつきあいや自治会活動への参加といった社会関係資本は低い。しかし，その他の要素については，全体と比べてあまり特徴がみられない。社会サービス活動で旧来型の施設管理の実施率が低いことなどから都市部の自治会の特徴を示しているが，それが顕著だというわけでもない。社会関係資本は不足していても，規模が大きく財源が潤沢であることや，都市部で様々な地域団体と連携可能なことから，自治会の活動水準を維持できていると考えられる。

これに対して，小規模自治会はどうだろうか。まず，中国・四国地方に多いことが特徴的である。そして，非都市部で発足時期の古い村落型の自治会が多い。社会関係資本については，住民同士の関係も深く，自治会活動への参加も行われている。しかし，他の地域団体との連携率と社会サービス活動の実施率については全体よりも低い傾向にある。市区町村との関係についても明確な特徴とはいえないが，政策形成における自己の影響力は低く，市区町村の支援・対応に対する満足度も低い。全般に自治会活動は低調だといえるだろう。

　本論中の分析から，社会関係資本は自治会の様々な側面と関連していることが確認された。また，地域社会の代表としての正当性を維持するためにも，自治会の低加入率は大きな問題である。しかし，ここでの分析から，より問題とされるべきは小規模自治会であり，これらの自治会に対する支援が必要とされる。もっとも，これも本論中の分析から明らかにされたことであるが，市区町村と自治会とのソフトな関係形成が重要である。表8から，小規模自治会は市区町村の誠実な対応についての満足な割合が低いということも，このことの証左となっている。

引用文献

足立忠夫・柴田護・星野光男・宮崎辰雄・山田幸男監修. 1988. 『戦後地方行財政資料　別巻2　占領軍地方行政資料』勁草書房.
Agresti, A. 1996. *An Introduction to Categorical Data Analysis*, John Wiley & Sons.（渡邉裕之・菅波秀規・吉田充宏・角野修司・寒水孝司・松永信人訳『カテゴリカルデータ解析入門』サイエンティスト社).
鯵坂学. 1980. 「地域住民組織と住民自治の形態」『地域と自治体』11：69-93.
鯵坂学. 2006. 「地域住民組織と地域ガバナンス」玉野和志・三本松政之編『地域社会の政策とガバナンス』東信堂：173-187.
明るい選挙推進協会. 2008. 『第16回（平成19年4月）　統一地方選挙の実態—調査結果の概要—』.
秋元律郎. 1971. 『現代都市の権力構造』青木書店.
秋元律郎. 1990. 「中間集団としての町内会」倉沢進・秋元律郎編『町内会と地域集団』ミネルヴァ書房：129-157.
雨宮昭一. 1997. 『戦時戦後体制論』岩波書店.
Andrews, K. T. and B. Edwards, 2004, "Advocacy Organizations in the U.S. Political Process," *Annual Review of Sociology*, 30: 479-506.
Bestor, T. 1989. *Neighborhood Tokyo*. Stanford: Stanford University Press.
Bowls, S. and H. Gintis. 2002. "Social Capital and Community Governance," *Economic Journal*, 112: 419-436.
Burt, R. 1992. *Structural Holes: The Social Structure of Competition*, Cambridge: Harvard University Press.
Burt, R. 2001. "Structural Holes Versus Network Closure as Social Capital," N. Lin, K. Cook, and R. Burt eds. *Social Capital: Theory and Research*, New York: Walter de Gruyter: 31-56.
Burt, R. 2005. *Brokerage and Closure: An Introduction on Social Capital*, Oxford University Press.
地縁団体研究会. 1998. 『新訂　自治会，町内会等法人化の手引』ぎょうせい.
Coleman, J. S. 1990. *Foundations of Social Theory*. Cambridge: Belknap Press.（久慈利武監訳. 2004. 『社会理論の基礎＜上＞』青木書店).
Collier, R. B. and D. Collier. 1991. *Shaping the Political Arena: Critical Junctures, the Labor Movement, and Regime Dynamics in Latin America*, Princeton University Press.

Crawford, B. and A. Lijphart. eds. 1997. *Liberalism and Leninist Legacies*. Berkeley: University of California Press.

Curtis, G. L. 1971. *Election campaigning, Japanese style*, New York: Columbia University Press（山岡清二訳. 1971.『代議士の誕生―日本保守党の選挙運動―』サイマル出版会.）

Curtis, J. E., E. G. Grabb, and D. E. Baer. 1992. "Voluntary Association Membership in Fifteen Countries: A Comparative Analysis," *American Sociological Review*, 57: 139-152.

ダダバエフ・ティムール. 2006.『マハッラの実像―中央アジア社会の伝統と変容―』東京大学出版会.

Denters, B. and L. E. Rose. eds. 2005. *Comparing Local Governance: Trends and Developments*, Basingstoke: Palgrave Macmillan.

Diamond, L. 1994. "Rethinking Civil Society: Toward Democratic Consolidation," *Journal of Democracy*, 5(3): 4-18.

Dore, R. 1958. *City Life in Japan*, Berkeley: University of California Press（青井和夫・根本哲人共訳『都市の日本人』岩波書店）.

江上渉. 1992.「コミュニティ行政の課題と町内会・自治会」『都市問題』83（1）: 27－36.

Granovetter, M. 1978. "The Strength of Weak Ties," *American Journal of Sociology*, 78(6): 1360-80.

Haddad, M. A. 2007. *Politics and Volunteering in Japan: A Global Perspective*. Cambridge: Cambridge University Press.

羽貝正美編. 2007.『自治と参加・協働―ローカル・ガバナンスの再構築―』学芸出版社.

埴淵知哉・市田行信・平井寛・近藤克則. 2008.「ソーシャル・キャピタルと地域―地域レベルソーシャル・キャピタルの実証研究をめぐる諸問題―」稲葉陽二編. 2008.『ソーシャル・キャピタルの潜在力』日本評論社：55－72.

Hastings, S. A. 1995. *Neighborhood and Nation in Tokyo, 1905-1937*. Pittsburg: University of Pittsburg Press.

早川洋行. 2007.『ドラマとしての住民運動―社会学者がみた栗東産廃処分場問題―』社会評論社.

日高昭夫. 2007.「市町村と地域自治会との『協働』関係の諸類型についての一考察―ローカル・ガバナンス制御の視点から―」『山梨学院大学法学論集』58：151－177.

平川毅彦. 1987.「都市周辺部における地域住民組織と権力構造：札幌市郊外S連合町内会を事例として」『社会学評論』37（2）：134－151.

広原盛明. 1989.「先進的まちづくり運動と町内会―神戸市丸山, 真野, 藤沢市辻堂

南部の比較考察―」岩崎信彦・鰺坂学・上田惟一・高木正明・広原盛明・吉原直樹編『町内会の研究』御茶の水書房：324－361.
稲葉陽二．2007．『ソーシャル・キャピタル』生産性出版．
稲葉陽二編．2008．『ソーシャル・キャピタルの潜在力』日本評論社．
Inoguchi, T. 2000. "Social Capital in Japan," *Japanese Journal of Political Science*, 1(1): 72-112.
Inoguchi, T. 2002. "Broadening the basis of social capital in Japan," R. D. Putnam ed. *Democracies in Flux: The Evolution of Social Capital in Contemporary Society*, Oxford U.K.: Oxford University Press: 359-392.
石田祐．2008．「ソーシャル・キャピタルとコミュニティ」稲葉陽二編．2008．『ソーシャル・キャピタルの潜在力』日本評論社：81－103.
石垣尚志．1999．「ごみ処理事業における政策実施過程―埼玉県大宮市を事例に―」『環境社会学研究』5：183－195.
石原紀彦．2004．「町内会と NPO の交差によるまちづくりの可能性」『地域社会学年報』16：136－156.
伊藤大一．1980．『現代日本官僚制の分析』東京大学出版会．
伊藤嘉高．2005．「地域共同性の現代的位相と地域住民組織――仙台市域の町内会」『ヘスティアとクリオ』1：58－83.
伊藤嘉高．2006．「制度的〈地域〉表象の限界――仙台市柳生地区の場合」『地域社会学会年報』18：121－142.
伊藤修一郎．2007．「自治会・町内会と住民自治」『現代文化・公共政策　論叢』5：85－116.
居安正．1983．「地区組織と選挙」間場寿一編『地域政治の社会学』世界思想社：55－88.
岩崎信彦．1989．「町内会をどのように捉えるか」岩崎信彦・鰺坂学・上田惟一・高木正明・広原盛明・吉原直樹編『町内会の研究』御茶の水書房：3－14.
神野直彦・澤井安勇編．2004．『ソーシャルガバナンス－新しい分権・市民社会の構図』東洋経済新報社．
Jowitt, K. 1992. *New World Disorder*. Berkeley: University of California Press.
鹿毛利枝子．2002．「『ソーシャル・キャピタル』をめぐる研究動向（一）（二）：アメリカ社会科学における三つの『ソーシャル・キャピタル』」『法学論叢』151（3）：101－119, 152（1）：71－87.
春日雅司．1996．『地域社会と地方政治の社会学』晃洋書房．
神田嘉延．2002．『村づくりと公民館』高文堂出版社．
計倉浩寿．1993．「地縁による団体の認可状況等調査の結果について」『地方自治』（7月号）：35－47.
菊池美代志．1973．「居住空間と地域集団」倉沢進編『社会学講座5　都市社会学』．

菊池美代志. 1990.「町内会の機能」倉沢進・秋元律郎編『町内会と地域集団』ミネルヴァ書房：217-238.
菊池美代志・江上渉. 1998.『コミュニティの組織と施設』多賀出版.
金基成. 2005.「社会関係資本と地方政府の役割」『公共政策研究』5：130-140.
Kitschelt, H. Z. Mansfeldova, R. Markowski, and G. Toka. 1999. *Post-Communist Party Systems: Competition, Representation, and Inter-Party Cooperation*. Cambridge: Cambridge University Press.
Knack, S. 2002. "Social Capital and the Quality of Government: Evidence from the States," *American Journal of Political Science*, 46(4): 772-785.
国土交通省. 2007.『過疎地域等における集落の状況に関するアンケート調査結果』(http://www.mlit.go.jp/singikai/kokudosin/keikaku/jiritsu/9/03.pdf).
国民生活審議会調査部会編. 1969.『コミュニティ問題小委員会報告　コミュニティ―生活の場における人間性の回復』大蔵省印刷局.
久保慶明. 2009.「政策過程の影響力構造」辻中豊・伊藤修一郎編『市民社会構造とガバナンス総合研究　全国自治体（市区町村）調査報告書』：207-239.
久冨善之. 1976.「幹線交通網施設と住民運動―群馬県高崎市の事例―」松原治郎・似田貝香門編『住民運動の論理－運動の展開過程・課題と展望』学陽書房：107-140.
倉沢進. 1990.「町内会と日本の地域社会」倉沢進・秋元律郎編『町内会と地域集団』ミネルヴァ書房：2-26.
倉沢進. 2002.「伝統的地域集団－町内会」倉沢進編『改訂版　コミュニティ論』放送大学出版会：30-43.
Lin, N. 2001. *Social Capital: A Theory of Social Structure and Action*, Cambridge: Cambridge University Press.
町村敬志編. 2009.『市民エージェントの構想する新しい都市のかたち―グローバル化と新自由主義を越えて―』平成17～20年度日本学術振興会科学研究費研究成果報告書.
松野弘. 2004.『地域社会形成の思想と論理―参加・協働・自治―』ミネルヴァ書房.
松下圭一. 1961.「地域民主主義の展望と課題」『思想』443：1-23.
McKean, M. A. 1980. "Political Socialization through Citizen's Movement," K. Steiner, E. S. Krauss, and S. C. Flanagan eds. *Political Opposition and Local Politics in Japan*. Princeton: Princeton University Press: 228-273.
宮川公男・大守隆編. 2004.『ソーシャル・キャピタル―現代経済社会のガバナンスの基礎―』東洋経済新報社.
宮本定明. 1999.『クラスター分析入門―ファジィクラスタリングの理論と応用―』森北出版.

宮本太郎．2005．「ソーシャル・ガヴァナンス―その構造と展開―」山口二郎・宮本太郎・坪郷實編『ポスト福祉国家とソーシャル・ガヴァナンス』ミネルヴァ書房：1－23．
三田清．1976．「行政協力団体と自治体の行政責任―ケース・スタディを中心に―」『都市問題』67（2）：25－39．
宮崎伸光．1992．「認可地縁団体制度の問題点―改正地方自治法と市町村および自治会・町内会等の困惑―」『都市問題』83（1）：13－25．
望月博．2004．「『地縁による団体の認可事務の状況等に関する調査結果』について」『地方自治』（2月号）：54－66．
森裕亮．2001．「わが国における自治体行政と地域住民組織（町内会）の現状」『同志社政策科学研究』3：315－332．
森裕亮．2008．「パートナーシップの現実―地方政府・地縁組織間関係と行政協力制度の課題―」『年報行政研究』43：170－188．
森元孝．1996．『逗子の市民運動―池子米軍住宅建設反対運動と民主主義の研究―』御茶の水書房．
村松岐夫．1994．『日本の行政―活動型官僚制の変貌―』中央公論社．
村松岐夫編．1976．『地域自治会の機能に関する研究―京都市の町内会―』総合研究開発機構1975年度委託研究．社団法人システム科学研究所．
内閣府国民生活局編．2003．『ソーシャル・キャピタル―豊かな人間関係と市民活動の好循環を求めて―』国立印刷局．
内閣府編．2004．『国民生活白書―人のつながりが変える暮らしと地域－新しい「公共」への道―』国立印刷局．
中川剛．1980．『町内会－日本人の自治感覚』中央公論社．
中村八朗．1965．「都市町内会論の再検討」『都市問題』56（5）：69－81．
中田実．1993a．『地域共同管理の社会学』東信堂．
中田実．1993b．「部落会・町内会とその周辺」西尾勝編『コミュニティと住民活動』ぎょうせい：95－110．
中田実．2007．『地域分権時代の町内会・自治会』自治体研究社．
中田実編．1996．『町内会・自治会の新展開』自治体研究社．
中田実編．2000．『世界の住民組織―アジアと欧米の国際比較―』自治体研究社．
中田実・板倉達文・黒田由彦編．1998．『地域共同管理の現在』東信堂．
中田実・小木曽洋司・山崎丈夫．2004．『新　町内会・自治会モデル規約―条文と解説―』自治体研究社．
Newton, K. 1997. "Social Capital and Democracy," *American Behavioral Scientist*, 40: 575-586.
日本経済新聞社・日経産業消費研究所．2005．『全国優良都市ランキング2005－06』日本経済新聞社．

日本総合研究所．2008．『日本のソーシャル・キャピタルと政策—日本総研2007年全国アンケート調査結果報告書—』日本総合研究所．
新川達郎．2005．「地方自治体再編とコミュニティ再生」山田晴義・新川達郎編『コミュニティ再生と地方自治体再編』ぎょうせい：1－33．
Nishide, Y. 2009. *Social Capital and Civil Society in Japan*. Sendai: Tohoku University Press.
西尾勝．2000．『行政の活動』有斐閣．
似田貝香門．1995．「現代社会の地域集団」青井和夫編『地域社会学』サイエンス社．
似田貝香門．1997．「現代都市の地域集団—地域社会の再生の組織論—」蓮見音彦・似田貝香門・矢澤澄子編『現代都市と地域形成—転換期とその社会形態—』東京大学出版会：21－43．
野邊政雄．1991．「地方都市における町内会の類型—岡山市の事例—」『岡山大学教育学部研究集録』88（1）：11－27．
小浜ふみ子．2008．「町内会・自治会とNPO」菊池美代志・江上渉編『21世紀の都市社会学　改訂版』学文社：142－154．
大日方純夫・勝田政治・我部政男編．1984．『内務省年報・報告書　第13巻』三一書房．
越智昇．1990．「ボランタリーアソシエーションと町内会の文化変容」倉沢進・秋元律郎編『町内会と地域集団』ミネルヴァ書房：240－286．
岡田知弘・石崎誠也編．2006．『地域自治組織と住民自治』自治体研究社．
奥田道大．1964．「旧中間層を主体とする都市町内会—その問題点の提示—」『社会学評論』14（3）：9－14．
大野晃．2005．『山村環境社会学序説—現代山村の限界集落化と流域共同管理—』農山漁村文化協会．
Olson, M. 1965. *The Logic of Collective Action*. Cambridge, MA: Harvard University Press.（依田博・森脇俊雅訳．1983．『集合行為論—公共財と集団理論—』ミネルヴァ書房．）
Ostrom, E. 1990. *Governing the Commons: The Evolution of Institutions for Collective Action*, New York: Cambridge University Press.
Putnam, R. D. 1993. *Making Democracy Work: Civic Traditions in Modern Italy*. Princeton: Princeton University Press.（河田潤一訳．2001．『哲学する民主主義—伝統と改革の市民的構造—』NTT出版．）
Putnam, R. D. 1995. 'Bowling Alone: America's Declining Social Capital,' *Journal of Democracy*, 6(1): 65-78.
Putnam, R. D. 2000. *Bowling Alone: The Collapse and Revival of American Community*, New York: Simon & Schuster.（柴内康文訳．2006．『孤独なボウリング—米国コミュニティの崩壊と再生—』柏書房．）

引用文献 217

Pekkanen, R. J. 2003. 'Molding Japanese Civil Society: State Structured Incentives and the Patterning of Civil Society,' F. J. Schwartz and S. J. Pharr eds. *The State of Civil Society in Japan*. Cambridge: Cambridge University Press: 116-134.

Pekkanen, R. J. 2004. 'Japan: Social Capital without Advocacy,' M. Alagappa ed. *Civil Society and Political Change in Asia: Explaining and Contracting Democratic Space*. Stanford, CA: Stanford University Press: 223-255.

Pekkanen, R. J. 2005. "Local Corporatism: Neighborhood Associations and Public Policy in Japan,"『公共政策研究』5: 27-52.

Pekkanen, R. J. 2006. *Japan's Dual Civil Society: Members without Advocates*. Stanford, CA: Stanford University Press.（佐々田博教訳. 2008.『日本における市民社会の二重構造』木鐸社.）

Pekkanen, R. J. 2009. "Japan's Neighborhood Associations: membership without Advocacy," B. L. Read with R. Pekkanen eds. *Local Organizations and Urban Governance in East and Southeast Asia: Straddling State and Society*, Oxford: Routledge: 27-57.

Pekkanen, R. J. and B. Read, 2003, "Explaining Cross-National Patterns in State-Fostered Local Associations," Paper presented at the American Political Association Annual Meeting, Philadelphia. PA.

Pestoff, V. A. 1998. *Beyond the Market and State: Social Enterprises and Civil Democracy in a Welfare Society*, Aldershot, U.K.: Ashgate Publishing.（藤田暁男・川口清史・石塚秀雄・北島健一・的場信樹編『福祉社会と市民民主主義―協同組合と社会的企業の役割―』日本経済評論社.）

Peters, G. 2005. *Institutional Theory in Political Science: The New Institutionalism*. London: Continuum.

Pierre, J. ed. 2000. *Debating Governance: Authority, Steering, and Democracy*, Oxford: Oxford University Press.

Pierre, J. and P. Guy. 2000. *Governance, Politics and the State*, Basingstoke: Macmillan.

Pierson, P. 2004. *Politics in Time: History, Institutions, and Social Analysis*, Princeton: Princeton University Press.

Read, B. L. with R. J. Pekkanen eds. 2009. *Local Organizations and Urban Governance in East and Southeast Asia: Straddling State and Society*, Oxford: Routledge.

Rhodes, R. A. W. 1996. "The New Governance: Governing without Government." *Political Studies* 44: 652-667.

Rhodes, R. A. W. 1997. *Understanding Governance: Policy Networks, Governance, Reflexivity and Accountability*, Buckingham: Open University Press.

Pop-Eleches, G. 2007. "Historical Legacies and Post-Communist Regime Change," *The Journal of Politics*, 69(4): 908-926.

坂口正治．2008．「ローカル・ガバナンスと自治体内分権」山本啓編．2008．『ローカルガバメントとローカルガバナンス』法政大学出版局：105-124．
坂本治也．2003．「パットナム社会資本論の意義と課題——共同性回復のための新たなる試み」『阪大法学』52（5）：1373-1401．
坂本治也．2005．「地方政府を機能させるもの？—ソーシャル・キャピタルからシビック・パワーへ—」『公共政策研究』5：141-153．
佐久間彊．1957．「住民組織の問題（一）」『自治研究』33（7）：29-37．
斎藤忠雄．2007．「自治体財政からみた住民参画型社会の必然性—財政危機と新しい社会統合システムの模索—」羽貝正美編『自治と参加・協働—ローカル・ガバナンスの再構築—』学芸出版社：75-106．
Salamon, L. M., H. K. Anheier, R. List, S. Toepler, and S. W. Slolowski. 1999. *Global Civil Society: Dimensions of the Nonprofit Sector.* Baltimore, MD: Johns Hopkins Center for Civil Society Studies.
佐藤徹．2005．「市民参加の基礎概念」佐藤徹・高橋秀行・増原直樹・森賢三『新説　市民参加—その理論と実際—』公人社：3-12．
Schwartz, F. J. 2003. "What is Civil Society?," F. J. Schwartz and S. J. Pharr eds. *The State of Civil Society in Japan*. Cambridge: Cambridge University Press: 1-19.
シュワルツ，Ｆ．（三輪博樹訳）．2002．「シビル・ソサエティとは何か」『レヴァイアサン』31：26-37．
重富真一．2002．「NGOのスペースと現象形態—第3セクター分析におけるアジアからの視角—」『レヴァイアサン』31：38-62．
篠原一．2004．『市民の政治学—討議的デモクラシーとは何か—』岩波書店．
篠宮正巳．1997．「『地縁による団体の認可事務の状況等に関する調査結果』について」『地方自治』（2月号）：52-66．
Silverman, R. M. ed. 2004. *Community-Based Organizations: The Intersection of Social Capital and Local Context in Contemporary Urban Society*. Michigan: Wayne State University Press.
市町村自治研究会監修・日本加除出版株式会社出版部編．1998．『新版　全国市町村名変遷総覧』日本加除出版株式会社．
消防庁国民保護・防災部防災課．2009．『災害対応能力の維持向上のための地域コミュニティーのあり方に関する検討会報告書』．
総務省自治行政局行政課．2003．『地縁による団体の認可事務の状況等に関する調査結果』．
総務省自治行政局行政課．2008．『地縁による団体の認可事務の状況等に関する調査結果』．
Skocpol, T. 1998. "Advocates without Members: The Recent Transformation of American Civic Life," T. Skocpol and M. P. Fiorina eds. *Civic Engagement in American*

Democracy. Washington D.C.: Brookings Institution Press: 461-509.
Stoker, G. 2004. *Transforming Local Governance: From Thatcharism to New Labor*, New York: Basingstoke.
杉野勇．2006．「複数の項目の信頼性を検討する―尺度構成と α 係数―」与謝野有紀・栗田宣義・高田洋・間淵領吾・安田雪編『社会の見方，測り方―計量社会学への招待―』勁草書房：321-327.
杉田憲正．1981．「自治会・町内会等のいわゆる住民自治組織の実態調査結果の概要―上・下―」『地方自治』407：35-48，408：92-102.
田島平伸．2005．「地域自治制度とコミュニティ再生」山田晴義・新川達郎編『コミュニティ再生と地方自治体再編』ぎょうせい：72-95.
高木正朗．1990．「奈良町内の人口と社会構造」岩崎信彦・鰺坂学・上田惟一・高木正明・広原盛明・吉原直樹編『町内会の研究』御茶の水書房：17-46.
高木鉦作．1960．「東京都・区政と町会連合会―行政補助団体の圧力団体化―」『年報政治学　日本の圧力団体』岩波書店：146-159.
高木鉦作．1969．「都市行政と町内会」『都市問題』60（6）：3-15.
高木鉦作．2005．『町内会廃止と「新生活共同体の結成」』東京大学出版会.
武智秀之．1996．『行政過程の制度分析―戦後日本における福祉政策の展開―』中央大学出版部.
武智秀之編．2004．『都市政府とガバナンス』中央大学出版部.
竹井隆人．2005．『集合住宅デモクラシー―新たなコミュニティ・ガバナンスのかたち』世界思想社.
竹中英紀．1998．「コミュニティ行政と町内会・自治会」『都市問題』89（6）：29-39.
玉野和志．1993．『近代日本の都市化と町内会の成立』行人社.
玉野和志．2005．『東京のローカル・コミュニティ―ある町の物語1900-80―』東京大学出版会.
田中重好．1985．「町内と町内社会」『地域社会学会年報』3：155-197.
田中重好．1990．「町内会の歴史と分析視角」倉沢進・秋元律郎編『町内会と地域集団』ミネルヴァ書房：27-60.
谷口将紀．2003．「選挙制度改革と組織票動員―連合町内会を中心に―」『レヴァイアサン』32：9-28.
谷口吉光．2000．「守る環境ボランティア―与野市のリサイクル・システムにおける自治会の役割―」鳥越皓之編『環境ボランティア・NPO の社会学』新曜社.
谷口吉光・堀田恭子・湯浅陽一．2000．「地域リサイクル・システムにおける自治会の役割」『環境社会学研究』6：178-191.
Tarrow, S. 1998. *Power in Movements, Collective Action and Politics 2nd ed*. New York: Cambridge University Press.

東北都市社会学研究会．2006．『地方中枢都市における変貌する町内会の現状とその行方－2005年仙台市町内会・自治会調査結果報告書－』．

鳥越皓之．1994．『地域自治会の研究』ミネルヴァ書房．

辻中豊．2002a．「世界政治学の文脈における市民社会，NGO 研究」『レヴァイアサン』31：8－25．

辻中豊．2002b．「日本における利益団体研究と JIGS 調査の意義」辻中豊編『現代日本の市民社会・利益団体』木鐸社：37－62．

Tsujinaka, Y. 2003. "From Developmentalism to Maturity: Japan's Civil Society Organizations in Comparative Perspective," F. J. Schwartz and S. J. Pharr eds. *The State of Civil Society in Japan*. Cambridge: Cambridge University Press: 83-115.

Tsujinaka,Y. Jae-Young Choe, and T. Ohtomo. 2007. "Exploring the Realities of Japanese Civil Society through Comparison," *ASIEN* (Germany), 105: 16-32.

Tsujinaka.Y. 2009. "Civil Society & Social Capital in Japan," in H. K. Anheier and S. Toepler eds. *International Encyclopedia of Civil Society*, Springer.

辻中豊編．2009a．『町内会・自治会など近隣住民組織に関する全国調査コードブック』．

辻中豊編．2009b．『第二次　団体の基礎構造に関する調査（日本全国・社会団体調査）コードブック』．

辻中豊・崔宰栄・山本英弘・三輪博樹・大友貴史．2006．「日本の市民社会構造と政治参加―自治会，社会団体，NPO の全体像とその政治関与―」『レヴァイアサン』41：7－44．

辻中豊・森裕城．1998．「現代日本の利益団体「活動空間別にみた利益団体の存立・行動様式」『選挙』51（4）：4－15．

辻中豊・森裕城編．2009．『第二次　団体の基礎構造に関する調査（日本全国・社会団体調査）報告書』．

辻中豊・伊藤修一郎編．2009．『市民社会構造とガバナンス総合研究　全国自治体（市区町村）調査報告書』．

辻中豊・廉載鎬編．2004．『現代韓国の市民社会・利益団体―日韓比較による体制移行の研究―』木鐸社．

築山秀夫．1996．「地域住民組織と行政」田野崎昭夫編『地域社会計画の研究』学文社：141－160．

角替弘志．1993．「PTA とその周辺」西尾勝編『コミュニティと住民活動』ぎょうせい：111－126．

上田惟一．1989．「行政，政治，宗教と町内会」岩崎信彦・鯵坂学・上田惟一・高木正明・広原盛明・吉原直樹編『町内会の研究』御茶の水書房：439－461．

植野和文．2000．「交流社会の地域づくりとNPO の役割―『自治会活動』と『町並み保存活動』を事例に―」端信行・高島博編『ボランタリー経済とコミュニテ

ィー文化経済型システムとNPO―』白桃社：71-96.
宇佐川満・朝倉秋富・友松賢．1964．『現代の公民館―住民自治にもとづく再編成の構想―』生活科学調査会．
牛山久仁彦．2007．「住民と行政の『協働』を考える――『協働』をめぐる議論の整理と今後の課題」『季刊行政管理研究』119：15-22.
山口定．2004．『市民社会論―歴史的遺産と新展開―』有斐閣．
山岸俊男．1998．『信頼の構造―個人と社会の進化ゲーム―』東京大学出版会．
山本啓．2004．「公共サービスとコミュニティ・ガバナンス」武智秀之編『都市政府とガバナンス』中央大学出版部：101-125.
山本啓編．2008．『ローカルガバメントとローカルガバナンス』法政大学出版局．
山本正．1998．「日本のシビルソサエティの発展とガバナンスへの影響」五百旗頭真・入江昭・大田弘子・山本正・吉田慎一・和田純『「官」から「民」へのパワーシフト―誰のための「公益」か―』TBSブリタニカ：115-165.
山本隆．2009．『ローカル・ガバナンス―福祉政策と協治の戦略―』ミネルヴァ書房．
山岡義典．2004．「市民活動団体の役割と課題」神野直彦・澤井安勇編『ソーシャルガバナンス―新しい分権・市民社会の構図』東洋経済新報社：204-215.
山内直人．2005．「シビルソサエティを測定する―数量的把握の現状と課題」『公共政策研究』5：53-67.
山内直人・伊吹英子編．2005．『日本のソーシャルキャピタル』大阪大学NPO研究情報センター．
Yamamoto, T., ed. 1998. *The Nonprofit Sector in Japan*. The Johns Hopkins Comparative Nonprofit Sector Project. Manchester: Manchester University Press.
山崎丈夫．2003，「地域住民組織とNPOが協働したコミュニティづくり」『コミュニティ政策』1：79-92.
山崎丈夫．2003．『地域コミュニティ論―地域住民自治組織とNPO，行政の協働』自治体研究社．
山崎丈夫．2006．『地域コミュニティ論：地域分権への協働の構図 改訂版』自治体研究社．
柳至．2009．「制度やサービスの実施状況」辻中豊・伊藤修一郎編『市民社会構造とガバナンス総合研究 全国自治体（市区町村）調査報告書』．
安国良一．1990．「京都の都市社会と町の自治」岩崎信彦・鯵坂学・上田惟一・高木正明・広原盛明・吉原直樹編『町内会の研究』御茶の水書房：47-76.
吉原直樹．1989．『戦後改革と地域住民組織―占領下の都市町内会』ミネルヴァ書房．
吉原直樹．1993．「コミュニティ施策と地域住民組織」似田貝香門・蓮見音彦編『都市政策と市民生活』東京大学出版会：341-365.
吉原直樹．1997．「『転換期』のコミュニティ政策」蓮見音彦・似田貝香門・矢澤澄子編『現代都市と地域形成―転換期とその社会形態』東京大学出版会：101-

120.
吉原直樹．2000．『アジアの地域住民組織―町内会・街坊会・RT/RW ―』御茶の水書房．
若田恭二．1994．『現代日本の政治と風土』ミネルヴァ書房．
和田敏明．1993．「地域福祉推進と社会福祉協議会」西尾勝編『コミュニティと住民活動』ぎょうせい：127-143．

付録1　調査実施のプロセス

　調査の概要については1章で簡単にふれたが，ここでは実施に至る手続きについてより詳細に記録しておきたい。なお，『町内会・自治会など近隣住民組織に関する全国調査コードブック』(辻中編 2009a) もあわせて参照されたい。

1. 調査実施に至るまで

　特別推進研究の調査グループでは，まず全国の自治会の全体像をどのように捉えたらよいのかというところから試行錯誤が始まった。当初は，全国の8ないし16地点程度を集中的に調査すべきか，全国47都道府県を包括的に調査すべきか比較検討し，最終的に地域的な差異を浮き彫りにし，比較検討を行いたいという点と，地方のガバナンスとの関連を見る点から，全国調査が望ましいと決定した。

　しかし，自治会については，住民基本台帳や有権者名簿のように包括的にカバーした台帳が存在するわけではない。そのため，一定のサンプリング調査を行おうにも，どのように対象を抽出したらよいのかが問題となった。そこで我々のグループでは自治会が市区町村と密接な関係にあることに着目し，市区町村の担当課であれば個々の自治会についての連絡先などの情報を把握しているだろうと考えた。そこで，まずは市区町村に対して調査への協力を依頼することとした[1]。

　しかしながら，全国の市区町村の協力が得られるか，協力を得るためには

---

[1] 結果的にではあるが，自治会について関知していない市区町村が14，0回答の市区町村が7あり，これら21の市区町村の自治会に対しては（存否も含め）調査ができなかった。

表1　調査の概要

- ◆調査協力意向調査
  - ・調査期間：2006年4月25日～5月31日
  - ・調査方法：郵送にて配布。FAXにて回収
  - ・配布市区町村数(a)：1,843
  - ・回収市区町村数(b)：1,659（90.0％）
  - ・調査協力を承諾した市区町村数(c)：890（48.3％）
    ①配布・回収の協力311（34.9％）　②配布のみの協力443（49.8％）
    ③連絡先の開示136（15.3％），1市は①と②の併用
    ※(b)と(c)の％：(a)を基数とした。(d)の％：(c)を基数とした。
- ◆自治会調査
  - ・調査期間：2006年8月19日～12月24日
  - ・調査法：市区町村によって異なる（上記参照）
  - ・調査サンプルの抽出：市区町村内では系統抽出
  - ・配布サンプル（自治会）数(e)：32,298
- ◆追加調査
  - ・調査期間：2006年10月22日～2007年2月28日
  - ・調査協力を承諾した市：6（調査を依頼した市9）
  - ・配布サンプル（自治会）数(f)：1,140
- ◆回収状況
  - ・自治会調査票回収期間：2006年8月19日～2007年4月20日
  - ・回収サンプル（自治会）数(g)：18,404
  - ・回収率(g/(e+f))：55.0％

どのように依頼するのかという問題があった。まず，2005年秋に研究代表者の辻中豊が，総務省に対して，全国の市区町村の調査協力がよりスムーズになり協力数が増えるように，市区町村への依頼状への連署，もしくは推薦状をお願いできないか，打診した。しかし，総務省では我々の調査に対して一定の理解を示したものの，国の立場から調査への協力を促すことはできないという回答であった。

　続いて，自治会に対してどのようなかたちでの調査が可能なのかと質問項目の妥当性を検討するために，つくば市の協力を得ながら，市内全576の区会を対象に予備調査を行った。同時に，ホームページで連絡先を公開している191の自治会に対しても予備調査を行った。回収率は，つくば市の区会については47.4％，ホームページで連絡先を公開している自治会では52.9％であった。なお，この調査結果は本書の分析に含まれていない。

2．市区町村への協力依頼

　予備調査での検討をふまえて，全国すべての市区町村（当時1,843）に調査への協力を依頼する文書を送付し，協力を依頼する方法を用いることとした。各市区町村に対しては調査に協力していただいた場合には，調査結果を報告し，全国と当該自治体のデータを提供することを約束して依頼を行った。

　調査に対しては協力可能であっても，自治会および自治会長の個人情報を

当方に開示することを好まない市区町村があることを勘案し，以下の3つの協力方法を用意した。

(1) 個々の自治会に対する調査票の配布と回収をともに市区町村が担当し，市区町村の側から筑波大学へ調査票を返送する[2]。
(2) 調査票の配布は市区町村で担当するが，回収については自治会の側が郵便で筑波大学へと返送する（この場合，返信用封筒を同封）。
(3) 市区町村が筑波大学に対し自治会の連絡先が記載された名簿等を開示する。

　この質問に加え，自治会の基礎情報として，市区町村における総人口，総世帯数，自治会数，自治会加入率，連合自治会等の上位団体の有無と連絡先を質問した。これらは市区町村単位でのサンプル数を決定するうえで参考になるものである。
　なお，市区町村に協力を依頼するにあたり，自治会とは何かが問題となる。ここでは，地域住民から構成されており，住環境や施設の整備または親睦など住民生活の維持や向上のために活動している団体という曖昧な定義とし，むしろ市区町村の担当者の側で自治会に相当すると認識している組織についての回答を求めた。そのため，行政区のように行政の側の事情で設置された組織も含まれている。学術研究としては厳密さを欠く方法かもしれないが，近隣住民組織の多様性を考えると，当事者が認識している組織を対象としたほうが望ましいと判断した[3]。
　この意向調査は2006年4月25日に配布し，FAXでの返信を求めるかたちで5月31日を締め切りとした。1,843の市区町村のうち，1,659から回答が寄せられ（全体の90.0％），うち調査に協力可能であったのは890であった（全体の48.9％）。協力方法としては，配布のみ協力するというものが最も多かった。名簿提供などによる連絡先の開示は15％程度にとどまった。

（2）　郵送料金を我々のプロジェクトで負担したことは言うまでもない。
（3）　市区町村の担当職員の認識であるため，近隣住民組織であっても，市区町村と関わりのない組織は調査の対象から漏れている可能性がある。そのため，サンプル全体が行政との関係が密接であるようにバイアスがかかっている可能性がある。

図1 調査に協力した市区町村と全市区町村の人口分布

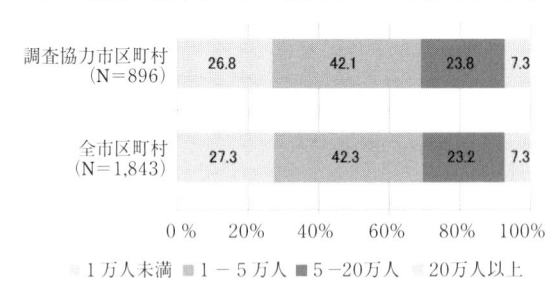

| 調査協力市区町村 (N=896) | 26.8 | 42.1 | 23.8 | 7.3 |
| 全市区町村 (N=1,843) | 27.3 | 42.3 | 23.2 | 7.3 |

0%　20%　40%　60%　80%　100%

■1万人未満　■1−5万人　■5−20万人　■20万人以上

図1は，調査に協力した市区町村と全市区町村のそれぞれについて，市区町村の人口規模別に示したものである。調査に協力した市区町村には，後述する追加調査に協力が得られた6市を含めている。両者の間で比率の差異はほとんどみてとることができない。人口規模という点では，本調査に協力した市区町村に特に偏りはないといえる。

　各市区町村のサンプル数は3万の計画サンプル数を各市区町村における自治会数をもとに比例配分することとした。これは仮に回収率が低かったとしても，全国の自治会の比較分析が十分に可能な数を確保するために設定したものであり，日本全体で約30万団体ある自治会の10%に相当する数である。しかし，一部の市区町村ではより限定した数の自治会に対してしか調査協力が得られなかった一方で，逆に全数調査で対応したいという市区町村もあり，配布サンプル数についても個々の事情を勘案する必要があった。このように市区町村の事情に応じてサンプル数を変えることは，サンプルにバイアスを与えることになり望ましくない。しかしながら，市区町村の善意による協力によって調査を遂行していることからやむを得ないと考えた。

　また，調査の実施時期についても，行事の時期と重なるなど市区町村や自治会によって繁忙期が異なっているため，一律に調査するのは困難であった。そこで，こうした市区町村の事情に配慮するため，調査実施時期，サンプル数，調査を行ううえでの費用の負担方法（立て替え払い，切手を送付するなど）など調査実施内容の確認を行った。これは7月26日に配布し，FAXでの返信を求めるかたちで8月18日まで回答を求めた。

3. 自治会への調査実施

　自治会に対する調査票の配布は2006年8月19日から開始した。各市区町村の調査実施時期，協力方法，サンプル数に応じて調査票を発送した。結果的に配布サンプル数は32,298となった。各市区町村における調査対象の決定は，

市区町村の担当者に依頼した。その際，系統抽出の仕方についてのガイドを同封し，それに基づいて無作為に抽出することを依頼した。これにより，市区町村にとって頼みやすい自治会や役職付きの自治会にだけ調査票を配布することを避けた。また，名簿等による自治会の連絡先を開示した市区町村の分については，当方で系統抽出によるサンプリングを行い，個々の自治会に対して郵送にて調査票を配布した。

　調査票については229頁以下を参照されたい。調査票の記入は自記式である。すなわち，調査対象となった自治会の代表者（おそらくは自治会長か役員）が記入している。調査に際しては様々な問い合わせを受けた。あまりに多数であり十分な記録ができていないが，調査への回答の仕方であるだとか，調査内容が自治会の実態に即していないという批判などが多く寄せられた。これらは当方の調査設計における問題であり，よく反省する必要がある。なお，今回の調査は市区町村を経由して回答を依頼したためか，それとも自治会という組織を対象としたためか，「なぜ自分が調査対象となったのか」という問い合わせはあまりなかった（あくまで印象に基づく）。自治会に対する調査は12月24日まで継続した。

4. 追加調査

　一連の調査実施プロセスにおいて，政令指定都市など大都市部の調査協力が十分に得られなかった。そのため，調査サンプルに都市部の自治会が少ないというバイアスが生じていた。そこで，先に協力を得た都市を除く9つの政令指定都市に対して，手紙と電話を通して再度調査への協力依頼を行った。すると，新たに2市に協力を得た。さらに，4市については自治会連合会の紹介を受け，自治会連合会に依頼し4市とも調査協力を得た。これにより，新たに政令指定都市6市に対して追加調査が可能となった。本調査に協力した総市区町村は896にのぼる。

　追加調査についても個々の市の事情を勘案して行い，2006年10月22日から2007年2月28日までに，1,140の調査票を配布した。これを加えると配布サンプルの総数は33,438である。追加調査により，大都市部のサンプル不足という問題にある程度対処することができた。

　以上のプロセスを経て，2007年4月20日までに18,404の調査票を回収した。回収率は55.0%である。

5. 調査データの処理・結果の報告

　回収した調査票は点検（エディティング）を行い，㈱福山コンサルティングに送付してデータ入力を依頼した。入力されたデータは我々のプロジェクトでデータ・クリーニングし，再度，福山コンサルティングに市区町村ごとの集計を依頼した。そのうえで，2007年7月4日に調査結果の報告書と当該市区町村のエクセル・データを送付した。

　その後，総務省「新しいコミュニティ研究会」，自治体危機管理学会，4市町（東大阪市，岩手県紫波町，会津若松市，伊勢原市）から本調査に基づく成果報告の要請を受け，講演を行った。

『町内会・自治会など近隣住民組織に関する全国調査』のお願い

　現在、人々の生活や地域の様々な問題に対処するうえで町内会や自治会など近隣住民組織がどのような働きをしているのか、また、町内会や自治会等に対して、市町村がどのような支援や協力をしたらよいのかが、学術的にも実際の政策作成においても重要視されています。

　そこで、筑波大学では、文部科学省の特別推進研究の研究助成(平成17年度～平成21年度)を得て、町内会や自治会等に対して、活動内容や市町村との関係などの実態を把握し、今後の方向性を探るために、日本初の全国調査を実施することにいたしました。

　調査にご協力いただく町内会や自治会等は、市町村の承諾のうえ、無作為に選ばせていただきました。結果は数値として集計いたしますので、個々の回答者が特定されることはなく、また、調査の目的以外に利用されることは一切ございません。

　ご回答いただいた調査票は、**受け取ってから2週間以内に、市区町村の担当者までご提出いただけますようお願いいたします**。但し、市区町村から提出日の指定があった場合には、その期日までにご提出ください。

　お忙しいところ誠にお手数をおかけしますが、調査の趣旨をご理解いただき、ご協力いただけますようお願い申し上げます。

　なお、本調査につきまして、お問い合わせ等ございましたら下記までお願いいたします。

平成18年9月
筑波大学　人文社会科学研究科
教授　辻中　豊

【問い合わせ先】

筑波大学　人文社会科学研究科
文部科学省特別推進研究グループ
崔宰栄・山本英弘・近藤汎之・大友貴史・三輪博樹

〒305-8571　茨城県つくば市天王台1－1－1
TEL：029-853-5793, 6847, 6512
FAX：029-853-7454
E-mail：csginfor@sakura.cc.tsukuba.ac.jp

※はじめに、この用紙の裏にある「記入上のお願い」をご覧ください。

| | | | | | | ※左欄：記入不要。 | 町内会・自治会調査票 |

記入上のお願い
1. ここで示す「自治会」とは、町内会、自治会、行政区、区会、組など近隣住民組織を指します。
2. 「自治会長」など会長ご本人がお答えください。
3. ご記入は、万年筆、黒ボールペン又は濃い鉛筆でお願いします。
4. 回答は、該当番号を □ にご記入ください。
   また、必要に応じて記号や番号に○をつけてください。
5. 「その他」を選ばれた場合は、〔　〕内にその内容をご記入ください。
6. 各質問が、ご回答していただく「自治会」の状況と合わない場合(非該当)には、その「問番号」の上に×をつけてください。

　以下は、別紙の『町内会・自治会調査票』のご回答後に、ご記入お願いいたします。

◆ご意見箱：現在、自治会で行っている特色ある活動や特に工夫していること、新たに実施しようとしている取り組みなどがありましたら、ご紹介ください。また、今後の自治会のあり方やこの調査に対するご意見などがありましたら、ご記入ください。

✎：

付録2　調査票　231

| | | | | ※左欄：記入不要。 | 町内会・自治会調査票 |

Ⅰ．自治会の概要についておたずねします。

問1．自治会が発足したのはいつ頃ですか。該当年号にも○をつけてください。「分からない」場合は、〔 〕に○をご記入ください。

・明治・大正・昭和・平成・西暦 [　　] 年頃 発足
・分からない〔　〕

問2．自治会内の全世帯数と、自治会への加入世帯数は、現在どのくらいですか。また、自治会の下部組織がある場合は、その名称と数をご記入ください。

全 [　　] 世帯のうち、[　　] 世帯が加入している
下部組織の名称は [　　] で、その数は [　　] である

問3．自治会の役員は何人ですか(下部組織除く)。
また、役員にはどのような職業の方が多いですか。主な順に2つまでお答えください。　[　　] 人

1．農林漁業
2．会社経営・自営業　　5．退職者・年金受給者
3．被雇用者(常勤)　　　6．専業主婦
4．被雇用者(非常勤・パート等)　7．その他〔　　〕

1位 [　　]　2位 [　　]

問4．自治会長と自治会役員は、どのようにして選ばれますか。

自治会長は [　　]　　役員は [　　]

1．総会での選挙で選ばれる　　4．もちまわりで選ばれる
2．役員間での互選で選ばれる　5．会長による指名（役員の場合）
3．役員会での推薦で選ばれる　6．その他〔　　〕

問5．昨年度、自治会は役員会を何回開催しましたか。　[　　] 回

問6．次にあげる中で、自治会の役割として重要なものはどれですか。主な順に2つまでお答えください。

1位 [　　]　2位 [　　]

1．地域内の住民の親睦を深めること
2．地域における生活環境の維持管理
3．地域の問題への自主的取り組み　5．市町村への要望や働きかけ
4．市町村に対する協力　　　　　　6．その他〔　　〕

問7. 昨年度の自治会の収入の内訳と、一世帯当りの自治会費(1年分)をご記入ください。

総収入	世帯からの自治会費	市町村からの補助金	委託業務の手数料	その他〔　　　〕	1世帯当りの自治会費(1年分)
万円	万円	万円	万円	万円	円

問8. 昨年度の自治会の支出の総額(A)（人件費など活動費以外も含む）と、次に挙げる活動（B〜J）についての支出額をご記入ください。

項目（活動）	支出額	項目（活動）	支出額
A．支出の総額	万円	G．防犯活動	万円
B．地域の清掃や美化	万円	H．防災活動	万円
C．地域の祭り	万円	I．介護・福祉活動	万円
D．スポーツイベント（運動会など）	万円	J．公共施設の管理	万円
E．文化的活動（講習・講演会等）	万円	K．その他〔　　　〕	万円
F．交通安全活動	万円		

Ⅱ．自治会のある地域についておたずねします。

※以下に示す「地域」は、自治会への加入世帯が住んでいる範囲を指します。

問9. (自治会のある)地域の郵便番号をご記入ください。また、郵便番号をご存じではない方は、下記に現住所(町名・大字まで)をご記入ください。　〒□□□
・現住所：〔　　　　　　　　　　　　〕

問10. 地域における住民どうしのつきあいは、5年くらい前と比べて活発になりましたか。
　　　1．活発になった
　　　2．やや活発になった　　　4．あまり活発になっていない
　　　3．あまり変わらない　　　5．活発になっていない

問11. 地域の人口は、およそどのくらいですか。　□　人
　　　　また、地域の人口変動は、
　　　　以前（5年位前）と比べていかがですか。
　　　　　　　　　　　　　　　　　　　　　　　　　　□
　　　1．増加している
　　　2．やや増加している　　　4．やや減少している
　　　3．あまり変わらない　　　5．減少している

問12. 現在、地域の世帯構成はどうですか。主な順で3つまでご記入
　　　ください。
　　　　　　　　　　　　　　　　　　　1位　2位　3位
　　　1．子どものいる核家族が多い　　　□　　□　　□
　　　2．三世代以上の同居世帯が多い
　　　3．夫婦だけの世帯が多い
　　　4．高齢者だけの世帯が多い　　6．外国人世帯が多い
　　　5．単身世帯が多い　　　　　　7．その他〔　　　　　　〕

　　　　　　　　　　　　　　　　　　　1位　2位　3位
問13. 地域は、どのような所ですか。　　□　　□　　□
　　　主な順で3つまでご記入ください。
　　　1．農林漁業が中心　　　5．集合住宅が多い
　　　2．工場が多い　　　　　6．一戸建て住宅が多い
　　　3．オフィスが多い　　　7．学校・研究所が多い
　　　4．お店が多い　　　　　8．その他〔　　　　　　〕

問14. 地域の環境はいかがですか。次の各項目（A～G）について、
　　　それぞれあてはまる番号に○をつけてください。

評価　　　　　　　　　　　　項　目（地域の環境）	優れている	やや優れている	普通	やや劣っている	劣っている
A．住環境の快適さ(静けさ、清潔さなど)	1	2	3	4	5
B．生活の利便性(小売店、医療の充実など)	1	2	3	4	5
C．交通の利便性(公共交通や道路整備など)	1	2	3	4	5
D．生活の安全性(交通安全、防犯、防災など)	1	2	3	4	5
E．自然環境の豊かさ(緑地や水辺など)	1	2	3	4	5
F．伝統文化や地域の個性	1	2	3	4	5
G．全般的な環境の以前(5年位前)との比較	1	2	3	4	5

問15．地域全体を見て、世帯(住民)どうしは、日常的にどのような近所つきあいをしていますか。

1．生活面(日用品の貸し借りや相談など)で協力しあっている
2．日常的に立ち話をする程度である
3．あいさつ程度の最小限のつきあいしかない
4．つきあいは全くない

問16．住民による地域での活動は、盛んだと思いますか。

1．盛んである
2．やや盛んである
3．ある程度
4．あまり盛んではない
5．盛んではない

Ⅲ．自治会の活動についておたずねします。

問17．自治会では、どんな活動を行っていますか。下記のリストから、あてはまる活動すべての番号に○をつけてください。

◆住環境の整備
1．地域の清掃や美化
2．ごみ処理・収集
3．地域トラブルの調整(隣家の騒音など)

◆親睦・文化活動
4．祭りの実施
5．スポーツイベントや文化活動
6．伝統芸能や文化財の保存
7．慶弔の世話

◆生活安全の確保
8．防災(自然災害)
9．消防(予防・消火)
10．犯罪・非行の防止
11．交通安全の指導

◆公共施設の管理
12．掲示板の管理
13．集会所や児童館の管理
14．生活道路や街灯の管理
15．上下水道の管理
16．用水路の管理
17．墓地や寺社、教会の管理への協力

◆厚生・福祉への支援
18．乳幼児の保育支援
19．子育ての支援
20．男女共同参画の支援
21．高齢者の支援
22．障害者の支援

◆教育への支援
23．児童の遊びや教育の支援
24．青少年の健全育成の支援
25．学校教育への協力

◆環境問題への取組み
26．公害や騒音防止
27．リサイクルや省エネルギー
28．自然保護や環境教育

◆その他の活動
29．農林水産業の共同作業
30．まちづくりやまちおこし
31．国際交流への協力
32．選挙での候補者の支持
33．その他

問 18. 「問 17」で回答された活動のうち、自治会において最も重要な活動はどれですか。当てはまる番号を、主な順に3つまでご記入ください。

1位	2位	3位

問 19. 「問 17」で回答された活動のうち、次の各団体（A～D）と連携して行っている活動はありますか。当てはまる番号を、主な順に5つまでご記入ください。

項　目（団　体）	活動の番号をご記入ください				
	1位	2位	3位	4位	5位
A．市町村					
B．自治会連合会					
C．同じ地域で活動する地縁団体					
D．NPOなどの市民団体					

※NPOとは継続的、自発的に社会貢献活動を行う、営利を目的としない団体の総称です。

問 20. 自治会の活動を中心的に担っているのはどのような人々ですか。主な順に2つまでお答えください。

1．農林漁業従事者
2．会社経営者・自営業者
3．被雇用者(常勤)
4．被雇用者(非常勤・パート等)
5．退職者・年金受給者
6．専業主婦
7．青少年・学生
8．その他〔　　　　　〕

1位	2位

問21．自治会では、地域の世帯(住民)に自治会からの情報を伝達するとき、どのような手段を使っていますか。主な順に4つまでご記入ください。

1．お知らせの個別配布
2．回覧板
3．掲示板(張り紙)
4．電話連絡網
5．自治会のホームページ
6．携帯メールや電子メール
7．町内放送(屋外)
8．有線放送(各戸内)
9．自治会だより
10．その他〔　　　　　〕

1位	2位	3位	4位

問22．次にあげる自治会の活動（A～F）には、どれくらいの加入世帯が直接的に参加していますか。

項　目(自治会活動) \ 参加度	8割以上	6～8割	4～6割	2～4割	2割以下
A．総会	1	2	3	4	5
B．清掃・美化・リサイクル活動	1	2	3	4	5
C．見回り（防犯・防災など）	1	2	3	4	5
D．防災訓練	1	2	3	4	5
E．交通安全の指導	1	2	3	4	5
F．地域のお祭り	1	2	3	4	5
G．スポーツ・レクリエーション活動	1	2	3	4	5

問23．自治会では、市町村議会議員などの選挙のとき、自治会として推薦や支持をしていますか。

　　　1．いつもしている
　　　2．最近するようになった
　　　3．する時もあるし、しない時もある
　　　4．以前はしていたが最近はやめた
　　　5．したことがない

Ⅳ．自治会と市町村とのかかわりについておたずねします。

問24．自治会では、市町村等からどのような業務を依頼されますか。主な順に4つまでご記入ください。

　　　1．お知らせなどの回覧
　　　2．広報誌の配布
　　　3．募金活動
　　　4．委嘱委員の推薦(民生委員など)
　　　5．保険料の取りまとめ(年金、国民健康保険、簡易保険)
　　　6．その他〔　　　　　　　　　　　　　　　　〕

1位　2位　3位　4位

問25．自治会は、地域の諸問題を解決するうえで、市町村とどのような関係であることが望ましいですか。

  1．自治会は、市町村の業務を請け負うだけでよい
  2．自治会は、住民と市町村の仲介役を果たすのがよい
  3．自治会は、市町村と協働するのがよい
  4．自治会は、市町村と独立して活動するのがよい

問26．自治会では、市町村の政策実行に対するモニタリングを行っていますか。ここで、モニタリングとは、政策監視・観察の意味で使われ、日常的・継続的な点検のことを指します。

  1．自治会に関係のあるものだけ行っている
  2．自治会との関係有無にかかわらず、常に行っている
  3．行っていない

問27．自治会での要望や意見を政策に反映させるために、次にあげる手段をどのくらい用いますか。

項　目（手　段）　　　評　価	頻繁である	やや頻繁である	ある程度	あまりない	全くない
A．市町村の担当課に相談	1	2	3	4	5
B．市町村の幹部に相談	1	2	3	4	5
C．市町村議会議員に相談	1	2	3	4	5
D．議員以外の地域有力者に相談	1	2	3	4	5
E．自治会連合会などに相談	1	2	3	4	5
F．市町村との懇談会などに出席	1	2	3	4	5
G．市町村議会に請願・陳情	1	2	3	4	5
H．パブリックコメント*・広聴会	1	2	3	4	5

＊パブリックコメントとは、市町村が重要な施策の意思決定において、施策の案を公表し、市民(住民)から意見の提出を広く求め、施策の決定を行うとともに、その意見に対する市町村の考え方を公表する手続です。また、市町村によっては、市民意見公募、意見募集、協同参画など異なった用語で使われている場合もあります。

問28．自治会の要望は、市町村にこれまでにどのくらい受け入れられましたか。

  1．ほとんど受け入れられた
  2．多少は受け入れられた　　4．あまり受け入れられなかった
  3．ある程度　　　　　　　　5．ほとんど受け入れられなかった

問 29. 自治会では、市町村に対してこれまで次の手段を用いて要望や意見表明を行ったことがありますか。あてはまる番号すべてに○をつけてください。

1. 署名活動
2. 要望書の提出
3. 集会
4. デモ、パレード
5. 電子メール・電話・手紙・はがきなど
6. 情報公開請求
7. 直接請求・監査請求
8. その他〔　　　　　　〕

問 30. 自治会は、市町村の政策形成に対してどの程度の影響力をもっていると思いますか。

1. 影響力がある
2. 多少はある
3. ある程度
4. あまりない
5. 影響力がない

Ⅴ. 自治会と、他団体との関係についておたずねします。

問 31. 自治会では、どのような組織や団体（類似した名称を含む）と連携して活動していますか。あてはまる団体すべての番号に○をつけてください。

1. 子ども会
2. 青年団
3. 老人クラブ
4. 婦人会
5. 消防団、自警団など
6. 小・中学校のＰＴＡ
7. 氏子会・檀家組織など
8. 社会福祉協議会
9. 体育協会、体育振興会など
10. 防犯協会
11. 他の自治会
12. 自治会連合会、連合町内会
13. 商店会、商店街、商工会議所、青年会議所など
14. 農協、漁協、林組など
15. 生協(生活協同組合)
16. 企業、工場など
17. 労働組合
18. まちづくり団体
19. 環境団体
20. 育児などのサークル
21. 障害者団体
22. 介護や福祉ボランティア団体
23. スポーツサークル
24. 文芸・文化趣味サークル
25. 住民運動団体
26. 議員後援会などの政治団体
27. 警察署
28. 消防署
29. その他の団体〔　　　　　　〕

問32．「問31」で回答された団体のうち、自治会内の組織となっているものの番号をご記入ください。　□□□□

問33．「問31」で回答された団体のうち、次の各項目（A～D）にあてはまる団体の番号を、主な順に5つまでご記入ください。

項　目（団体との関係） 自治会が…	団体の番号をご記入ください				
	1位	2位	3位	4位	5位
A．情報を提供している団体					
B．情報提供を受けている団体					
C．補助金や分担金を出している団体					
D．補助金や分担金を受けている団体					

問34．自治会は、地域の諸問題を解決するうえで、NPOなどの市民団体との関係についてどのようにお考えですか。

　　　1．連携して活動していきたい
　　　2．独立して活動したい（連携したいとは思わない）　□

問35．同じ地域で活動するNPOなどの市民団体と活動を連携していくうえで、問題がありますか。当てはまるものすべてに○をつけてください。

　　　1．連携していない
　　　2．連携に対する問題は特にない
　　　3．役割分担の方法
　　　4．費用負担の問題
　　　5．考え方の相違
　　　6．連携に対する地域住民の理解不足
　　　7．その他〔　　　　　　　　　〕

Ⅵ．自治会のかかえる課題についておうかがいします。

問36．自治会では、次のことがら（A～G）がどのくらい円滑に行われていますか。各項目（A～G）についてそれぞれあてはまる番号に○をつけてください。

項　目（ことがら）＼評　価	円滑である	やや円滑である	ある程度	あまり円滑ではない	円滑ではない
A．役員の引きつぎ	1	2	3	4	5
B．旧来からの住民と新来の住民の交流	1	2	3	4	5
C．世代間の交流	1	2	3	4	5
D．加入世帯の活動への参加	1	2	3	4	5
E．活動財源の確保	1	2	3	4	5
F．集会や行事を行う施設の確保	1	2	3	4	5
G．市町村の業務の遂行	1	2	3	4	5

問37．市町村の自治会への取り組みについての「a.重要度」と、現在の「b.満足度」をおたずねします。次の各項目（A～H）について、それぞれあてはまる番号に○をつけてください。

項　目＼評　価	a.重要度					b.満足度				
	重要である	やや重要である	ある程度	あまり重要ではない	重要ではない	満足である	やや満足である	ある程度	やや不満である	不満である
A．自治会への補助金・助成金	1	2	3	4	5	1	2	3	4	5
B．行政情報の提供	1	2	3	4	5	1	2	3	4	5
C．業務の委託	1	2	3	4	5	1	2	3	4	5
D．要望への誠実な対応	1	2	3	4	5	1	2	3	4	5
E．地域問題の協議の場の提供	1	2	3	4	5	1	2	3	4	5
F．自治会活動への支援全般	1	2	3	4	5	1	2	3	4	5

Ⅶ. 市町村の政策についておたずねします。

問 38. 市町村の政策の地域にとっての「a.重要度」と、現在の「b.満足度」をおたずねします。次の各項目（A〜M）について、それぞれあてはまる番号に○をつけてください。

評価／項目	a.重要度					b.満足度				
	重要である	やや重要である	ある程度	あまり重要ではない	重要ではない	満足である	やや満足である	ある程度	やや不満である	不満である
A．住環境の整備	1	2	3	4	5	1	2	3	4	5
B．コミュニティ・文化活動の活性化	1	2	3	4	5	1	2	3	4	5
C．生活安全の確保	1	2	3	4	5	1	2	3	4	5
D．公共施設の整備	1	2	3	4	5	1	2	3	4	5
E．厚生・福祉・医療の整備	1	2	3	4	5	1	2	3	4	5
F．学校教育・社会教育の充実	1	2	3	4	5	1	2	3	4	5
G．環境問題への取り組み	1	2	3	4	5	1	2	3	4	5
H．農林水産業の活性化	1	2	3	4	5	1	2	3	4	5
I．工業・企業の誘致、活性化	1	2	3	4	5	1	2	3	4	5
J．まちづくり・まちおこし	1	2	3	4	5	1	2	3	4	5
K．観光の活性化	1	2	3	4	5	1	2	3	4	5
L．国際交流	1	2	3	4	5	1	2	3	4	5
M．全般的な市町村の政策						1	2	3	4	5

Ⅷ. 自治会長さんご自身についておたずねします。

問39. あなたの性別と年齢をご記入ください。
　　　　性別は　1．男性　□　　　年齢は　□　歳
　　　　　　　　2．女性　□

問40. あなたが、自治会のある地域に住み始めたのは、いつごろですか。該当年号にも○をつけて、ご記入ください。
　　　　明治・大正・昭和・平成
　　　　　　　　西暦　□　年

問41. あなたが自治会長になられてどれくらいですか。但し、1年未満の方は0年とご記入ください。　□　年

問42. 公私ともに、あなたがおつきあいしている中に、次のような方々はいらっしゃいますか。あてはまるものすべての番号に○をつけてください。

1．民生委員・児童委員　　　　　6．NPOなどの市民団体の役員
2．青年団・消防団役員　　　　　7．議員後援会など政治団体の役員
3．PTA役員　　　　　　　　　　8．県や市町村の幹部（課長以上）
4．社会福祉協議会役員　　　　　9．地方議員・国会議員
5．協同組合・同業者組合役員　10．その他〔　　　　　　　　〕

問43. 自治会の要望や意見を表明するとき、次にあげる各機関（A～F）はどのくらい信頼できますか。それぞれあてはまる番号に○をつけてください。

評価　項目（機関）	信頼できる	やや信頼できる	ある程度	あまり信頼できない	全く信頼できない
A．市町村の行政機関	1	2	3	4	5
B．市町村議会議員	1	2	3	4	5
C．国の行政機関	1	2	3	4	5
D．政党・国会議員	1	2	3	4	5
E．裁判所	1	2	3	4	5
F．警察署	1	2	3	4	5
G．マスコミ	1	2	3	4	5
H．NPOなどの市民団体	1	2	3	4	5

以上で設問は終わりです。　　　　　ご協力ありがとうございました。

※左欄：記入不要　　自治体調査票（市民活動）

行政サービスと市民参加に関する自治体全国調査
（市民活動担当部署）

---- 回答上のご注意 ----

◆ <u>本調査では、貴自治体の住民自治・市民活動および行政サービス全般についておうかがいしております。質問には、市民活動に関する業務を担当されている部署（課相当の単位）等、質問内容にお詳しい課長相当職の方がご回答くださいますようお願い申し上げます。</u>

◆ 各質問へのお答えは、原則として貴自治体としてのお立場をお答えください。ただし、自治体としての公式の見解でなくても結構です。貴自治体としての回答が難しい場合には、回答されている方が普段お考えになっているご意見をご記入ください。

Ⅰ．回答者ご自身についておうかがいします。

Q1. 主たるご回答者のご所属、役職及び現所属での在籍期間をお答えください。

＿＿＿＿＿＿＿＿市区町村

（＿＿＿＿＿局）＿＿＿＿＿部＿＿＿＿＿課

役職：＿＿＿＿＿＿＿＿＿＿　　在籍期間：約＿＿＿＿年間

Ⅱ．住民自治等についておうかがいします。

Q2. 自治会、町内会、区会等の近隣住民組織（自治会等と呼ぶ）について定めた条例・要綱等がありますか。次のそれぞれについて、お答えください。

	条例	要綱	なし
A．自治会等の組織、名称等に関するもの	1	2	3
B．連合会・連合組織に関するもの	1	2	3
C．補助金の支出根拠に関するもの	1	2	3
D．業務委託の相手方（行政連絡員等）に関するもの	1	2	3
E．その他（　　　　　　　　　　　）	1	2	3

Q3. 貴自治体には、地域自治区、振興会といった、自治会等よりも大きな区域の近隣自治組織はありますか。ある場合には、その名称、広さ（中学校区や旧町村）及び設置時期をお答えください。

　　　1．ある　　　名称：_____　　広さ：_____
　　　2．ない　　　　　　　　　　　　　　　　　設置時期：西暦_____年

Q4. 貴自治体では、自治会等に業務の委託（事業実施に対する補助を含む）を行っていますか。**あてはまるものすべての番号に**〇をつけてください。

　　　1．お知らせなどの回覧　　　7．公共施設の管理
　　　2．広報誌の配布　　　　　　8．環境美化・清掃活動
　　　3．募金活動　　　　　　　　9．リサイクル・廃品等の収集
　　　4．道路等の整備・補修　　　10．街路灯・防犯灯の設置・管理
　　　5．防犯・防災活動　　　　　11．その他
　　　6．委嘱委員の推薦　　　　　　（　　　　　　　　　　　　　　）

Q5. 貴自治体では、自治会等の振興につながるような支援や施策を行っていますか。**あてはまるものすべての番号に**〇をつけてください。

　　　1．補助金の交付や資材の提供　　　6．助言や情報の提供
　　　2．住民への加入働きかけ　　　　　7．行事の共催
　　　3．活動の拠点整備・提供　　　　　8．行政との定期的な会合の開催
　　　4．行政への住民要望を受け付ける　9．その他
　　　　　窓口を自治会等に一元化　　　　（　　　　　　　　　　　　　）
　　　5．自治会結成・役員交代の把握

Q6. 貴自治体では、次にあげる団体に補助金の交付や資材の提供などの支援を行っていますか。

	直接支援	自治会を通して支援	支援していない	自治体内に団体がない
A．子ども会	1	2	3	4
B．婦人会	1	2	3	4
C．青年団	1	2	3	4
D．老人会	1	2	3	4
E．消防団	1	2	3	4
F．防犯組織	1	2	3	4

Q7. 自治会等は、地域の諸問題を解決するうえで、市町村とどのような関係であることが望ましいですか。

　　　1．自治会は、市町村の業務を請け負うだけでよい
　　　2．自治会は、住民と市町村の仲介役を果たすのがよい
　　　3．自治会は、市町村と協働するのがよい
　　　4．自治会は、市町村と独立して活動するのがよい

Q8. 貴自治体における、自治会等の現状や今後についておうかがいします。**あてはまる番号に〇をつけてください。**

> 1．そう思う　2．ある程度そう思う　3．どちらともいえない　4．あまりそう思わない　5．そう思わない

A．担い手層の高齢化が進み、今後の活動の維持が危ぶまれる	1	2	3	4	5
B．加入率の低下によって、従来から行われてきた活動の継続が困難になっている	1	2	3	4	5
C．情報伝達・親睦など日常の活動で行政ができない役割を果たしている	1	2	3	4	5
D．災害時の対応など緊急時に不可欠の役割を果たす	1	2	3	4	5
E．福祉、治安、まちづくりなどの分野で、行政に代わって住民ニーズに応えている	1	2	3	4	5
F．行政の施策・事業の円滑な実施のためには、自治会等の協力を得ることが不可欠である	1	2	3	4	5
G．地区住民の意見を代表し、行政とのパイプ役となっている	1	2	3	4	5
H．地区の課題について、住民の合意形成を図ることができる	1	2	3	4	5
I．役員が固定化されるなど、運営の改善が必要な点がみられる	1	2	3	4	5
J．自治会等に代わる組織や団体が育ちつつある	1	2	3	4	5

Ⅲ．貴自治体における行政サービスについておうかがいします。

Q9. 貴自治体では、下記にあげる取り組みを行っていますか。<u>行っているものすべての番号に○</u>をつけてください。また、導入年度（西暦）をご記入ください。

項目	導入年度（西暦）	項目	導入年度（西暦）
A．市民参加		**C．行政評価（続き）**	
1．情報公開条例（公文書公開条例）	年度	22．行政評価制度（施策）	年度
2．自治基本条例	年度	23．行政評価制度（政策）	年度
3．住民投票条例	年度	24．行政評価結果の公開（一部の事務事業）	年度
4．パブリック・コメント	年度	25．行政評価結果の公開（全部の事務事業）	年度
5．モニター制度	年度	26．行政評価結果の公開（施策）	年度
6．オンブズマン制度	年度	27．行政評価結果の公開（政策）	年度
7．審議会・懇談会の公募制度	年度		
8．市民会議・ワークショップ	年度	**D．事業委託**	
9．市民意識調査	年度	28．指定管理者制度	年度
10．市民からの意見と回答の公開	年度	29．PFI事業	年度
		30．事業採択の理由書の公開	年度
B．情報公開		31．事業廃止の理由書の公開	年度
11．首長交際費の公開	年度	32．窓口業務の民間委託	年度
12．議会（本会議）議事録のウェブ公開	年度	33．電話受付業務等のコールセンター委託	年度
13．議会（委員会）傍聴制度	年度	34．一部事務組合等の広域行政制度	年度
14．議会（委員会）議事録の公開	年度		
15．議会（全員協議会）議事録の公開	年度	**E．その他**	
16．審議会・懇談会傍聴制度	年度	35．苦情処理制度	年度
17．審議会・懇談会議事録の公開	年度	36．外部監査制度	年度
18．予算編成の枠組みの公開	年度	37．バランスシートの作成	年度
19．予算要求内容の公開	年度	38．行政コスト計算書の作成	年度
		39．職員提案制度	年度
C．行政評価		40．庁内公募制度	年度
20．行政評価制度（一部の事務事業）	年度	41．ワンストップサービス	年度
21．行政評価制度（全部の事務事業）	年度	42．まちづくり条例	年度

Q10. 貴自治体は、下記にあげる行政サービスを行っていますか。<u>あてはまるものすべての番号に○をつけてください。</u>

A．治安・防犯
1. 治安対策担当職員の増員
　（5年前との比較）
2. 職員による巡回
3. 住民による防犯活動への支援
4. 防犯カメラ等の器具の設置
5. その他（　　　　　　　）

B．防災
6. 消防・防災担当職員の増員
　（5年前との比較）
7. 防災器具の確保・整備
8. 住民による防災活動への支援
9. ハザードマップの公開
10. その他（　　　　　　　）

C．教育
11. 教育担当職員の増員
　（5年前との比較）
12. 少人数学級の編成
13. 少人数学級・少人数学習のための支援策
14. 子どもがいる家庭への補助金制度
　（小・中・高まで；お選び下さい）
15. その他（　　　　　　　）

D．児童福祉政策
16. 児童福祉担当職員の増員
　（5年前との比較）
17. 乳幼児のいる家庭への補助金制度
18. 一人親家庭への補助金制度
19. 出産・育児に関する独自支援策
20. その他（　　　　　　　）

E．高齢者福祉
21. 高齢者福祉担当職員の増員
　（5年前との比較）
22. 高齢者への手当等の補助金制度
23. 高齢者への給食サービス等の支援策
24. 一人暮らしの高齢者への支援策・サービスの実施
25. その他（　　　　　　　）

F．環境保全
26. 環境保全担当職員の増員
　（5年前との比較）
27. ISO14001認証取得等の環境管理システムの導入
28. 地域環境計画の策定
29. 住民が参加できる環境・公害対策等の審議会・協議会の設置
30. 家庭ゴミの有料化
　（40L　　　　円；ご記入下さい）
31. その他（　　　　　　　）

G．産業振興
32. 産業振興担当職員の増員
　（5年前との比較）
33. 貴自治体内の産業・商店等への保護・育成制度
34. 貴自治体内で起業する人への施設の貸与等の支援策
35. 地元の青年会・商工会議所等との事業や支援の協働
36. その他（　　　　　　　）

Q11. 貴自治体では、下記にあげる事業や施設の運営について、外部委託を行っていますか。行っている場合には、その主体としてあてはまるものすべての欄に✓をつけてください。

項目	委託の主体(あてはまるものすべてに✓をつけてください)								
	企業	外郭団体第3セクター	NPO市民団体	自治会町内会	広域行政一般事務組合	財団法人	福祉法人	その他	未実施
1.一般ごみ収集									
2.し尿収集									
3.ホームヘルパー派遣									
4.在宅配食サービス									
5.学校給食									
6.道路維持補修・清掃等									
7.水道メーター検針									
8.ごみ処理施設									
9.下水処理施設									
10.図書館									
11.公園									
12.保育所									
13.養護老人ホーム									
14.児童館									
15.体育館									
16.プール									
17.陸上競技場									
18.公民館									
19.コミュニティセンター									
20.水道メーター検針									

Q12. 貴自治体の財政政策について、過去10年間に、次にあげる取り組みを実施または検討しましたか。あてはまるものすべての番号に〇をつけてください。

	実施	検討中	未検討未実施
A．使用料・手数料の値上げ	1	2	3
B．法定外目的税	1	2	3
C．法定外普通税	1	2	3
D．個人住民税の超過課税	1	2	3
E．法人関連税の超過課税	1	2	3
F．その他の超過課税	1	2	3

Ⅳ．貴自治体全般についておうかがいします。

Q13. 貴自治体では、最近10年間に市町村合併がありましたか。あった場合は、合併した年を西暦でご記入ください。
　　1．合併した（　　　　　　年）
　　2．合併していない

Q14. 現在、貴自治体の議会において、首長を支持する議員の割合はどの程度ですか。おおよそで結構ですので、最も近いものをご記入ください。
　　1．高い（2/3以上）　　3．やや低い（半数以下）
　　2．やや高い（半数以上）　4．低い（1/3以下）

Q15. 貴自治体の首長は、直近の選挙時にどこかの政党からの支援を受けましたか。あてはまるものすべての番号に〇をつけてください。
　　1．自民党　　4．社民党　　7．受けていない
　　2．公明党　　5．共産党　　8．その他（　　　　　　）
　　3．民主党　　6．地域政党

Q16. 貴自治体では、過去に革新系の政党のみの支持・推薦からなる首長が就任したことがありますか。
　　1．ある　　　　　2．ない

Q17. 貴自治体の議会について、次の項目にご記入ください。

A.実議員定数（条例による規定がある場合）	人
B.議会事務局の職員数	人
C.昨年度の政務調査費（1人当たり）	万円
D.議員提案条例(最近10年)	件

Q18. 貴自治体の議会では、各政党の立場に近い議員はどのくらいいますか。無所属議員は立場の近い政党に含めてお答えください。

A.自民党系	％
B.公明党系	％
C.民主党系	％
D.社民党系	％
E.共産党系	％
F.地域政党系	％
G.その他（ ）	％

Q19. 貴自治体には、地域の経済や雇用に大きな影響力を及ぼす企業がありますか。ある場合は、その業種と貴自治体内でのおおよその従業員数をご記入ください。

  1．ある（業種：　　　　　従業員数　　　　　人）
  2．ない

Ⅴ．貴自治体の市民活動担当部署（課相当の単位）と団体とのかかわりおよびご意見をおうかがいします。

Q20. 市民活動担当部署では、NPO・市民団体とどのように関わってきましたか。それぞれについて、<u>あてはまるものすべての番号に〇</u>をつけてください。

  1．NPO・市民団体から政策提言を受ける
  2．NPO・市民団体に有償で業務を委託する
  3．NPO・市民団体と共同でフォーラム、イベント等を企画・運営する
  4．NPO・市民団体から政策執行に対して支援や協力を受ける
  5．NPO・市民団体に無償での行政支援を行う
  6．NPO・市民団体が政策執行に対してモニタリング（監視）する

Q21. 市民活動担当部署では、次にあげる諸団体とどのように関わってきましたか。あてはまるものすべての番号に✓をつけてください。

	許認可 行政指導	モニタリング	職員派遣	業務委託	行政支援
A. 自治会等					
B. NPO・市民団体					
C. 環境団体					
D. 福祉団体					
E. 労働組合					
F. 経済・商工団体					
G. 農林水産業団体					
H. 外郭団体・第3セクター					
I. 企業					
J. その他(　　　　)					

Q22. 市民活動担当部署では、次にあげる行政の活動に各団体が参加していますか。それぞれの活動について、あてはまる人や団体の欄に✓をつけてください。

	審議会 懇談会	計画策定	政策執行	行政評価
A. 一般市民（個人）				
B. 自治会等				
C. NPO・市民団体				
D. 環境団体				
E. 福祉団体				
F. 労働組合・団体				
G. 経済・商工団体				
H. 農林水産業団体				
I. 外郭団体・第3セクター				
J. 企業				
K. その他(　　　　)				

Q23. 市民活動担当部署では、自治会・町内会、ＮＰＯ・市民団体、それ以外の諸団体(Q22 の C～H) とは、次にあげる内容のためにどのくらい頻繁に接触（面会、電話、手紙、Ｅメールなど）しますか。

> 1.月1回以上　　2.半年に1回以上　　3.半年に1回未満

	自治会等			NPO・市民団体			諸団体(Q22のC～H)		
A.団体から自治体に対する要望	1	2	3	1	2	3	1	2	3
B.行政方針についての説明・説得	1	2	3	1	2	3	1	2	3
C.相互の意見交換	1	2	3	1	2	3	1	2	3
D.団体からの新規事業提案	1	2	3	1	2	3	1	2	3
E.委託業務等についての連絡	1	2	3	1	2	3	1	2	3

Q24. 次にあげる人や集団は、市民活動担当部署が関わる政策・施策の立案、決定、執行のそれぞれに対して、どのくらいの影響力がありますか。次の尺度にあてはめて点数をご記入ください。

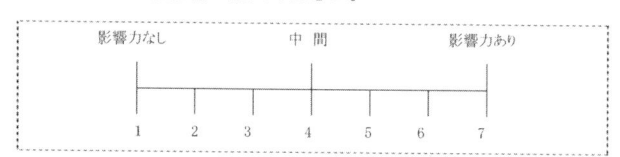

影響力なし　　　中間　　　影響力あり
1　2　3　4　5　6　7

※立案、決定、執行のそれぞれについて点数をご記入ください

	立案	決定	執行		立案	決定	執行
A.首長				K.都道府県議会議員			
B.副首長（助役等）				L.地元選出国会議員			
C.貴部署				M.自治会・町内会			
D.財務担当部署				N.ＮＰＯ・市民団体			
E.職員組合				O.環境団体			
F.審議会・懇談会				P.福祉団体			
G.中央省庁				Q.経済・商工団体			
H.都道府県				R.農林水産業団体			
I.他の自治体				S.外部団体・第3セクター			
J.貴自治体議会議員				T.企業			

Q25. NPO・市民団体に関して、次の意見に対してどのようにお考えですか。市民活動担当部署の課長相当職の方のお考えをお教えください。

```
1．そう思う  2．ある程度    3．どちらとも   4．あまり      5．そう思わない
              そう思う         いえない       そう思わない
```

A．政策の提案よりもサービスの供給を担っている側面が強い	1	2	3	4	5
B．特定の対象に偏っており、サービスを均一に提供することが難しい	1	2	3	4	5
C．専門的な知識やノウハウに欠ける部分がある	1	2	3	4	5
D．継続的な活動をする基盤が弱い	1	2	3	4	5
E．行政よりも旧弊や慣習に縛られない先駆的な活動ができる	1	2	3	4	5
F．行政よりも受益者のニーズへ柔軟に対応できる	1	2	3	4	5
G．行政よりも効率的なサービスを提供できる	1	2	3	4	5
H．行政よりも多元的な価値観を表現できる	1	2	3	4	5
I．行政よりも公平なサービスを提供できる	1	2	3	4	5
J．行政よりも腐敗・汚職の危険が少ない	1	2	3	4	5

Q26. 自治体が諸団体（Q22のC〜H）と接触することに関して、どのようにお考えですか。市民活動担当部署の課長相当職の方のお考えをお教えください。

```
1．そう思う  2．ある程度    3．どちらとも   4．あまり      5．そう思わない
              そう思う         いえない       そう思わない
```

A．行政の主張に正統性を付与する	1	2	3	4	5
B．利害調整に役立つ	1	2	3	4	5
C．必要な情報を得ることができる	1	2	3	4	5
D．政策・施策への反対が緩和される	1	2	3	4	5
E．市民参加を活発にする	1	2	3	4	5
F．先進的な施策の実施に役立つ	1	2	3	4	5
G．行政運営の長期的な視野を欠く	1	2	3	4	5
H．行政判断の自律性を失う	1	2	3	4	5

Q27. 次の意見に対する、市民活動担当部署の課長相当職の方のお考えをお答えください。

1．そう思う	2．ある程度そう思う	3．どちらともいえない	4．あまりそう思わない	5．そう思わない

A．行政の評価基準としては政策の効率性が最も重要である	1	2	3	4	5
B．国や自治体はどちらかといえば経済成長よりも環境保護を重視した政策を行ったほうがよい	1	2	3	4	5
C．国の主要な政策課題は地域間格差の是正である	1	2	3	4	5
D．国の権限のうち可能なものは自治体に委譲したほうがよい	1	2	3	4	5
E．地方自主財源はさらに拡大されるべきである	1	2	3	4	5
F．貴自治体と都道府県との関係はこれからますます強くなる	1	2	3	4	5
G．貴自治体と中央省庁との関係はこれからますます強くなる	1	2	3	4	5
H．広域行政に向けた取組はいっそう推進されるべきである	1	2	3	4	5
I．税負担を増やせない以上、行政サービスが低下しても仕方がない	1	2	3	4	5
J．行政サービスのうち民間でできる業務はなるべく委譲したほうがよい	1	2	3	4	5
K．企業は利益追求だけでなく社会貢献も行うべきである	1	2	3	4	5
L．様々な団体の活動は、国民の要求やニーズを政治に反映するために必要である	1	2	3	4	5
M．市民の直接的な政治参加はもっと促進されるべきである	1	2	3	4	5
N．国の行政運営は全般的にみて満足できる	1	2	3	4	5
O．貴自治体の運営には全体的にみて満足できる	1	2	3	4	5

Q28. 様々な市民の意見を政策に反映させる方法としてどのような方法が望ましいですか。主な順に3つまでご記入ください。

1位 2位 3位

1．市民アンケート
2．市政モニター
3．公聴会・住民説明会
4．シンポジウム・フォーラム
5．地区別懇談会
6．パブリック・コメント
7．ワークショップ
8．審議会への公募住民の参加
9．市民会議
10．直接請求（条例の制定・改廃）
11．住民投票（条例に基づく）
12．その他（　　　　　　）

Neighborhood Associations and Governance in Japan:
Self-governance, Social Capital, Social Networks, and Local Governance based on
The First National Survey of Thirty Thousand Associations

Yutaka TSUJINAKA (Chair, Doctoral Program in International and Advanced Japanese
Studies, Professor, University of Tsukuba, Japan)
Robert PEKKANEN (Chair, Japan Studies Program, Associate Professor, The Henry M.
Jackson School of International Studies University of Washington
Seattle, U.S.A.)
Hidehiro YAMAMOTO (Researcher, Doctoral Program in International and Advanced
Japanese Studies, University of Tsukuba, Japan)

This book probes the relationship between neighborhood associations (NHAs) and local governance in Japan, and the general relationship between civil society organizations and the state. Japan is home nearly 300,000 neighborhood associations (NHAs), variously called in Japanese *jichikai, chonaikai, kukai*, among other names. NHAs are key elements in constructing local governance. They cooperate closely with local government, involve the active participation of tens of millions of citizens, foster social capital, provide local services directly, and serve as the nexus for networks of local organizations. At the same time, this astounding ubiquity of NHAs makes them Japan's most numerous form of civil society organization. NHAs are also the most comprehensive; in formal membership they encompass a large majority of Japanese citizens. An eye-popping 98% of the local governments reported their collaboration with these associations in their daily work. In real ways, NHAs are at the core of local governance in Japan. Of course, such a study inevitably also raises questions of the relationship between government and civil society groups, and we conclude that civil society groups working in close cooperation with the state can contribute mightily to governance without losing their civil society character.

We found that NHAs contribute to governance in four ways. First, NHAs serve as vehicles for the creation and sustenance of social capital. Second, NHAs function as a nexus or hub for local organizations, including both offshoots such as Elderly Persons' Groups (*rojinkai*) and Children's Groups (*kodomokai*) and a broader variety of local groups such as NPOs, firefighters, and social welfare groups. Third, NHAs support local government activities through information dissemination and coordination. Fourth, NHAs themselves engage in some direct service provision.

We also found patterns within these relationships. For example, urban and rural NHAs can contribute to governance in distinctly different manners. Small rural NHAs are effective at promoting social capital. However, they do not have the scale, or financial resources, to work in welfare provision or to coordinate effectively with local social welfare groups. These NHAs typically have greater levels of general participation and more democratic leadership selection procedures. On the other hand, large urban NHAs are not as effective at promoting social capital, but they do have the scale and resources to work with a large number of local organizations in order to more effectively provide services. Such NHAs tend to be characterized by higher levels of organizational oligarchy. These alternative paths to contributing to local governance highlight the diversity of NHAs across Japan, and the need for a national-level study such as this one.

Previous studies of NHAs have been burdened by scale. The large number of NHAs and their small scale made them difficult to study as a group. Previous analyses relied on case studies or small scale regional surveys. These have been immensely valuable in building our knowledge of NHAs. However, they need to be supplemented by a national level study, otherwise we cannot assess questions of regional variation. Moreover, a national level study provides greater insight into the questions of contributions to local governance, because we can also take advantage of variation provided by differing patterns of local administration cooperation. Because of the immense financial and logistical difficulties involved, no nation-wide survey had been attempted until the JIGS (Japan Interest Group Study) team conducted this survey of more than 33,000 NHAs. With a response of over 18,000 NHAs (55% response rate), we have at last a solid base for a national-level study. As expected, regional patterns did emerge. For example, NHAs in Chugoku and Shikoku are smaller in scale than those in the rest of the country. Nearly half (46%) of NHAs in these regions number fewer than 50 households.

索引

ア行

明るい選挙推進協会　3, 26-27, 180
アドボカシー（政策提言）　21, 31, 163-164
岩崎信彦　18
氏子会　105
衛生組合　41
江上渉　125
NPO　30, 102, 118-121 164
NPO法　26, 119
大野晃　19
奥田道大　72-73
越智昇　70
オヤコの原理　101

カ行

Curtis, Gerald L.　179
回覧　143, 148-149, 150-151
春日雅司　179
ガバナンス　21-22
機関委任事務関係モデル　145
菊池美代志　125
旧中間層　72
行政委嘱委員　113, 145, 146-147
行政協力　145-157
行政協力委員　43
行政区　41, 145
行政の補充・補助　143
行政の末端組織　28, 42, 144
行政媒介型市民社会組織　29, 31, 44, 143, 195
行政連絡員　145
業務受託（受託業務）　54, 150-151, 154
倉沢進　18, 41, 101
クロンバックのα係数　91, 171
警察署　105-106, 127-128
掲示板　126
慶弔　127
ゲイティッド・コミュニティ　198
限界集落　19, 51, 203
交通安全　90, 127

広報誌　143, 149, 150-151
公民館　126
高齢者福祉　128
国際比較　200-201
国土交通省　51, 203
国家の形　7, 201
子ども会　104
ゴミ収集　126, 151-153
コミュニティ政策　43
懇談会　166

サ行

サークル　106, 108-109
最大動員システム　28, 144, 194
自営業者　72-73, 76
市区町村会議員　167, 178-179
市制・町村制　41
自治会（の数）　44-45
自治会（の下部組織）　68
自治会（の規模）　48-53, 203-204
自治会（の財政）　53-55, 131-132
自治会（の自己影響力）　182-187
自治会（の定義）　18
自治会（のネットワーク）　193-194
自治会（の包括的機能）　18, 123
自治会（の発足時期）　45-48
自治会（の名称）　3, 40-41
自治会（の役割認識）　65-66
自治会（の類型）　55-61
自治会（への加入率）　26-27, 82-85, 203-204
自治会（への支援）　32, 158-160
自治会長　70-72, 73-75, 113-114
自治会費　54-55
自治基本条例　102, 116
自治公民館　40
自治会連合会（連合町内会，連合自治会）
　　101-102, 107, 167
市町村合併　23, 102, 116
市民社会(市民社会組織)　4-5, 17, 20-21, 23-27, 102

市民団体 102, 119
社会関係資本 21, 27, 29-30, 32, 79-82
社会サービス 21, 30, 123-124, 125-126, 207-208
社会福祉協議会 106, 114, 149
集会所 126
集合住宅 84-85, 198
Schwartz Frank J. 17, 20
住縁アソシエーション 18
住民運動 107, 169
住民説明会 166
住民のつきあい 86-89
商店会 106-107
消防 127
消防署 105-106
消防団 105, 114
情報伝達 95-96
親睦と分担 70
Stoker, Gerry 22
スポーツ・文化イベント 90, 127
生活道路の管理 126, 149-150, 151-153
政策提言なきメンバー達 27-28, 163-164
政策ニーズ 136-137
政策パフォーマンス 199
政治団体 107, 114
政治的機会構造 172
清掃・美化 90, 126, 149-150 151-153
制度遺産 195-196
青年団 104, 114
選挙運動 129, 164, 178-182
戦時体制
総会 68, 90
総務省（自治省） 3, 40, 44, 67, 68
ソーシャルキャピタル指数 92-93

タ行

体育協会・体育振興会 106
高木鉦作 143, 163
竹井隆人 198
多項ロジット分析 136
他団体との連携 101-103, 107-110, 114-118, 193-194, 206
田中重好 42
谷口将紀 179

玉野和志 42, 73, 169, 183
単身世帯 84-85
檀家組織 105
地域安全 127-128
地域協議会 44, 102
地域自治区 44, 102, 116
地域自治組織 116, 145
地域福祉 128-129
地区推薦 179
地方分権改革 22, 102, 116, 196-197
町内 101
辻中豊 4-5, 17, 23-26, 164
鳥越皓之 18, 41, 101, 183

ナ行

中田実 18, 41, 67, 124
中村八朗 18
日本総合研究所 92-93
認可地縁団体 23, 67
農漁協 107, 114

ハ行

Putnam, Robert D. 79
パブリックコメント 166-167
早川洋行 169
PTA 106, 114
非階層クラスター分析 56, 132-133
日高昭夫 145
福祉国家 21, 30
婦人会 104
部落会町内会等整備要領 42
ブリッジング型の社会関係資本 80, 103, 119
分担金 112-113
Pekkanen, Robert 18, 27-28, 29, 163-164 179
法人格 23, 67
防災 90, 127-128, 150, 152-153
防犯 127-128, 150, 152-153
防犯協会 105
募金 143, 149
保守政治の基盤 144 , 164 , 178, 182, 188
補助金（行政から） 54, 94
補助金（他団体との関係） 112-113
ボランティア 26, 106
ボンディング型の社会関係資本 80, 86

マ行

まちづくり　119, 129
まちづくり協議会　146-147
まちづくり条例　102, 116
松下圭一　72-73
祭り　90, 127
McKean, Margaret A.　169
マンション管理組合　85, 198
見回り　90
村松岐夫　9, 28, 144, 194
もちまわり（順番制，輪番制）　70-72
モニタリング　170-171
森裕亮　147

ヤ行

役員　70-73, 75-76
役員会　69-70
山岸俊男　80, 93
要望の伝達　143-144, 164, 165-178, 208-209
吉原直樹　42-43

ラ行

Read, Benjamin L.　29
利害関係者（ステークホルダー）　21, 102
リサイクル　129, 150
歴史的制度論　195
老人クラブ　104
ローカル・ガバナンス　22-23, 102, 163

ワ行

若田恭二　179

著者略歴

辻中　豊（つじなか　ゆたか）
1954年　大阪府生まれ
1981年　大阪大学法学研究科単位取得退学博士（法学），京都大学
現　在　筑波大学大学院人文社会科学研究科教授）
主要著書・論文　『利益集団』東京大学出版会，1988年，『現代日本の市民社会・利益団体』木鐸社，2002年，Tsujinaka, Y. "From Developmentalism to Maturity: Japan's Civil Society Organizations in Comparative Perspective," in F. J. Schwartz and S. J.Pharr eds. *The State of Civil Society in Japan*, Cambridge University Press, 2003.

Robert Pekkanen
1966年　ロードアイランド州生まれ
2002年　ハーバード大学大学院政治学研究学科修了。Ph.D.（政治学）
現　在　ワシントン大学ジャクソン国際スクール日本研究学科学科長・准教授
主要著書・論文　Pekkanen, R. *Japan's Dual Civil Society: Members without Advocates*, Stanford University Press, 2006.（佐々田博教訳『日本における市民社会の二重構造』木鐸社，2008.），Pekkanen, R, B. Nyblade and E. S. Krauss. "Electoral Incentives in Mixed Member Systems: Party, Posts, and Zombie Politicians in Japan." *American Political Science Review*.?100 (2), 2006. Read, B. with R. Pekkanen eds. *Local Organizations and Urban Governance in East and Southeast Asia: Straddling State and Society*, Routledge, 2009

山本英弘（やまもと　ひでひろ）
1976年　北海道生まれ
2003年　東北大学大学院文学研究科博士課程修了博士（文学）
現　在　山形大学地域教育文化学部准教授
主要著書・論文　山本英弘・渡邊勉「社会運動の動態と政治的機会構造─宮城県における社会運動イベントの計量分析，1986-1997─」『社会学評論』，2001年，「社会運動の発生と政治的機会構造」数土直紀・今田高俊編『数理社会学入門』（所収）勁草書房，2005年，「ローカル・ガバナンスによる問題解決－社会的ジレンマと地域社会」土場学・篠木幹子編『個人と社会の相克』（所収）ミネルヴァ書房，2008年

現代日本の自治会・町内会
－第1回全国調査にみる自治力・ネットワーク・ガバナンス－

2009年10月10日第1版第1刷　印刷発行　Ⓒ
2014年10月10日第1版第2刷　印刷発行　Ⓒ

著　者	辻　中　　　豊
	ロバート・ペッカネン
	山　本　英　弘
発 行 者	坂　口　節　子
発 行 所	㈲ 木　鐸　社
印　刷	アテネ社　製本　高地製本所

著者との
了解により
検印省略

〒112-0002 東京都文京区小石川5-11-15-302
電話（03）3814-4195番　FAX（03）3814-4196番
振替 00100-5-126746　http://www.bokutakusha.com

（乱丁・落丁本はお取替致します）

ISBN978-4-8332-2420-8　C3031

辻中豊(筑波大学)責任編集
現代市民社会叢書

各巻　A5判250頁前後　本体3000円＋税

本叢書の特徴：
　21世紀も早や10年を経過し，科学技術「進歩」や社会の「グローバリゼーション」の進行によって，世界が否応なく連動しつつあるのを我々は日々の生活の中で実感している。それに伴って国家と社会・個人およびその関係の在り方も変わりつつあるといえよう。本叢書は主として社会のあり方からこの問題に焦点を当てる。2006年8月から開始された自治会調査を皮切りに，電話帳に掲載された社会団体，全登録NPO，全市町村の4部署と2008年1月までの1年半の間，実態調査は続けられ，合計4万5千件におよぶ膨大な市民社会組織と市区町村に関する事例が収集された。この初めての全国調査は従来の研究の不備を決定的に改善するものである。本叢書はこの貴重なデータを基礎に，海外10カ国余のデータを含め多様な側面を分析し，日本の市民社会を比較の視座において実証的に捉えなおそうとするものである。

（1）辻中豊・ロバート・ペッカネン・山本英弘

現代日本の自治会・町内会：
第一回全国調査にみる自治力・ネットワーク・ガバナンス

2009年10月刊

（2）辻中豊・森裕城編

現代社会集団の政治機能：
利益団体と市民社会

2010年2月刊

（3）辻中豊・伊藤修一郎編

ローカルガバナンス：
自治体と市民社会

2010年3月刊

（4）辻中豊・坂本治也・山本英弘編

2010年5月刊

現代日本のNPO政治

〔以下続刊〕
（5）小嶋華津子・辻中豊・伊藤修一郎

比較住民自治組織